자녀
양육의
실제

자녀 양육의 실제

초판 1쇄 발행 2021년 2월 22일

지 은 이	마종필
발 행 인	권선복
편 집	유수정
디 자 인	김소영
전 자 책	서보미
전 자 책	권보송
발 행 처	도서출판 행복에너지
출판등록	제315-2011-000035호
주 소	(07679) 서울특별시 강서구 화곡로 232
전 화	0505-666-5555
팩 스	0303-0799-1560
홈페이지	www.happybook.or.kr
이 메 일	ksbdata@daum.net

값 18,000원
ISBN 979-11-5602-868-0 (03180)

도서출판 행복에너지는 독자 여러분의 아이디어와 원고 투고를 기다립니다. 책으로 만들기를 원하는 콘텐츠가 있으신 분은 이메일이나 홈페이지를 통해 간단한 기획서와 기획의도, 연락처 등을 보내주십시오. 행복에너지의 문은 언제나 활짝 열려 있습니다.

자녀 마음 치유 가정상비약

자녀 양육의 실제

마종필 지음

도서 출판 행복에너지

필자는 고등학교에서 학생들을 지도하고 있는 교사입니다. 아이들을 지도하면서 알게 된 사실은 아이들마다 각자 상처와 고민이 많다는 것입니다. 겉으로 보기엔 그저 밝아 보이는 아이조차도 남모를 고민과 슬픔을 간직하고 있었습니다.

어떤 아이는 마음에 깊은 상처를 안은 채 살아가고, 또 어떤 아이는 삶을 포기하고 싶을 정도로 괴로워하기도 했습니다. 공부를 잘하는 아이는 잘하는 대로, 성적이 낮은 아이들은 낮은 대로, 성적에 관계없이 모두 나름 사정에 따른 고민과 아픔을 지니고 있었습니다. 아이들의 사연을 듣다 보면 어찌나 가슴이 아픈지, 필자는 종종 아이들과 함께 울기도 했습니다.

학교에는 교육과정을 따라가지 못하고, 학업을 포기하는 아이들이 많습니다. 부모나 선생님에게 반항하면서 대들기도 하고, 어떤 경우는 담배를 피우고, 술을 먹고, 가출하기도 합니다. 어떤 아이들은 폭력을 행사하기도 하고, 본드를 흡입하고, 약물을 사용하기도 합니다.

부모들은 자녀가 몸이 아프다면 얼른 병원에 데리고 가서 그에 맞는 처방을 받도록 합니다. 검사를 받게 하고, 주사를 맞히기도 하고,

약을 먹이기도 합니다. 아플 때를 대비해 가정에는 소화제나 진통제와 같은 상비약을 갖추고 있어서 필요에 따라 사용하기도 합니다. 그런데 우리 아이들이 마음이 아프다고 하면 가정에서는 아무런 조치를 취하지 않는 것을 봅니다. 그러다 보니 우리 아이들은 어디에서도 치유받지 못하고 아픈 마음을 안고 힘겹게 살아가고 있습니다.

이런 현상을 안타깝게 여긴 필자가 아이들에게 어떤 도움을 주어야 하겠다고 생각했습니다. 그 결과 아이들의 마음을 치유할 수 있도록 돕는 책을 만들어야겠다고 생각하고 글을 쓰기 시작했습니다. 그리고 책 제목을 『자녀 양육의 실제』라 하고, 부제로 '자녀 마음을 치유해 주는 가정상비약'이라고 정했습니다. 가정에 늘 비치해 두고서 언제든지 복용해야 할 약과 같은 책이기 때문입니다.

부모들이 이 약을 여기에서 제시하고 있는 용법대로 조제하고 복용하면 우리 아이들이 아픔으로부터 치유되어 힘과 용기를 얻게 됩니다. 그래서 이 시대 자녀를 둔 부모님께 전하고자 합니다. 이 책, 『자녀 양육의 실제』를 보시고, 이 약만큼은 제발, 꼭, 챙겨 드시라고 부탁드리고 싶습니다.

우리 아이들이 행복하면 가정이 행복하고, 나아가 우리 이웃과 온 나라가 행복하게 될 것입니다. 아무쪼록 필자의 안타까움과 바람과 노력이 미래의 주인공인 우리 아이들에게 행복의 밑거름이 되면 좋겠습니다.

아울러 본서에서 등장하는 사례와 일화는 저자가 일부 각색한 이야기라는 점과 사례에서 등장한 학생들의 이름은 모두 가명임을 밝혀둡니다.

3장 | 자녀와 대화의 조건

4장 | 사춘기의 이해

7장 | 자녀와 생각 맞추기

자녀 마음 치유
가정상비약

PART 1

칭찬의
두 얼굴

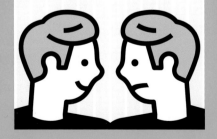

칭찬의 독성毒性

　고등학교 3학년인 영선은 학교 성적이 우수한 학생입니다. 모든 과목 내신 성적이 1등급입니다. 게다가 성품마저 좋아서 친구들과 선생님들로부터 사랑을 많이 받고 있습니다. 하지만 영선은 자기 공부결과에 만족하지 못하고 늘 힘들게 학교생활을 하고 있습니다.

　최근에는 불면증에 시달려 깊은 잠을 자지 못한다고 합니다. 잠을 자고 일어나도 몸이 무겁고 개운하지 않아 힘들다고 합니다. 그러다 보니 몸 상태가 점점 약해져 공부에 집중하지 못하고, 예전과 같은 양의 학습을 하더라도 끝내기까지는 더 오랜 시간이 걸린다고 합니다.

　그러니 시험 때만 되면 성적에 대한 스트레스가 더해져 괴롭다고 합니다. 이런 생활이 힘들다며 영선은 상담실을 찾아왔습니다.

영선의 학교생활을 보면 어느 면으로 보나 부족함이 없습니다. 가까이에서 지켜보고 있는 부모나 선생님들도 모두 영선을 칭찬합니다. 그래서 주변에서는 영선의 장래에 기대를 걸고 있습니다.

그런데 영선은 지금 학교생활이 힘들다며 어려움을 토로하고 있습니다. 성적으로 말하면 부족함이 없는 아이가 성적을 고민하다니 얼른 이해가 되지 않는 일입니다.

영선이 겸손을 떨고 있는 걸까요? 아니면 공부 잘하는 것을 자랑하고 싶어서 그런 걸까요? 아니면 자신만의 말할 수 없는 어떤 아픈 사연을 가지고 있는 걸까요?

영선의 성적은 고등학교에 입학할 때부터 우수했습니다. 그래서 학교나 주변에서 영선의 대학진학에 주목을 하고 있었습니다. 영선도 자신이 주변의 기대에 충분히 부응하리라 생각하고 있습니다.

그런데 최근 들어 공부가 부담스럽다고 합니다. 교과별로 내신 1등급을 유지하고 있지만 어떤 과목은 등급 내에서 뒷부분에 자리하고 있기 때문입니다. 1등급에서 밀려날까봐 불안하기도 하고, 대학에서 요구하는 내신등급을 맞추지 못할까 염려되기도 합니다. 게다가 최근에는 공부하는 시간을 늘리다 보니 체력이 많이 떨어지고 지구력도 떨어지는 것을 느끼고 있답니다.

영선이는 여느 학생들과 마찬가지로 아침부터 야간 자율학습까지 모두 학교교실에서 공부를 해 왔습니다. 그런데 지금은 교실에서 자습하는 일조차 부담스럽게 느껴진다고 합니다. 친구들이 모두 경쟁자로 의식되기 때문입니다. 그래서 요즘에는 아무도 없는 곳에서 홀로 공부하고 싶은 마음이 생겼답니다.

이런 일들로 불편을 느낀 영선은 필자에게 찾아와 공부하는 것이 너무 힘들다며 눈물을 흘리고 있습니다. 괴로운 점은 이런 힘든 사정을 누구에게 허심탄회하게 꺼낼 수 없다는 것입니다. 다른 사람에게 이런 말을 하면, 공부를 잘하는 사람이 괜히 투정부린다는 핀잔을 줄 것 같기도 하고, 성적의 굴곡을 변명하기 위한 핑계를 찾는 것 같다는 느낌이 들어 그것도 어렵다고 합니다.

아닌 게 아니라 주변 몇 사람에게 이런 사정을 말했더니, "그래, 힘내라.", "네가 못 한다면 다른 사람들은 어떻게 하겠니?", "조금만 더 참아보자, 곧 마무리할 시간이 오잖니?"라는 반응들이 돌아왔다고 합니다. 그러니 더 이상 이런 사정으로 누구에게 말하거나 도움을 청할 수도 없다고 합니다.

사람들은 보통 공부를 잘하고 모범생으로 살아가는 아이들에게는 별다른 고민이 없는 줄로 압니다. 성적도 우수하고 모범적이니 잔소리나 질타를 들을 일이 없고, 때문에 별다른 스트레스를 받지 않을 줄로 압니다. 하지만 영선의 사례처럼 다만 내색을 하지 않을 뿐, 모범적인 친구들조차도 남모를 부담감에 짓눌려 사는 경우가 많습니다.

이를 경험해 보지 못한 사람들은 이해할 수 없는 일입니다. 그래서 영선은 지금 어디, 누군가에게 말조차 하지 못하고, 혼자 고등학교 3학년 생활을 어렵고 힘겹게 보내고 있습니다.

오래 전 『칭찬은 고래도 춤추게 한다』는 책이 출간되었습니다. 이 책의 제목을 접한 사람들은 당장 호기심을 가졌습니다. '칭찬이 고래를 춤추게 한다고? 거 참 좋은 이야기인데, 이를 사람에게 적용하면 얼마나 좋을까?'라는 생각을 한 것입니다. 그래서 사람들은 당장 칭찬을 하기 시작했습니다. 칭찬이 고래를 춤추게 한 것처럼 사람도 춤을 추게 만들 것이라고 기대했습니다.

하지만 그 칭찬은 사람들이 기대한 만큼 그렇게 좋은 결과에 이르지 못하고 말았습니다. 최근에는 그 책의 인기가 시들해지고 말았습니다. 이유는 사람들이 이 책에서 제시한 칭찬 방법을 그대로 적용하지 않고 각자가 알고 있는 적당한 방법으로 칭찬했기 때문입니다.

문제는 사람들이 칭찬에도 요령이 필요하다는 사실을 간과한 것입니다. 사람에게 아무렇게나 칭찬한다고 해서 사람을 춤추게 하지 않는다는 사실입니다.

다시 영선의 이야기로 돌아가 보겠습니다. 영선은 지금 몹시 괴로워하면서 울고 있습니다. 성실하고 착하고 공부 잘하는 영선이 왜 이렇게 되었을까요? 여러 원인들을 찾아 볼 수 있겠지만 필자는 가장 큰 원인은 바로 잘못된 칭찬에 있다고 생각합니다.

부모들은 칭찬이라고 하면 그저 좋은 것으로 압니다. 그래서 칭찬을 하면 자녀들이 에너지를 얻고 자신감을 얻어 춤을 출 것으로 생각합니다. 하지만 사람들은 칭찬이 듣는 사람에게 독毒이 된다는 중요한 사실을 잘 모릅니다. "칭찬은 고래도 춤을 추게 만든다는데, 독毒이 되다니요?" 일반 독자들은 말도 되지 않은 소리라며 의심부터 할는지 모르겠습니다. 하지만 칭찬의 원리를 모르고 하는 칭찬은 듣는 사람에게 분명히 독毒이 된다는 사실입니다.

이 독성은 우리가 생각한 것보다 부작용이 훨씬 더 많고 큽니다. 어떤 경우에는 단순히 괴로움을 주는 것을 넘어 생명을 앗아가기도 합니다. 그러니 칭찬이 가진 독성의 심각성을 짐작할 수 있겠지요? 이와 관련된 실험을 살펴보겠습니다.

교육방송 EBS에서는 초등학교 2학년 학생들을 대상으로 실험을 했습니다. 실험자는 피실험자들에게 '연필', '공책', '얼룩말' 등과 같은 간단한 단어가 적힌 카드를 3분 동안 보여주고, 이를 기억하게 했습니다. 그런 다음 기억한 단어를 생각나는 대로 칠판에 적도록 했습니다.

실험에 참가한 아이들은 한 사람씩 칠판 앞으로 나가 자기가 외운 단어를 칠판에 적기 시작했습니다. 이때 곁에서 감독하던 선생님은 아이들에게 "잘하네.", "잘하는구나.", "잘한다.", "머리가 좋구나.", "기억력이 뛰어나구나.", "계속 기억나는 거야?"와 같은 칭찬을 해 주었습니다.

여기에서 연구자는 실험 장치를 마련해 두었습니다. 아이들이 단어를 쓰고 있는 동안 감독자가 단어 카드를 학생들 곁에 두고 자리를 잠시 비우는 설정입니다. 감독자가 자리를 비운 사이에도 아이들은 암기한 단어를 써야 했습니다. 단어를 적어가던 아이들은 단어가 더 이상 기억나지 않자 감독자가 두고 간 단어카드를 향해 곁눈질하기 시작했습니다.

결국 아이들은 유혹을 참지 못하고 단어카드를 들쳐보고 칠판에 적었습니다. 아이들은 단어카드를 보고 적어서는 안 된다는 규칙을 알고 있었습니다. 하지만 더 많은 단어를 적고 싶은 마음에서 규정을 어기고 봤던 것입니다.

이 실험에 참가한 학생들 중 70%는 선생님이 나간 틈을 타 단어카드를 보고 적었습니다. 나머지 정답카드를 보지 않은 아이들 역시 몹시 고민하거나, 보고 싶은 충동을 억제하느라 전전긍긍하면서 단어를 적었습니다.

이상한 일입니다. 우리들이 그렇게 좋다고 알고 있는 칭찬을 아이들에게 해 주었는데, 아이들은 기운을 잃었고, 자신감을 얻지 못했고, 즐거워하지도 않았습니다. 왜 그랬을까요? 이유는 모두 칭찬의 독성毒性에 마비되었기 때문입니다.

이 실험이 우리에게 주는 시사점은 바로 칭찬의 독성입니다. 칭찬이 도리어 사람을 힘들게 만들고, 괴롭게 만든다는 점입니다. 더 나아가 사람을 불안하게 만들고, 거짓으로 꾸미게 만들거나 그릇된 탈을 쓰게 만든다는 것이죠.

여기까지 살펴보고 나니 이제 영선의 마음과 행동이 조금 이해되는지 모르겠습니다. 영선을 괴롭히고 있는 것은 바로 이 '칭찬'에 부응해야 한다는 압박감이었습니다.

모범생인 영선은 그동안 주변 사람들로부터 잘한다는 칭찬을 수없이 들었습니다. 학교에서는 "네가 우리 학교의 꿈이야.", "네가 우리 학교 자랑이다.", "지금 이대로만 해도 너는 일류대학에 갈 수 있어."와 같은 말들을 들었습니다. 부모로부터는 "넌 우리 집안의 기둥이야.", "너는 엄마 아빠의 자랑이란다."와 같은 말들을 자주 들었습니다. 그러니 영선도 이런 칭찬에 걸맞은 학생이 되고 싶었습니다.

그런데 지금 현재 상황을 보니 주변의 칭찬과 기대에 부응하지 못할 것 같다는 예감이 든 것입니다. 그래서 지금 영선은 불안하고, 초조해하고, 괴로운 모습을 보이고 있는 것입니다. 이것이 바로 칭찬의 독성이라고 하겠습니다.

이야기의 방향을 조금 바꿔보겠습니다. 영선에게 칭찬해 주었던 주변 사람들의 입장을 생각해보겠습니다. 주변 사람들은 영선에게 왜 이런 칭찬을 들려주었을까요? 영선에게 부담을 주고, 괴로움을 주고 싶어서 그랬을까요? 그것은 아닐 것입니다.

이유가 있다면 영선에게 에너지를 주고 싶고, 용기를 북돋아 주고 싶어서, 영선이 춤을 잘 출 수 있도록 도와주고 싶어서겠죠. 그런데 이들의 선한 의도와는 달리 영선에게 도리어 해가 되고 말았습니다.

이번에는 영선의 입장을 생각해 보겠습니다. 이런 말을 들은 영선은 어떤 느낌을 가지게 될까요? '칭찬에 바른 반응을 보이지 못하면 그다음 나는 어떻게 되는 거지?' 주변의 기대와 시선에 대한 부담을 갖게 됩니다. 이 부담감은 곧 불안과 초조로 이어집니다. 그러니 우수한 성적을 내면서도 늘 마음 한편은 괴로웠던 것입니다.

이처럼 사람들이 칭찬을 잘못 사용하면 에너지가 되는 것이 아니라 도리어 독毒이 됩니다. 이 독성은 우리들이 생각한 것보다 훨씬 더 심각합니다.

그러면 부모들이 사용하는 칭찬들을 살펴보겠습니다.

"잘한다. 참 잘하는구나."
"우리 영민이가 최고야 최고!"
"우리 수동이가 제일 잘 논다."
"우리 현민이가 제일 멋지다."

이런 칭찬들은 우리 생활 속에서 흔히 들을 수 있는 말들입니다. 이런 경우도 보겠습니다. 자녀가 어느 날 받아쓰기에서 95점을 받아왔습니다. 그러면 부모들은 "잘했구나 잘했어."라는 칭찬을 합니다. 그것도 매우 큰 소리로 "야 우리 영선이 95점이나 맞았네. 잘했구나. 잘했어."라고 자랑스레 여기며 칭찬을 늘어놓습니다. 자녀에게 큰 에너지가 될 것으로 생각하고 말입니다.

하지만 이런 칭찬은 자녀에게 에너지가 되는 것이 아니라 독毒이 될 뿐입니다. 이런 말을 들으면 아이들은 '아, 높은 점수를 받으면 칭찬을 받을 수 있구나' 혹은 '칭찬을 받기 위해서라면 최소한 95점 이상 받아야 하겠구나' 하는 그릇된 생각을 하게 됩니다. 한마디로 목표를 달성해야 한다는 생각에 사로잡히게 되는 것이지요. 일종의 강박에 빠지는 셈입니다.

그래서 95점 이상 성적을 받으면 칭찬 받기 위해 당당하게 성적표를 보여주지만 95점보다 낮은 성적을 받으면 부모에게 성적표를 보여주지 않습니다. 만일 최선을 다 했는데도 칭찬받을 만한 점수, 즉 95점 이상을 받지 못하면 아이 스스로 자신을 열등한 존재로 인식하게 됩니다. 그러면 아이는 자기 자신의 능력이나 재능을 낮게 평가하게 됩니다. 과소평가하는 것이죠. 결국 아이는 자존감에 치명적인 상처를 입게 됩니다. 만일 아이가 95점을 받지 못했을 때에도 이런 칭찬을 계속 받게 되면 아이는 칭찬을 별것 아닌 것으로 생각합니다. 혹은 도움이 아닌 일상의 말로 치부하게 됩니다. 하나마나한 칭찬이라 할 수 있습니다.

다시 영선의 이야기로 되돌아가겠습니다. 필자는 영선과 대화를 나누면서 칭찬과 기대가 사람에게 엄청난 부담을 준다고 설명해 주었습니다. 그랬더니 영선도 여기에 적극 동의했습니다.

영선은 이런 칭찬들이 어렸을 때에는 자랑스럽기도 하고 어깨가 으쓱거려지게 만들기도 했다고 합니다. 그런데 성장하면서 이런 칭찬을 들으면 들을수록 자신이 그 칭찬에 맞추는 일이 어렵다는 현실을 알게 되었다고 합니다. 그러면서 큰 부담이 되었다는 것입니다. 그리고 이런 칭찬을 듣다 보니 자기 능력이 부족함에도 거기에 맞는 사람이 되려고 노력하다 보니 힘든 생활을 하게 되었다고 했습니다. 자기 능력은 어느 정도 정해져 있는데 사람들이 잘한다고 칭찬하니까 자신의 능력을 벗어난 노력을 기울이기도 했다는 것입니다.

이제 이런 칭찬을 들었던 영선의 입장을 생각해 보겠습니다. 영선이 잘한다는 칭찬을 계속 들으려면 어떻게 해야 할까요? 그렇습니다. 언제나 1등을 하면 됩니다. 그런데 주변 상황을 살펴보면 녹록지 않습니다. 영선보다 공부를 잘하는 아이들이 많습니다. 모든 과목에서 늘 1등을 하는 일은 매우 어려운 일입니다. 만일 이번에 성적이 떨어지면 그동안 들었던 '잘한다'는 소리를 듣지 못할 것 같습니다. 또한 자기에게 기대를 걸고 있는 주변 사람들에게 실망을 안겨드릴 것 같습니다.

그러니 시험이 다가오면 다가올수록 학업성적에 대한 부담이 컸던 것입니다. 영선이 괴롭고 아프고 울 수밖에 없는 상황입니다. 그것이 고3까지 이어지고 있습니다. 그러니 영선이 감당하고 있는 괴로움을 충분히 짐작할 수 있겠지요.

영선의 일과 실험을 통해서 살펴본 이야기를 정리해 보겠습니다. 칭찬이라고 해서 항상 긍정적인 효과를 발휘하는 것은 아닙니다. 잘못된 칭찬은 사람을 힘들게 만들고, 아프게 만들고, 피폐하게 만듭니다. 오히려 부담을 줘서 자존감을 떨어뜨리게 만듭니다. 때문에 우리는 칭찬에도 독성이 있다는 사실을 알아야 합니다.

칭찬에 대해 연구해 온 사람들은 칭찬에도 기술이 있다고 일러주고 있습니다. 자녀를 성공으로 이끄는 칭찬은 따로 있다는 말입니다. 우리들이 사용해야 할 올바른 칭찬을 안내하려고 합니다.

선생님이 건네는 마음 처방전

1) 상비약 조제 실습

※ 내 자녀의 행동이 내 마음에 꼭 들어 자랑이나 칭찬을 하고 싶습니다. 칭찬하고
  싶은 말들을 아래에 적어보겠습니다. 가능한 한 많이 적어보겠습니다.

2) 상비약 사용 설명서

약 명	부작용
"잘한다."	· 부담을 줍니다. · 자존감이 떨어지게 됩니다. · 자신감이 상실됩니다.
"최고다."	· 잘하려는 욕심만 키워줍니다. · 좌절을 줍니다. · 자기 비하나 열등감에 사로잡히게 만듭니다.
"제일이다."	· 제일 잘하라는 의미로 알게 돼 부담이 됩니다. · 제일이 되지 못했을 때는 좌절을 경험하게 됩니다. · 언제나 잘해야 하는 부담을 갖게 됩니다.

3) 주의사항

> 칭찬은 부작용이 심한 말입니다. 본서 안내를 숙지하기 전까지는 함부로 사용해서는 안 됩니다.

4) 상비약 복용법

① 매일 이 약의 부작용에 대해 생각하십시오.

② 매일 칭찬의 방법에 대해 생각하십시오.

③ 본서에서 제시한 '칭찬 방법'을 배우겠다고 선언하고 다짐하십시오.

칭찬의 해害

　진석의 엄마는 요즘 고민이 많습니다. 중학생이 된 아들 진석이 공부를 거의 하지 않고 놀며 지내기 때문입니다. 더구나 최근 들어서는 엄마와 자주 하던 대화마저 거부하고, 말도 듣지 않습니다. 지금까지 잘 다니던 수학 학원도 그만두겠다고 떼를 쓰고 있습니다.

　진석은 그동안 매우 모범적인 아이였습니다. 그런데 근래 들어 과거와 달리 반항하고, 엄마 말을 거부하고, 말을 하지 않는 등 이상한 행동을 합니다.

　이런 진석을 보자니, 엄마는 매우 난감해졌습니다. 당황해서 어찌할 바를 몰라 고민하다가 필자에게 도움을 구했습니다. 그래서 진석의 사정을 들을 수 있었습니다.

진석은 부모님 사업으로 인해 미국에서 생활하면서 현지 초등학교를 다녔다고 합니다. 초등학교에 다니는 내내 진석은 주목 받는 아이였다고 합니다. 공부를 잘할 뿐 아니라 성품도 좋아 우수학생 표창을 여러 번 받기도 했답니다. 그래서 진석은 언제나 엄마의 자랑이 되었다고 합니다. 엄마는 기회가 될 때마다 "너는 어쩌면 그렇게 공부를 잘하니?", "네가 엄마 아빠의 자랑이구나.", "네가 잘하는 모습을 보면 엄마 아빠가 늘 행복하단다.", "엄마는 네가 있어 힘이 돼."라는 칭찬을 자주 해주었다고 합니다.

사실 엄마는 아들의 성적을 볼 때마다 언제나 즐겁고 신이 나서 한없는 행복감을 느꼈다고 합니다. 엄마는 '이게 자녀 양육의 보람이자 기쁨이구나'라는 생각을 하면서 스스로 즐거워했다고 합니다. 그러다가 진석이 초등학교를 마치고 귀국하여 우리나라 중학교에 진학하게 되었답니다.

엄마는 진석이 한국에 돌아오더라도 제 실력을 충분히 잘 보여 줄 것이라고 생각했답니다. 영어는 미국에서 어느 정도 익혔으니 조금만 노력하면, 미국에서처럼 엄마의 자랑이 될 것이라고 생각했답니다.

그런데 진석이 중학생이 되면서 행동이 이상해졌다는 것입니다. 그동안 잘 듣던 엄마 말을 듣지 않고, 외면하고, 반항까지 한다는 것입니다. 그렇게 열심히 하던 공부도 요즘은 하지 않고 지낸다는 것입니다. 그러니 엄마의 고민은 커질 수밖에 없습니다.

진석은 그동안 의젓하고 언제나 자신감 넘치던 아이였습니다. 그런데 어느 순간 그런 모습은 온데간데없고 초라하게 지낸다고 합니다. 부모는 이런 진석을 안쓰럽다는 눈빛으로 바라볼 뿐입니다.

게다가 최근에는 오랫동안 잘 다니던 수학학원도 이제 그만두겠다며 투정을 부립니다. 만일 원하는 대로 해주지 않으면 학교 다니는 것 자체를 거부하겠다며 엄마를 협박하기도 한답니다.

그래서 엄마가 답답해서 대화를 하자고 제안해도 "됐어요.", "괜찮다니까요.", "엄마와는 할 말이 없어요.", "그냥 내버려 두세요."와 같은 말로 대화를 거부한다고 합니다.

이런 진석의 태도에 엄마는 너무 힘이 들고 피곤해서 '내가 자녀교육을 잘못했나? 내가 신경을 쓴다고 했는데 무엇을 잘못한 걸까?', '교육환경이 달라져서 그러나?', '사춘기가 와서 그런 걸까?' 하는 별의별 생각을 다했다고 합니다.

하지만 아무리 생각해도 진석의 행동 원인이 얼른 짐작되지 않는다는 것입니다. 엄마는 스스로 진석에게 지도를 잘못하고, 좋은 교육 프로그램을 제공해 주지 못한 미안함, 죄책감 등이 떠올라 괴롭다고 합니다. 그래서 엄마는 내가 진석에게 무엇을 잘못했는지 알고 싶다며 필자에게 찾아왔습니다.

참 이상한 일입니다. 그동안 부모 말을 잘 듣고 어긋남이 없는 생활을 해 오던 아이가 어느 순간부터 말을 하지도 않고, 엄마 말을 듣지도 않습니다. 게다가 잘하던 공부도 거의 하지 않고 지냅니다. 희망과 긍지가 돼 주었던 아이가 뜻밖의 이런 행동을 하다니 지켜보고 있는 엄마는 안타까울 뿐입니다.

진석은 지금 왜 이런 모습을 보이고 있는 걸까요? 독자 여러분들도 함께 고민해 보시길 바랍니다. 진석은 지금 왜 이런 행동을 하고 있는 걸까요? 제3자 입장에서 객관적으로 살펴봐도 그 원인을 찾는 것은 쉽지 않은 일입니다. 더구나 진석을 곁에서 지켜보고 있는 부모라면 그 원인을 알아내는 일은 더 어려운 일입니다. 진석의 문제를 이해하기 위해서는 이런 실험을 참고할 필요가 있습니다.

교육방송 EBS에서는 초등학교 2학년 아이들을 대상으로 실험을 했습니다. 실험자들은 실험장에 서로 다른 색상의 방 2개, 분홍방과 파란방을 만들었습니다. 그런 다음 실험에 참가한 아이들이 자기가 원하는 방을 임의로 선택해 들어가게 했습니다. 방에 들어간 아이들은 두 번 문제를 풀어야 하는 미션을 수행해야 했습니다.

처음 문제는 모두가 같은 난이도 문제를 풀고, 두 번째 문제는 난이도가 다른 문제를 참가자 희망에 따라 선택해서 풀게 한 것입니다. 두 번째 문제를 선택할 문제 유형은 하나는 처음 풀었던 문제와 유사한 난이도 문제고, 또 다른 하나는 처음 문제보다 한 단계 높은 어려운 문제였습니다.

실험이 시작되었습니다. 아이들은 첫 번째 문제를 모두 푼 다음, 두 번째 문제를 선택할 시간이 되었습니다. 분홍방에서 문제를 풀었던 아이들은 처음 풀었던 문제와 비슷한 난이도 문제를 선택한 반면, 파란방에서 문제를 풀었던 아이들은 처음보다 더 어려운 문제를 골랐습니다. 그러니까 분홍방 아이들은 모두 쉬운 문제를 고른 반면, 파란방 아이들은 모두 어려운 문제를 선택한 것입니다.

이상한 일입니다. 아이들은 모두 스스로 각자 선택한 방에 들어가서 같은 시간 동안, 같은 문제지를 가지고 풀었습니다. 그런데 이상하게 두 번째 문제를 고를 때 그 양상이 전혀 다르게 나타난 것입니다.

그러면 의문이 생깁니다. 무엇이 학생들로 하여금 이런 결과에 이르게 한 것일까요? 그 원인을 찾아가보겠습니다. 아이들이 시험에 임한 조건들은 모두 동일했습니다. 방 색깔만 다를 뿐 방의 크기나 책상, 문제, 감독자 수 등 모든 조건이 같았습니다. 다른 것이 있다면 각 방에서 시험을 감독하고 있던 감독자의 말이었습니다.

첫 번째 문제를 풀고 있을 때, 분홍방에서 감독했던 선생님은 아이들에게 "잘한다.", "머리가 좋은데.", "훌륭하다." 등과 같은 말을 해 주었습니다. 그리고 파란방에서 감독했던 선생님은 "어려운 문제인데도 끝까지 잘 푸는구나.", "어려운 문제인데 최선을 다해 노력하는구나.", "애써 노력하는 모습이 대견스럽구나.", "중간에 어려운 문제도 있었는데 침착하게 잘 하는구나." 등과 같은 말을 해 주었습니다.

그러니까 분홍방 감독 선생님은 우리들이 일상적으로 칭찬이라고 알고 있는 그런 말, 즉 보편적인 칭찬을 해준 것입니다. 그런 반면 파란방 감독 선생님은 아이들이 문제를 푸는 과정에서 보인 모습을 표현해 주었습니다. 서로 칭찬하는 방식이 달랐던 것이지요.

그 결과 어떤 차이가 발생했습니까? 분홍방 아이들은 2차 문제를 선택할 때에 모두 쉬운 문제를 고른 반면 파란방 아이들은 모두 어려운 문제를 택한 것입니다. 이것을 다시 정리해 보면 이렇습니다.

아이들의 방 선택		첫 번째 시험		두 번째 시험
분홍방	→	같은 난이도 문제	→	쉬운 문제 선택
파란방	→	같은 난이도 문제	→	어려운 문제 선택

분홍방에서 1차 문제를 풀었던 아이들은 "잘한다.", "머리 좋아." 와 같은 말을 들었습니다. 그러니 2차 문제를 풀고 나서도 이런 칭찬을 듣고 싶었습니다. 그러기 위해서는 문제를 잘 풀어야 했습니다.

그래서 분홍방 아이들은 모두 쉬운 문제를 골랐던 것입니다. 문제를 잘 풀어야 또 이런 칭찬을 들을 수 있기 때문입니다.

반대로 파란색 방에 들어갔던 아이들은 2차 문제를 선택할 때에 모두 어려운 문제를 골랐습니다. 이 아이들은 1차 문제를 풀고 있을 때, 감독교사로부터 "열심히 하는구나.", "최선을 다하고 있구나.", "어려운 데도 기꺼이 풀려고 노력하는구나."와 같은 말을 들었습니다. 이는 모두 학생이 문제를 풀 때에 보인 태도를 칭찬해 준 말입니다. 단순히 "잘 풀었다."거나 "답을 잘 맞췄다."거나 "머리가 좋다."는 말이 아니었습니다. 어려운 문제를 풀어가는 아이들의 모습을 보면서 감독자가 아이들의 태도에 관심을 갖고 그런 말을 들려주었습니다. 그랬더니 이 방 아이들은 2차 문제에서도 최선을 다하는 모습을 보여주기 위해 어려운 문제를 골랐던 것입니다. 감독교사의 말이 서로 조금 달랐을 뿐인데, 아이들 태도는 전혀 다른 모습을 보여주었습니다.

그렇다면 두 선생님의 칭찬 방식에는 어떤 차이가 있었던 것일까요? 조금 더 깊게 살펴보겠습니다. 분홍방에서 문제를 풀었던 아이들은 '잘한다'는 말을 들었습니다. 이 말을 들은 아이들은 감독자의 말처럼 그런 사람이 되고 싶었습니다.

그러기 위해서는 앞에서 했던 어떤 일보다 더 잘해야 합니다. 그리고 '머리가 좋다'는 말 역시 남과 비교해서 머리가 더 좋다는 것을 증명할 수 있어야 들을 수 있는 말입니다. 또한 남들과 비교해 봤을 때, 내 위치가 남들보다 더 앞서 있어야 들을 수 있는 말입니다. 이런 말들은 모두 결과에 중심을 둔 칭찬이라 할 수 있습니다. 때문에 이런 말을 들었던 아이들은 이 칭찬에 맞는 사람이 되고 싶어서 2차 문제 선택에서 모두 쉬운 문제를 골랐던 것입니다.

　반대로 파란방에서 감독했던 선생님은 결과 중심의 말이 아닌 시험 과정에서 보여준 아이들의 태도를 그대로 표현해 주었습니다. 과정중심 칭찬을 한 것이지요. 그러니까 이 아이들은 모두 자신의 노력 여부, 그리고 최선을 다하는 모습에 관한 말을 들었습니다. 이러한 말들은 자기 노력의 정도나 혹은 태도에 따라 들을 수 있는 말들입니다. 그래서 파란방에서 문제를 풀었던 아이들은 2차 시험에서도 자기가 노력한 모습을 그대로 보여주고 싶었던 것입니다. 그러다 보니 두 번째 시험에서도 열심히 풀 수 있는 어려운 문제를 골랐던 것입니다.

　결론적으로 말하면 분홍방 선생님은 '결과' 중심의 칭찬을 했고, 파란방 선생님은 '과정' 중심의 칭찬을 한 것입니다. 그래서 분홍방 아이들은 결과에 관심을 갖게 되었고, 파란방 아이들은 과정에 관심을 가졌던 것입니다. 이것이 바로 아이들이 전혀 다른 행동을 하게 만든 중요한 요인이었습니다.

　좀 더 설명하자면 결과 중심 언어의 지향점은 그 분야의 '최고'입니다. 반면 과정 중심 언어의 지향점은 '최선'에 있지요. 따라서 분홍방에 있었던 아이는 최고가 되려고 했고, 파란방의 아이는 최선을 다하려고 했습니다. 더 나아가 이런 언어의 의미를 따져보면 '최고'는 한 사람만 될 수 있지만 '최선'은 누구든지 할 수 있는 것입니다. 따라서 말은 사람의 행동을 결정 짓는 중요한 열쇠임을 알 수 있습니다.

　이 실험 결과를 고려하여 진석의 일을 다시 생각해 보겠습니다.

그러면 그 원인과 결과를 어느 정도 짐작해 볼 수 있습니다. 진석이 중학교에 들어가면서 공부를 하지 않은 이유는 거의 분명합니다. 진석은 그동안 자라면서 "잘한다.", "자랑이다.", "엄마의 기쁨이다." 등과 같은 칭찬을 들었습니다.

그런데 이제 중학교에 들어가 공부를 해 보니, 엄마의 기대처럼 그렇게 잘하는 자녀가 될 수 없다는 현실을 알게 된 것입니다. 자신이 그렇게 뛰어난 아이가 아니라는 사실을 깨달은 것입니다. 그동안 미국에서 엄마에게 보여주었던 1등의 영광을 더는 안겨드릴 수 없는, 혹은 우수한, 1등을 하는, '잘하는' 자녀가 될 수가 없다는 사실을 알게 된 것입니다.

그러니 이제 진석이 취할 수 있는 방법은 딱 하나밖에 없습니다. 공부를 하지 않는 것입니다. 공부를 하지 않으면 성적도 안 나오겠지요. 그렇게 된다면 자신의 낮은 성적을 합리화할 수 있는 조건 하나를 얻은 셈입니다. 공부를 하지 않고 놀면서 성적이 안 나오면 그저 '노력 부족'이라는 말로 변명할 수 있기 때문입니다.

게다가 진석은 엄마로부터 종종 "노력만 하면 잘할 수 있을 텐데."라는 말을 들어왔습니다. 그러니 진석이 생각하기에 애초부터 공부를 안 하면 자신의 무능력을 감추고 노력하지 않은 것으로 합리화시킬 수 있습니다.

진석의 이런 모습을 종합해 보면 지금 엄마에게 반항하는 이유는 자신의 처지에서 명분을 찾으려고 노력하고 있는 중이라는 것입니다. 이러한 현상 역시 칭찬이 주는 해라 할 수 있습니다.

필자는 지금까지 영선과 진석의 사연을 소개했습니다. 이를 통해 우리가 알 수 있는 사실은 칭찬의 독성과 폐해입니다. 그릇된 칭찬은 자녀에게 부담을 줘서 불편을 느끼도록 만든다는 사실입니다. 잘못된 칭찬은 아이들에게 부정적인 요소, 즉 패배의식, 소극적인 태도를 지닌 사람을 만들어낸다는 사실입니다.

필자는 이런 사실을 진석의 어머니에게 잘 설명해 드렸습니다. 그랬더니, 어머니는 원인과 상황을 충분히 이해하셨습니다. 그래서 이제는 자녀에 대한 기대와 지금 진석의 생활에 대한 불편한 마음을 조금 내려놓기로 했습니다.

이 일이 있고 나서 상당한 시간이 지난 뒤에 필자는 어머니로부터 진석의 태도가 달라지기 시작했다는 후일담을 들을 수 있었습니다. 원인과 처방이 유효했다고 하겠습니다. 그릇된 칭찬은 사람에게 해害가 된다는 사실을 알면 좋겠습니다.

선생님이 건네는 마음 처방전

1) 상비약 조제 실습

※ 다음 자녀의 행동을 보고 부모로서 반응해야 할 내용을 아래에 써 보겠습니다. 그동안 독자께서 자녀에게 평상시에 해 왔던 대로 써보면 좋겠습니다.

① 자녀 행동: 학교에서 돌아온 자녀가 오늘 받아쓰기에서 100점을 맞았다고 합니다.

부모 반응: _____

② 자녀 행동: 학교에서 줄넘기를 잘해서 선생님께 칭찬을 들었다고 합니다.

부모 반응: _____

③ 자녀 행동: 영어 학원에서 단어를 잘 외웠다며 칭찬을 들었다고 합니다.

부모 반응: _____

2) 상비약 사용 설명서

약 명	부작용
"너는 엄마의 자랑이다."	· 잘해야 한다는 부담을 줍니다. · 계속 자랑이 되어야 한다는 의무감을 느끼게 만듭니다. · 기대에 미치지 못할 경우 회피하고 반항하고 싶은 생각을 갖게 만듭니다.
"너는 머리가 참 좋구나."	· 문제 해결을 못 할 경우 좌절을 갖게 만듭니다. · 자기 비하나 열등감에 사로잡히게 만듭니다.
"잘 풀었구나."	· 언제나 잘 풀어야 하는 부담을 주게 됩니다. · 어떤 문제에 대해 도전의식을 감퇴시킵니다.

3) 주의사항

자녀가 도전적이고 용감한 사람이 되기를 바라고 또한 자신감 넘치고 발전적인 자녀로 성장하기를 바라는 부모는 복용하지 마시오.

4) 상비약 복용법

① 최근에 자녀에게 칭찬했던 말을 떠올려 보시오.

② 그 칭찬에 반응했던 자녀의 행동을 떠올려 보시오.

③ 내 자녀에게 칭찬할 만한 행동으로는 어떤 것이 있는지 생각하시오.

④ 3번의 행동을 효과적으로 칭찬하는 말을 써 보시오.

칭찬의 함정

　요즘 학교 교육은 예전과 많이 달라졌습니다. 지식 위주로만 가르치는 것이 아니라 학생들의 장래를 위해 다양한 활동들을 많이 합니다.

　예를 들어 전문 직업인을 모시고 그 직업에 관련된 정보를 얻는 자리를 마련해 주기도 하고, 학생들이 직업 현장을 찾아가 일을 직접 체험할 수 있도록 도와주기도 합니다. 예전에는 놀이 삼아 하던 소풍이나 수학여행도 지금은 체험 중심 활동으로 진행합니다.

　이런 활동을 하기 위해 학교에서는 미리 사전 준비 작업을 합니다. 직업체험인 경우 학생들이 각자 자기가 관심 있는 직업을 고르도록 한 다음 체험 장소를 찾아보도록 합니다. 그리고 그 직업에 대한 정보를 조사하게 한 다음, 이와 관련된 안내와 신청서, 그리고 준비물 등을 마련한 다음 직업현장에 참여하도록 지도합니다.

　필자가 아이들에게 직업현장 체험활동을 안내하고 신청서를 받았을 때 일입니다. 아이들이 제출한 서류가 제법 많았습니다. 그래서 아이들이 신청한 서류를 가져온 대로 정리하지 않고 종류대로 모아두었습니다.

그러다가 상담실에 청소하러 온 미라에게 제출된 자료를 반별로 정리해 달라고 부탁했습니다. 그랬더니, 미라는 "선생님! 이것 하면 뭐 해 주실 거예요?"라고 물었습니다. 그래서 필자는 미라에게 사탕을 건네며 말했습니다. "글쎄, 무엇을 해주면 미라가 좋아할까? 여기 사탕이 있구나. 이것으로 하면 어때?" 이렇게 말하면서 일을 했던 적이 있습니다.

우리는 앞에서 칭찬의 폐해에 대해 다루었습니다. 칭찬이 사람에게 도리어 독毒이 되거나 해害가 된다는 사실입니다. 그래서 칭찬을 함부로 해서는 안 된다는 사실쯤은 알게 되었습니다. 칭찬에는 이런 단점만 있는 것이 아닙니다. 칭찬을 잘못하면 듣는 사람에게 보상을 기다리게 만듭니다.

이런 경우를 보겠습니다. 학교에서 아이들에게 교실 청소를 부탁했습니다. 그랬더니 아이들이 "선생님 이거 하면 뭐 해주실 거예요?" 합니다.

또 다른 사례도 보겠습니다. 어느 해 필자가 입학식 준비를 하고 있을 때 일입니다. 일이 많아 아이들에게 도움을 요청했습니다. "여러분! 선생님을 도와주세요. 입학식을 위해 의자를 강당으로 옮겨야 합니다. 여러분이 도와주면 좋겠어요." 하면서 필자가 먼저 의자를 나르기 시작했습니다. 그러자 몇몇 아이들이 외쳤습니다. "선생님!

우리 이것 하면 뭐 해주실 거예요? 피자 사주세요." 합니다. 후배들을 위해 일을 도와달라고 하는데 피자를 먹어야겠다고 합니다. 이런 모습은 모두 칭찬을 보상으로 들으며 성장해 온 아이들의 모습이라 할 수 있습니다.

이런 보상성 칭찬 가운데는 대표적으로 '칭찬 스티커'라는 것이 있습니다. 학원 같은 곳에서 이를 활용하기도 합니다. 수업에 빠지지 않고 잘 나오면, 혹은 약속시간을 잘 지킨 아이에게 칭찬 스티커라는 것을 붙여주는 것입니다.

가정에서도 부모들이 이런 방법을 사용하기도 합니다. 아이에게 양치질하는 습관을 길러 주기 위해 스스로 양치질을 할 경우, 칭찬 스티커를 붙여주는 것입니다. 혹은 독서를 권장할 요량으로 책을 한 권씩 읽을 때마다 칭찬 스티커 한 개씩을 붙여주는 것입니다. 그러다가 그것의 개수가 일정하게 차면 선물을 사주기로 약속합니다. 또 청소를 잘 하거나 약속을 잘 지켰을 경우, 용돈을 주어 보상하기도 합니다. 모두 칭찬을 보상으로 활용하고 있는 것입니다.

이런 보상성 칭찬은 어떤 행동을 촉진하거나 동기를 부여하려는 측면에서는 어느 정도 도움이 될 수 있습니다. 하지만 이러한 보상으로서 하는 칭찬에도 단점이 있습니다.

처음에는 작은 보상만으로도 만족하지만 시간이 지남에 따라 더 큰 보상을 필요하게 된다는 점입니다. 사람의 욕심이란 밑 빠진 독과 같아서 채워지지 않습니다. 가지면 가질수록 더욱 갖고 싶어 하는 것이 모든 인간의 심리입니다.

아이들이 어렸을 때에는 그저 말로만 잘했다고 해도 좋아합니다. 그러다가 조금 자라면 과자를 사줘야 좋아하고, 더 성장하면 돈을 줘야 하고, 학교 급수가 올라가면 고가高價의 스마트 폰 같은 것을 사줘야 겨우 행동으로 옮기게 됩니다.

이렇게 아이의 행동이 바람직한 방향으로 계속 유지되게 하려면 한없는 보상이 따라야 합니다. 따라서 이러한 보상 형태의 칭찬은 자녀에게 근본적으로 도움이 되지 않는다는 것입니다.

또 다른 단점은 아이의 내적 동기를 빼앗는 일이 됩니다. 아이의 자발성과 적극성의 성장을 막는 일이 됩니다. 또한 자신이 스스로 무슨 일을 이루어 냈다는 성취에서 오는 만족감을 느낄 수 없게 만듭니다. 그래서 아이에게 긍정적인 생각이나 적극성을 배울 수 없게 만듭니다. 따라서 좋은 칭찬 방법이라고 할 수 없습니다.

이와 관련하여 EBS에서 실시한 실험을 보겠습니다. 초등학교 3~4학년 아이들을 대상으로 한 실험입니다. 실험자는 아이들을 도서관으로 초대했습니다. 초등학생들이 볼 만한 책들이 가득한 도서관이었습니다.

실험자는 아이들에게 책 한 권을 읽을 때마다 무조건 칭찬 스티커 한 개씩 붙여준다고 약속했습니다. 그리고 아이들의 행동을 촉진하기 위해 스티커를 많이 붙인 사람에게는 상을 주겠다고 약속했습니다. 그런 다음, 책을 보는 아이들의 행동을 관찰한 것입니다.

실험이 시작되었습니다. 아이들은 원하는 대로 자유롭게 책을 골라 부지런히 읽기 시작했습니다. 얼른 읽고 난 다음, 서둘러 또 다른 책을 골라 가져와 읽었습니다. 책을 빨리 읽으려다 보니, 3~4학년 아이들임에도 불구하고 읽기 쉬운, 그리고 내용이 얼마 되지 않은 유치원 아이들이 보는 그림책들을 골라 읽었습니다. 책 내용이 단순해야 여러 권 읽을 수 있기 때문입니다.

독서의 목적은 지식을 얻고 또한 아이들에게는 좋은 독서 습관을 길러 주는 것입니다. 그런데 이런 방법으로 독서를 권장했더니, 아이들은 독서의 목적이나 가치, 의미에는 흥미를 보이지 않았습니다. 아이들은 오직 스티커를 받기 위해 책을 읽었습니다. 이 실험이 알려주는 결론은 어떤 목적을 달성하기 위해, 대가를 지불하는 방법으로서의 칭찬은 칭찬으로서 의미가 없다는 점입니다.

필자가 경험했던 일을 소개해 볼까 합니다. 필자의 조카가 초등학교에 들어가기 전에 있었던 이야기입니다. 엄마가 아이에게 책을 읽힐 요령으로 책 권수를 정해 준 다음, 책 한 권을 읽을 때마다 칭찬스티커를 하나씩 붙여주기로 약속했습니다. 스티커 갯수가 차면 그 대가로 팽이나 총 같은 선물을 사 주기로 약속한 것입니다. 그래서 벽에 번호가 적힌 종이를 붙여 두고, 책을 읽을 때마다 칭찬스티커를 하나씩 붙여주었습니다. 스티커가 가득 차면 약속대로 선물을 사 주었습니다.

그러다가 드디어 조카가 초등학교에 들어가게 되었습니다. 학교 선생님은 아이들에게 독서를 권장할 목적으로 독서장을 나눠줬습니다. 그러면서 자기가 읽은 책을 독서장에 적어오라는 숙제를 내준 것입니다. 선생님은 아이들의 행동을 촉진하기 위해서 독서장에 책 제목을 가득 채운 사람에게 선물을 주겠다고 약속했습니다.

이런 안내를 받아온 아이가 독서장만 붙여 두었지, 도무지 책을 읽지 않습니다. 그래서 엄마가 물었습니다. "선생님이 책을 읽고 독서장을 가득 채우면 선물을 주시기로 하셨다면서 왜 책을 읽지 않니?" 그랬더니 조카가 이렇게 대꾸하더군요. "에이, 선물이 너무 시시해요. 그러니까 할 필요 없어요." "무슨 선물인데?" "연필과 필통이요. 그런 건 필요 없어요." 그렇게 말하면서 아이는 책을 읽지 않았습니다.

이것이 바로 보상을 통한 칭찬의 폐단입니다. 조카는 입학 전에 이미 보상에 길들여져 있었습니다. 게다가 선생님께서 제시한 보상 수준이 집에서 받았던 보상보다 훨씬 낮았습니다. 그러다 보니 아이는 선생님이 제시한 독서활동에 전혀 관심을 보이지 않았던 것입니다. 결과적으로 행동을 촉진하기 위해서 하는 '보상성 칭찬'은 우리들이 일반적으로 생각하고 있는 만큼의 응원과 에너지를 주지 못한다는 말입니다.

사람들은 우리들이 사용하는 칭찬에 이러한 불편한 진실이 담겨 있다는 사실을 잘 모릅니다. 그러다 보니 부모들은 칭찬을 통해 자녀의 행동을 바람직한 방향으로, 혹은 원하는 방향으로 유도하려고 합니다. 또 어떤 보상을 통해 자녀의 행동을 부모들이 원하는 방향으로 끌고 가려고 합니다. 좋은 의도를 가지고 사용하지만 이런 방법은 원하는 효과를 얻을 수 없다는 사실입니다.

지금까지 우리는 우리들이 사용하고 있는 일반적인 칭찬이 가지고 있는 폐단에 대해 알아봤습니다. 이런 칭찬은 아무리 많이 사용하더라도 우리들이 바라는 만큼의 그런 좋은 결과를 가져올 수 없습니다.

그렇다면 칭찬은 과연 무조건 필요 없는 말일까요? 칭찬은 고래도 춤추게 한다는데, 그 말이 거짓일까요? 다음에서 칭찬의 올바른 방법을 계속 설명하려고 합니다.

설명에 앞서 우선 아래 사례를 보고 부모님들이 그동안 사용해 왔던 칭찬을 빈칸에 적어보겠습니다. 이 활동을 하면서 칭찬에 대해 다시 한 번 생각하는 계기가 되면 좋겠습니다.

선생님이 건네는 마음 처방전

1) 상비약 조제 실습

※ 다음의 자녀 행동을 보고 부모로서 반응하게 될 내용을 써 보겠습니다. 가급적 그동안 독자께서 자녀에게 해 왔던 습관대로 써 보겠습니다.

① 자녀 행동: 혜민이가 친구와 오랜 시간 사이좋게 잘 놀고 있습니다.
　　부모 반응: _____

② 자녀 행동: 아이와 함께 기차를 타고 갑니다. 엄마는 아이가 소리를 내거나 객실을 돌아다니면 주변 승객들에게 폐를 끼칠까 염려됩니다. 다행히 아들이 의자에 앉아 조용히 지냅니다.
　　부모 반응: _____

③ 자녀 행동: 부모인 내가 밖에 나가 일을 보고 집에 돌아왔습니다. 집에 있던 아들 승민이가 동생과 싸우지 않고 잘 놀고 있었습니다.
　　부모 반응: _____

2) 상비약 사용 설명서

약 명	부작용
"93점을 맞았다니 잘했구나."	· 점수에 전전긍긍하게 됩니다. · 이 점수에 도달하지 못한 경우 자격지심에 사로잡히게 됩니다. · 이 점수에 도달하지 못하면 거짓말을 하게 됩니다.
"~하면 ~을 해줄게."	· 보상에 따른 행동만 하게 됩니다. · 조건이 작으면 응하지 않게 됩니다.
"공공장소에서 가만히 있어주다니 잘했구나."	· 자녀의 행동을 조정하려는 의도가 있는 말입니다. · 당연히 그래야 한다는 소극적인 생각을 품게 됩니다.

3) 주의사항

이러한 약들을 지속적으로 복용하게 되면 소극적인 자녀가 되기 쉽습니다. 또한 타인의 의도에만 순응하게 되는 자녀로 성장할 수 있습니다. 또한 행동에서 당당하지 못한 자녀가 되기 쉽습니다. 그러므로 자신감 넘치고 발전적인 자녀로 성장하기를 바라는 부모는 복용하지 마십시오.

4) 상비약 복용법

① 매일 이 약의 부작용을 생각하십시오.
② 여기에서 제시한 '칭찬 방법'을 배우겠다고 선언하고 다짐하십시오.
③ 매일 칭찬하는 법을 익히도록 노력하십시오.
④ 다음에서 제시한 '칭찬 방법'을 실천하십시오.

칭찬의 실제

　한 해 동안 학교에서 행해지는 교육활동들은 매우 다양합니다. 주요 활동들을 보면 대체로 입학식, 졸업식, 소풍, 체육대회 등입니다. 이런 활동은 전국 모든 학교에서 대부분 공통으로 진행하고 있는 대표적인 교육활동입니다.

　이 중에서 우리 학교 학생들은 체육대회를 상당히 좋아하고 관심이 많습니다. 체육대회 진행은 1~3학년까지 반별로 1-1반, 2-1반, 3-1반이 한 팀이 됩니다. 총 9개 학급이니까 9개 팀이 만들어집니다. 그런 다음 반별 경쟁을 합니다.

　체육대회 안내를 받으면 아이들은 학급별로 함께 모여 특색 있게 준비하고, 승리를 위해 서로 노력합니다. 이를 통해 교사들은 아이들의 다양한 장기와 특징, 그리고 개성을 발견하기도 합니다.

　체육대회 종목은 배구, 족구, 발야구, 2인 삼각 경주, 400미터 계주 등 다양합니다. 체육대회 중 400미터 계주 시합할 때의 일을 소개하려고 합니다. 계주 경기는 예선전을 치러서 3개 팀씩 선발한 다음, 6개 반 팀이 결승전을 치러 순위를 가리는 경기입니다. 이 경기에 민선이는 400미터 계주 1반 대표로 출전했습니다.

첫 번째 예선전 5개 팀, 5명의 학생들이 먼저 달렸습니다. 민선은 팀에서 맨 마지막 주자에 배정되었습니다. 경기 결과 민선이가 2등으로 들어왔습니다. 그래서 민선의 반은 결승전에 나갈 수 있게 되었습니다. 아이들이 호흡을 맞춰 잘 달려 좋은 성적을 거둔 것입니다.

민선이 달리기를 마치고 숨을 고르고 있을 때에 담임선생님은 민선에게 "잘 뛰었다. 정말 잘 달렸구나. 네가 제일 잘 달리더라."라는 칭찬을 해 주었습니다. 그랬더니, 민선은 "아니에요, 우리 팀에서 희주가 제일 잘 달려요, 희주처럼 달렸으면 1등을 했을 텐데~"라는 반응을 보였습니다. 담임 선생님은 민선이가 칭찬을 듣고 좋아할 줄 알았습니다. 그런데 민선이 공功을 희주에게 돌리면서 겸손한 반응을 보였습니다.

체육대회 상황을 지켜본 담임선생님은 열심히 달린 아이들에게 격려를 해 주고 싶었습니다. 수고에 대한 대가를 포함해서 다음 결승전에 더 힘을 내 달라는 의미에서 칭찬을 해 주고 싶었습니다. 그래서 맨 마지막 주자로 골인한 민선에게 "잘 뛰었다. 정말 잘 달렸구나. 네가 제일 잘 달리더라."라는 칭찬을 해 주었습니다. 선생님은 아이가 이런 말을 들으면 어느 정도 좋아할 줄 알았습니다. 그런데 선생님 생각과 달리 민선이는 "우리 팀에서 희주가 제일 잘 달린다."라는 말로 반응했습니다. 민선은 선생님의 칭찬을 칭찬으로 수용하지 않았던 것입니다. 결국 칭찬이 칭찬으로서 기능을 제대로 발휘하지 못하고 만 것입니다.

우리는 앞에서 칭찬의 독성毒性에 대해 살펴보았습니다. 게다가 우리가 사용하는 칭찬에는 폐단과 함정이 있다는 사실도 언급했습니다. 칭찬의 원리를 모르고 하는 칭찬은 독毒이 되거나 해害가 된다는 것입니다.

여기 사례에서도 선생님과 민선의 사이에서 칭찬이 칭찬으로서 기능을 제대로 하지 못하고 있는 것을 봤습니다. 좋은 의미로, 고마운 마음을 전하려는 칭찬이 그 가치를 잃고 말았습니다. 무슨 이유로 이런 상황이 된 걸까요?

이를 이해하기 위해서는 앞에서 다루었던 EBS 실험을 상기해 볼 필요가 있습니다. 분홍방과 파란방에 들어가 문제를 풀었던 초등학교 2학년 아이들의 이야기 말입니다.

여기에서 앞장에서 말하지 않았던 실험이야기를 조금 더 말해 보겠습니다. 실험자는 두 번째 문제를 풀고 난 아이들에게 또 다른 미션을 주었습니다. 아이들에게 두 개 상자를 제시하면서 그중 하나를 고르게 한 것입니다. 한 상자에는 다른 친구들의 성적이 담겨 있고, 다른 하나에는 문제 풀이 방법이 담겨 있었습니다.

희한하게도 이 과정에서도 두 방에서 나온 아이들의 선택은 서로 달랐습니다. 쉬운 문제를 골라 풀었던 분홍방 아이들은 여기에서 '친구들의 성적이 담긴 상자'를 선택했고, 파란 방에서 나와 어려운 문제를 풀었던 아이들 대부분은 '문제 풀이방법이 담긴 상자'를 선택했습니다. 참 이상한 일입니다. 어떻게 해서 이렇게 다른 모습이 만들어진 걸까요?

방 자유 선택	분홍방	1차 같은 난이도 문제	→	쉬운 문제 선택	→	다른 친구들 성적 선택
	파란방	1차 같은 난이도 문제	→	어려운 문제 선택	→	문제 풀이 선택

그 단서는 아이들의 말에서 찾을 수 있습니다. 쉬운 문제를 풀었던 분홍방 아이들에게 물었습니다. "왜 친구들의 성적이 담긴 박스를 택했느냐?" 했더니 아이들은 "다른 친구들과 비교해서 내 성적이 어느 정도 되는지 알고 싶어서."라고 대답했습니다.

그러니까 시험을 치르는 동안 잘한다는 칭찬을 들었던 아이들은 이번 결과에서도 똑같은 칭찬을 듣고 싶었던 것입니다. 그것은 친구들의 성적을 본 다음, 서로 비교해 봐야 가능한 일입니다. 그래서 이들은 친구들의 성적이 든 상자를 골랐던 것입니다. 결과적으로 이 아이들은 자신이 다른 친구들보다 더 잘난 사람으로 남고 싶었던 것입니다.

또 '문제 풀이 상자'를 고른 아이들에게 물었습니다. "너희는 왜 이 상자를 고르게 되었니?" 그러자 아이들은 "새로운 문제에 도전하고 싶어서", "풀이를 알아야 다음에 틀리지 않을 수 있기 때문에."라는 대답을 했습니다.

이 아이들은 시험을 치르고 나서 첫 번째 시험 중에 들었던 "최선을 다하는 사람이구나."와 같은 말을 듣고 싶었던 것입니다. 결과가 아니라 자신의 능력을 향상시키고 새로운 것에 도전하려는 마음이 컸던 것이죠. 그래서 이들은 '문제 풀이 상자'를 골랐던 것입니다. 시험 감독을 하는 동안 교사의 언어가 조금 달랐을 뿐인데, 결과적으로는 이렇게 엄청난 차이를 보였던 것입니다.

이 실험은 우리에게 말하는 방법과 그것의 중요성을 잘 일깨워주고 있습니다. 부모의 말 몇 마디가 자녀의 삶을 바꿔놓을 수 있기 때문입니다.

그러니까 부모의 말에 따라 자녀들은 얼마든지 달라질 수 있다는 것입니다. 한 아이는 진취적이고 발전적이고 도전적인 사람이 될 수 있는 반면, 어떤 자녀는 현재에 머무르면서 조마조마하면서 살아갈 수도 있다는 말입니다. 이쯤 되면 우리는 부모의 말하기 방식이나 언어습관이 자녀의 삶에 어떤 영향을 미치는지 어느 정도 알 수 있습니다.

그래서 필자는 여기에서 칭찬에 꼭 필요한 기본적인 요소 3가지만 추천하려고 합니다. 간단하니까 쉽게 익혀서 자녀 양육에 유익하게 사용하면 좋겠습니다.

첫 번째 방법은 결과 중심이 아닌 '과정 중심 칭찬'을 하는 것입니다. 우리들이 사용하는 칭찬이 칭찬으로서의 기능을 상실하는 이유는 과정을 말하지 않고 결과를 말하기 때문입니다.

대개 부모들은 과정은 무시하고 있다가 결과가 나오면 그것만 가지고 한마디로 "잘한다."고 합니다. 그러니 칭찬이 칭찬으로서 기능을 하지 못하고 부작용만 낳게 됩니다. 그렇지 않으려면 '과정'을 칭찬하는 것입니다. 그러면 자녀를 춤추게 할 수 있습니다.

그렇게 하기 위해서는 부모들의 작은 노력이 필요합니다. 자녀의 행동을 조금 세심하게 보는 것입니다. 자녀의 행동을 관심 있게 보고 있다가 행동 과정에서 보이는 작은 행동이나 특징, 또는 태도 등을 언급하는 것입니다. 그러면 좋은 칭찬이 됩니다.

우리는 앞에서 칭찬 실험을 본 적이 있습니다. 분홍방에서 문제를 풀었던 아이들은 두 번째 문제를 풀 때에, 쉬운 문제를 선택하는 소극적인 태도를 보였습니다. 이 아이들은 "잘하네.", "머리가 좋구나.", "점수를 잘 받겠구나."와 같은 칭찬을 들었습니다. 모두 결과에 대한 칭찬들입니다.

반대로 파란방 아이들은 2차 문제를 선택할 때 어려운 문제를 골랐습니다. 그리고 이들은 새로운 문제에 도전하는 적극적인 태도를 보였습니다. 아이들은 모두 시험 과정에서 있었던 행동, 태도에 관한 말을 들었기 때문입니다. 이제 어떤 말이 칭찬이 되는지 알겠지요?

여기에서 부모들이 자녀들에게 칭찬하는 모습을 살펴보겠습니다. 어느 날 아이가 받아쓰기에서 100점을 받아 왔습니다. 그러면 부모는 칭찬합니다. "100점이나 맞았어? 정말 잘했구나."라고 합니다. 이것은 결과 중심의 칭찬입니다.

이것이 칭찬이 되게 하려면 어떻게 해야 할까요? 그렇습니다. 과정을 들어 말하는 것입니다. 결과에 이르는 과정에서 있었던 일, 즉 집에서 엄마와 책을 열심히 읽던 일이라든지, 집에서 엄마와 받아쓰기 연습을 했던 일, 혹은 학습지를 했던 일 등을 가지고 "네가 열심히 책을 읽더니 좋은 점수를 받았구나.", "네가 엄마와 받아쓰기 연습을 하더니 잘 썼구나.", "학습지를 열심히 하더니 잘 썼구나." 형태로 하면 됩니다. 그러면 자녀는 칭찬을 에너지로 수용하게 됩니다. 이런 말을 들은 아이는 받아쓰기 점수보다는 책 읽는 일이나 혹은 받아쓰는 연습을 하는 일에 더 관심을 가지게 됩니다.

다시 400미터 계주에 참가했던 민선의 이야기로 돌아가 보겠습니다. 민선은 선생님의 칭찬을 그대로 흡수하지 못했습니다. 이유는 결과를 가지고 칭찬했기 때문입니다.

그러면 칭찬이 칭찬으로서 제 기능을 발휘하려면 어떻게 해야 할까요? 계주 과정에서 있었던 일, 그러니까 "배턴 터치 할 때에 네가 매우 민첩하더라.", 혹은 "코너를 돌 때 네가 참 재치 있더라."와 같이 과정에서 일어난 일을 말하면 됩니다.

또 이런 경우도 보겠습니다. 학교에서 아이들이 농구시합 중이었습니다. 그런데 아쉽게도 다른 반에게 3점 차로 지고 말았습니다. 보는 사람이나 뛰었던 선수들 모두 아쉬워하는 경기였습니다. 선생님은 침울해 있는 아이들에게 위로의 말을 전하고 싶었습니다. "잘했어 잘했다. 그래도 너희들이 잘한 거야~ 괜찮아." 했습니다. 그랬더니 선수로 뛰었던 아이들은 "아니에요, 에이 참, 이번에 꼭 이겼어야 했는데~"라고 답했습니다. 그러자 선생님이 다시 위로해 주었습니다. "질 수도 있는 거야, 너무 실망하지 말아라." 그러자 아이들이 이렇게 반응했습니다. "아이, 어쩌냐? 다 졌으니, 이제 낼 경기할 종목이 없어졌네." 이렇게 실망스런 모습을 보였습니다.

선생님은 경기에 진 아이들에게 위로를 해 주고 싶었습니다. 그래서 "잘했어, 잘했다. 그래도 너희들이 잘한 거야~ 괜찮아."라고 말한 것이죠. 선생님은 칭찬이라는 도구를 사용해서 아이들의 아쉬운 마음을 달래주려고 한 것입니다. 그런데 아이들은 도리어 아쉽다는 반응을 보였습니다. 칭찬이 제대로 힘이 되지 못하고 오히려 게임에서 진 것에 대한 실망감을 더 심화시켜주었습니다. 선생님이 잘했다고 칭찬했는데, 왜 이런 결과에 이른 것일까요? 그렇습니다. 이것 역시 선생님이 결과를 들어 칭찬했기 때문입니다.

여기에서도 칭찬이 칭찬으로서의 효과를 거두려면 어떻게 해야 할까요? 그렇습니다. 결과가 아니라 과정에서 보인 구체적인 행동을 들어 칭찬하는 것입니다. 경기 중에 기억되는 장면을 들어서 개인별로 칭찬하는 것입니다. 예를 들면 "전반 7분경 네 패스가 정말 정확하더라.", "네가 득점하는 장면은 정말 멋있더라."와 같이 아이의 경기 과정을 구체적으로 칭찬해주는 것입니다. 그러면 아이의 반응이 달라집니다. 이렇게 칭찬하고 나면 비록 경기에 지더라도, "정말 그래요?"와 같은 순반응을 만날 수 있습니다. 우리가 꼭 기억해야 할 것은 칭찬을 할 때에 반드시 과정을 들어 칭찬해야 한다는 점입니다. 그래야 칭찬이 그 효과를 거둘 수 있습니다.

두 번째 칭찬 방법은 '과장 없이 있는 그대로' 말하는 것입니다. 자녀가 받아쓰기에서 100점을 받아왔습니다. 그러면 대부분 부모는 이렇게 칭찬할 것입니다. "네가 최고구나.", "네가 너희 반에서 1등 하겠다.", "앞으로 훌륭한 사람이 되겠구나.", "(매일 연습을 하지 않는데) 매일 네가 받아쓰기 연습을 하더니." 이런 식으로 확대하거나 과장해서 칭찬하기 쉽습니다. 하지만 이런 과장이나 뻥튀기같은 말은 아이들도 그렇게 좋아하지 않습니다. 더군다나 받아쓰기 시험 결과 다른 아이들도 대부분 100점을 맞은 상황이라면 더욱 그렇습니다. 그러면 아이는 속으로 '다른 친구들도 모두 100점 맞았는데, 뭐 그걸 가지고'라며 시큰둥해 합니다. 혹은 '날마다 연습도 하지 않는데, 날마다 했다고 하네. 날마다 하라는 말인가?' 하고 생각하게 됩니다.

과장된 칭찬은 칭찬의 효과도 없을 뿐 아니라 자녀에게 좋은 영향을 주지도 못합니다. 칭찬이 칭찬으로서의 기능을 발휘하려면 과장 없이 있는 그대로 말하는 것입니다.

마지막으로 칭찬은 칭찬거리를 발견한 '즉시' 하는 것입니다. 자녀가 칭찬을 받을 만한 행동이나 말을 할 때, 그 일을 발견한 즉시 표현해야 합니다.

이런 상황을 통해 살펴보겠습니다. 어느 날 외출하고 돌아와 보니, 아이가 집안 청소를 깔끔하게 해 두었습니다. 기분이 너무 좋고 아이의 행동이 대견하다는 생각이 들었습니다. 꼭 칭찬을 해야겠다고 마음먹었습니다. 그런데 마침 아이가 집에 없었습니다. 게다가 다른 일에 신경 쓰느라 깜빡 잊고 말았습니다. 그로부터 일주일이 지난 어느 날 아이에게 지난날을 칭찬했습니다. "너 지난주 일요일에 집안 청소를 잘 했더구나. 참 잘했구나."라고 칭찬해 주었습니다. 하지만 아이의 반응은 시큰둥합니다. 이런 반응은 칭찬이 칭찬으로서 기능을 하지 못했기 때문에 벌어진 일입니다. 시일이 한참 지나서야 칭찬했으니 칭찬을 들을 때의 감흥도 그다지 크지 않았던 것이죠. 이런 경우 역시 칭찬이 제 기능을 발휘하지 못한 사례에 속합니다. 때문에 칭찬을 할 때에는 반드시 칭찬거리를 발견한 즉시 하는 것이 좋습니다.

칭찬은 분명히 고래도 춤추게 만듭니다. 공연장에서 공연하는 고래들을 보면, '말을 알아듣지 못하는 저들이 어쩌면 저렇게 잘할 수 있을까' 하는 경이로움마저 느낍니다.

이런 일은 고래만이 아닙니다. 개나 고양이, 돼지 같은 동물들도 훈련을 통해 잘해내는 것을 봅니다. 동물을 조련하는 조련사들은 일관되게 말합니다. 칭찬을 해 주면 말을 할 줄도 모르는 동물들도 어려운 일들을 너끈히 잘해낸다는 것입니다. 모두 칭찬의 힘이라 할 수 있습니다.

이제 우리는 자녀들이 춤을 추게 할 수 있는 마법같은 도구를 갖게 되었습니다. 이 도구를 사용하는 일은 자녀에게 용돈을 많이 주거나 큰 재산을 물려주는 것보다 더 유익한 일이 될 것입니다. 자녀들이 힘을 얻어 발전적이고 도전적인 삶을 살도록 도울 수 있으니 말입니다. 이제 우리가 실천하기만 하면 우리 자녀들은 삶 속에서 힘을 얻고, 용기를 얻어 어떤 일이든 도전하고 싶은 마음을 갖게 될 것입니다.

1) 상비약 조제 실습

① 앞에서 사례로 들었던 체육대회 400미터 계주 이야기를 상기해 보겠습니다. 담임선생님은 선수에게 칭찬을 하셨습니다. 그런데 칭찬이 효과를 발휘하지 못하고 어색한 상황이 되고 말았습니다. 선수에게 격려가 되려면 무슨 말을 어떻게 해야 할까요? 계주에서 1등을 하지 못했더라도 아이의 마음에 힘이 되는 칭찬을 할 수 있습니다. 그 칭찬을 아래 빈칸에 2개 정도 적어보겠습니다.

☞ 구체적인 행동1: _____

☞ 구체적인 행동2: _____

② 농구 시합에서 지고 나온 아이들에게 격려가 되는 좋은 칭찬을 하려고 합니다. 어떻게 해야 할까요? 나의 격려를 들은 아이들이 위로를 얻고 용기를 얻게 하려면 어떤 말을 하면 좋을지 아래 빈칸에 적어 보겠습니다.

☞ 구체적인 행동1: _____

☞ 구체적인 행동2: _____

2) 상비약 사용 설명서

약 명	효능
과정을 칭찬한다.	· 자존감을 높여줍니다. · 어려움을 만나도 쉽게 극복할 수 있도록 돕습니다.
과장 없이 칭찬한다.	· 자신감을 얻게 됩니다. · 흥을 돋우는 일이 됩니다.
발견 즉시 칭찬한다.	· 행복하게 만듭니다. · 자기 행동에 긍정을 발견하게 됩니다.

3) 주의사항

· 과정이 아닌 칭찬은 부작용을 낳습니다.
· 기존의 칭찬 습관을 고치지 않으면 자녀는 힘을 잃게 될 것입니다.

4) 상비약 복용법

① 매일 칭찬하는 법을 배우십시오.
② 여기에서 제시한 '칭찬 방법'을 배우겠다고 선언하고 다짐하십시오.
③ 다음에서 제시한 '칭찬 방법'을 실천하십시오.

5) 칭찬으로 할 수 있는 말(1번의 사례)

1) "곡선 코너를 돌 때 네가 제일 빨리 앞으로 나가더라."
   "앞 선수의 배턴을 터치할 때 매우 재치 있게 받더라." 혹은 "주더라."
   "있는 힘을 다해 최선을 다하는 모습이 좋아 보이더라."
   "반 우승을 위해 노력한 모습이 멋져 보이더라."
   "상체를 앞으로 기울여 달리니까 발이 더 빨라져 속도가 붙더라."

2) "너의 짧은 패스는 공격을 빠르게 하는 데 효과적이더라."
   "상대 코트로 이동하는 네 몸동작은 참 좋더라."
   "1쿼터 때 네 리바운드는 정말 멋지더라."
   "네 긴 패스는 득점력을 높이게 만들더라."

칭찬의 다른 이름, 감사

부모들은 종종 자녀들에게 이런 심부름을 시키곤 합니다.

"은호야, 갖고 놀던 블록 정리해라."
"네 방을 좀 치우겠니?"
"설거지를 해 두어라."
"쓰레기를 버리고 오너라."

부모의 이런 지시에 대개 아무런 불평 없이 잘 따르는 자녀들도 있지만 어떤 자녀는 투덜대거나 못마땅하게 여기기도 합니다. 또 어떤 아이는 지시에 응하기는 하지만, 꼴을 부리면서 탐탁지 않다는 표정을 짓기도 합니다. 어떤 아이는 몹시 기분이 나쁘다며 입을 삐쭉거리기도 합니다.

이런 일은 가정에서 흔히 벌어지는 일상이라 할 수 있습니다. 부모들은 자녀들에게 별 부담 없이 이런 심부름을 시키곤 합니다. 자녀들이 가족의 일원이라 편하게 여겨서 그런지, 아니면 이런 부탁쯤이야 자녀들이 스스럼없이 받아 주리라 생각해서 그런지 알 수 없습니다. 그러다 보니 때로는 자녀들이 불평하거나, 거부하는 등 예상밖의 일이 벌어지기도 합니다.

부모의 도움 요청에 자녀들이 이런 태도를 보이는 것은 자녀 성향탓도 있겠지만 필자는 부모 책임도 상당하다고 봅니다. 그 원인을 살펴보면 그동안 부모의 지시에 따른 결과, 그것으로부터 얻어진 유익이 별로 없었다는 말입니다. 즉 행동에 대한 보상의 크기가 아이의 바람이나 기대에 미치지 못했다는 말입니다.

이런 말을 하면 부모들은 '한 가족으로 사는데 무슨, 이런 사소한일까지 아이들에게 보상을 해야 하나요?'라며 가볍게 여길는지 모르겠습니다. 또 어떤 분들은 아이들을 양육하는 것 자체가 보상인데, 더이상 무슨 보상이 필요하느냐며 대수롭지 않게 여길 수도 있습니다.

부모들의 이런 생각은 보상을 돈이나 선물 따위로 생각하기 때문에 벌어진 일입니다. 자녀들에게 이런 유의 방법을 동원하지 않더라도 얼마든지 충분한 보상을 해 줄 수 있습니다.

가장 기본적인 것은 부모들이 자녀들의 행동을 존중해 주는 것입니다. 무시하거나 비난하지 않고 아이의 행동 자체를 가치 있는 것으로 여기고 앞에서 배운 방법대로 칭찬해 주는 것입니다. 그러면 자녀는 자기 행동의 가치를 알고 행동으로 옮기려고 합니다. 그래서 자녀의 행동을 존중하는 일은 어떤 물질로 보상해 주는 것보다 더 긍정적인 영향을 미칩니다.

그다음은 부모들이 자녀들에게 고맙다는 표현을 해 주는 것입니다. 그러면 자녀들은 자신의 역할, 즉 부모에게 영향을 미칠 수 있는 자신의 행동을 중요하게 여깁니다.

자녀들에게 '감사'를 표현하는 일은 매우 쉬운 일입니다. 그럼에도 부모들은 이를 잘 모르거나 실천하지 않습니다. 그래서 자녀와 좋은 교감 기회를 놓치기도 합니다.

아마 이것은 우리나라 전통적인 문화 영향이 아닌가 싶습니다. 예로부터 우리나라 사람들은 감정 표현에 인색한 것으로 유명합니다. 그래서 그런지 우리는 감사 표현을 잘 하지 않을 뿐만 아니라 어색하게 여기기도 합니다.

또한 우리에게는 장유유서長幼有序라는 유가적儒家的 질서 의식이 뿌리 깊게 자리하고 있습니다. 아이들보다는 어른이 우선시되는 세태 속에서 살았습니다. 때문에 아이들은 언제나 사회로부터 가벼운 존재로 취급되었습니다. 그래서 부모들도 자녀들이란 언제나 여리고 모자란 존재라는 인식을 가지고 있습니다.

그러다 보니 가정에서도 자녀들을 가볍게 취급하는 경향이 있습니다. 이런 맥락에서 부모들은 어린 자녀나 후배들에게 고맙다는 말을 잘 하지 않는 경향이 있습니다. 가족이어서, 혹은 편하니까 등 여러 이유를 들어 자녀들에게 고맙다, 감사하다는 말을 잘 하지 않습니다.

그런데 이 감사라는 말은 칭찬과 마찬가지로 듣는 사람에게 용기와 힘을 줍니다. 때로는 듣는 사람에게 어떤 일이든 잘할 수 있다는 자신감을 주기도 합니다. 칭찬이 주는 긍정처럼 감사 역시 사람에게 강력한 에너지원이 됩니다. 그래서 감사는 칭찬의 다른 언어라 할 수 있습니다. 감사를 잘 표현하는 것은 칭찬을 자주 해 주는 것과 같습니다.

이렇게 말하면 많은 사람들은 "감사를 잘 표현하고 싶은데, 우리 자녀들에게 감사할 거리가 있어야지요?"라고 반문하기도 합니다. 그렇습니다. 앞에서 다루었던 것처럼 결과를 두고 보면 그럴 수 있습니다.

그러나 아이들 일상을 보면 자녀들에게 감사하고 고마운 일이 참으로 많다는 것을 발견할 수 있습니다. 그저 감사할 수 있는 순간을 발견하지 못하거나 하는 방법을 몰라서 그런 것뿐입니다. 혹은 우리의 눈이 그것을 보지 않고 외면하거나 배우지 못해서 그런 것뿐입니다. 그래도 자녀에게 감사거리가 보이지 않거나 찾기 어렵다면 서울대학교 심리학과 최인철 교수가 일러준 감사의 정의를 보면 도움이될 것입니다.

그는 감사에 대해 "감사感謝란 늘 우리에게 주어진 일상을 그렇지 않게 보는 것"이라고 말합니다. 그러니까 감사란 "평범한 일상을 일상으로 보지 않는다는 것"이라는 말입니다.

이에 대해 성경도 "항상 기뻐하라. 쉬지 말고 기도하라. 범사에 감사하라."고 말합니다. 성경 역시 범사凡事, 그러니까 기쁜 일, 슬픈 일, 숨을 쉬는 일, 편한 일, 힘든 일, 모든 일에 감사하라고 이야기 합니다. 최 교수의 말과 같은 의미입니다.

이런 관점에서 자녀의 일상을 살펴보겠습니다. 그러면 자녀의 일상 가운데 행동 하나하나, 움직임 하나하나 모두 감사하지 않을 것이 없습니다. 축약해서 말하면 자녀들 생활은 그 자체가 모두 감사덩어리라는 말입니다. 더욱이 자녀가 내가 바라던 일을 잘 수행한 경우라면 더욱 그러합니다.

그럼에도 불구하고 부모들은 자녀들에게 감사를 잘 표현하지 않는 경향이 있습니다. 아이들에게 물어보면 아이들은 부모에게서 감사나 칭찬을 들어본 적이 없다고 합니다. 설령 들은 적이 있더라도 아주 오래 전, 까마득한 옛날, 언제 들었는지 기억이 잘 나지 않는 즈음에 들었던 기억이 있다고 합니다.

이런 현상은 부모들에게서도 쉽게 확인할 수 있습니다. 학교에서 만난 부모나, 강연회에서 만난 부모들에게 자녀에게 할 수 있는 감사나 칭찬을 말해달라고 부탁해 봅니다. 그러면 많은 부모들은 머뭇거리다가 말을 하지 못합니다. "왜 그렇게 망설이냐?"고 물어보면 자녀에게 칭찬이나 감사 재료들이 없어서 그런다고 합니다.

그러다 보니 감사라고 하는 것이 그냥 1년에 어쩌다 한 번, 그것도 형식적으로 "잘한다.", "최고다.", "네가 제일이다." 등으로 표현되고 있는 것입니다. 결과적으로 많은 부모들은 자녀의 일상을 감사로 보지 않는 셈이죠.

그러면 여기에서부터 우리들이 감사를 어떻게 표현해야 하는지 그 방법을 알아보겠습니다. 자녀들의 행동을 보면서 알아보겠습니다. 아이가 아침에 스스로 일어납니다. 이는 매우 기특한 일입니다. 어른들도 쉽지 않은 일이기 때문입니다. 하지만 대부분 부모들은 이를 당연하게 여깁니다. 그러다가 자녀가 늦잠을 자는 날이면 "왜 이렇게 늦잠을 자니?" 하고 꾸지람을 늘어놓습니다.

또 아이가 혼자서 혹은 친구들과 잘 어울려 놀고 있습니다. 그러면 이때는 당연한 것으로 여기고 아무런 말을 하지 않습니다. 그러다가 자녀가 엄마에게 놀아달라고 보채면 "너는 왜 이렇게 엄마를 귀찮게 만드니, 다른 아이들처럼 혼자 놀든지 아니면 친구들을 찾아서 어울려 놀아라."라고 핀잔을 줍니다.

또 아이가 우유를 혼자서 실수 없이 잘 따라 마실 때는 아무런 말을 하지 않습니다. 그러다가 어느 날 우유를 쏟는 날이면 아이에게 야단을 늘어놓습니다. 밖에서 놀다가 집에 들어온 아이가 손발을 씻고 들어옵니다. 이때는 아무런 말을 하지 않습니다. 그러다가 어느 날 손발을 씻지 않고 밥상에 앉으면 아이를 야단하는 식입니다.

어떻습니까? 자녀들의 일상을 보면 온통 칭찬과 감사한 일뿐이지요? 그런데도 부모들은 가만히 있다가 자녀가 잘못하면 마치 그때를 기다리기라도 했다는 듯이 서둘러 소리를 높여 꾸지람합니다. 자녀에게 아홉 가지 감사한 일이 있음에도 발견하지 못하고 오로지 한 가지 그릇된 일에만 집착하며 분개하는 식입니다. 자녀를 못되게 만드는 양육법이라 할 수 있습니다.

그렇다면 우리는 자녀에게 감사하는 말을 어떻게 하는 것이 잘 실천하는 일이 될까요? 그것은 필자가 제시한 방법대로 자녀의 삶을 하나하나 세심하게 보고 잘 표현해 주는 것입니다. 최인철 교수의 말처럼 일상을 일상으로 보지 않는 것입니다. 자녀들의 모든 행동을 감사로 보는 것입니다.

아침 잠자리에서 아이 스스로 일어납니다. 잠을 애써 이기고 일어납니다. 또 스스로 신발을 신고, 알아서 나갑니다. 혼자 있을 때에도 짜증을 내지 않고 놀거나 친구를 만나서 잘 어울려 놉니다. 불평 없이 학교에 잘 다녀옵니다. 숙제를 기억하고 열심히 하려고 합니다. 잘못한 일을 두고 엄마에게 미안한 기색을 보입니다. 지극히 일상적인 일들이라서 지나치기 쉽습니다. 하지만 이런 행동을 일상으로 보지 않고 감사로 표현해 주는 것입니다.

이제 우리는 이런 방법을 말이나 글로 다룰 것이 아니라 여기에서 직접 표현하는 방법을 연습할 필요가 있습니다. 머리로만 이해하고 알고 넘어갈 것이 아니라 우리가 꼭 실천해야 할 일이기 때문입니다.

아이가 놀다가 다쳐서 약을 발라 달라고 합니다. 그러면 "다쳐도 울지 않다니 아픔을 잘 참는구나. 이런 네가 고맙구나."라고 표현해 주는 것입니다. 밖에 다녀온 아이가 스스로 손발을 씻습니다. 역시 "엄마가 신경 쓰지 않게 해 줘서 고맙구나."라고 감사를 표현하는 것입니다. 자녀가 실수를 할 때에도 마찬가지입니다. 아이가 우유를 들고 거실로 가 먹다가 쏟고 말았습니다. 우유를 쏟은 아이의 얼굴에 미안한 기색이 역력합니다. 이럴 때 부모는 아이에게 "미안한 마음을 보여 줘 고맙구나. 이런 상황을 미안해하다니."라고 표현해 주는 것이 좋습니다.

그동안 우리가 일상으로 보아왔던 자녀의 사소한 일들을 부모들이 감사로 표현하게 되면 자녀들은 강력한 에너지를 얻게 될 것입니다.

감사나 칭찬이 없으면 아이들은 힘을 얻지 못합니다. 자신감도 얻지 못합니다. 자신감이 없는 아이는 점차 부정적으로 변하기도 하고, 보이는 반응도 반항적으로 나타날 수 있습니다. 모두 아이들이 자라면서 감사나 칭찬을 들어 본 적이 없는 결과라고 할 수 있습니다.

이제 우리는 우리가 그동안 잊고 지냈던 일상에서 감사하는 법을 알게 되었습니다. 또한 감사를 표현하는 방법도 배웠습니다. 이러한 방법들이야말로 자녀를 자신감 있고 능력 있는 사람으로 성장하게 만드는 소중한 방법입니다. 앞으로 이러한 감사 인사를 꾸준히 실천하도록 노력하면 좋겠습니다.

1) 상비약 조제 실습

연습 1) 아침에 등교를 서두르는 아들에게 엄마가 부탁합니다. "오늘 엄마 일이 바빠서 학교를 마치는 대로 5시까지 꼭 집에 오면 좋겠구나." 했습니다. 아들은 엄마가 부탁한 대로 5시 전에 집에 돌아왔습니다. 어떻게 말해야 할까요?

연습 2) 엄마는 아이에게 집에 돌아오면 놀기 전에 숙제를 하면 좋겠다고 말했습니다. 아이가 집에 돌아오자마자 숙제를 합니다. 어떻게 칭찬(감사)해야 할까요?

---

2) 상비약 사용 설명서

약 명	부작용
자녀의 행동에 부모의 무반응	· 부모의 사랑 표현 기회를 놓치게 됩니다. · 관계에 불편의 싹이 됩니다.
보상 없는 지시	· 지시에 쉽게 싫증을 느끼게 만듭니다. · 부당한 지시로 인식하게 만듭니다. · 지시에 저항감을 일으킵니다.
"참 잘했구나."	· 칭찬을 칭찬으로 받지 않게 됩니다. · 일상적으로 입에 담긴 말로 인식하게 됩니다. · 에너지 생성에 도움이 되지 않습니다.

3) 주의사항

· 이런 말들은 말하는 수고로움에 비해 그 영향력이 떨어집니다.
· 이런 말로는 용기를 주거나, 격려해 줄 수 없습니다.
· 관계에 단순한 복종과 명령만 존재하게 합니다.

4) 상비약 복용법

① 자녀의 행동을 구체적으로 자세히 보십시오.
② 자세히 들여다본 자녀의 구체적인 행동을 가볍게 보지 말고 감사의 언어로 표현하십시오.
③ 자녀를 나와 동등한 인격을 지닌 사람으로 대우해 주십시오.
④ 감사함을 습관적으로 입에 달린 말처럼 하지 말고 마음에서 우러나온 말로 정성껏 표현하십시오.

5) 칭찬으로 할 수 있는 말(1번의 사례)

연습 1) 할 수 있는 칭찬(감사)
"엄마가 부탁한 대로 5시까지 와 주었구나. 덕분에 엄마 일을 할 수 있게 되었어. 고맙구나."
"네가 약속을 지켜줘서 고마워. 엄마가 다음 일을 편하게 할 수 있겠구나."

연습 2) 할 수 있는 칭찬(감사)
"놀기 전에 숙제를 하다니, 고맙구나."
"학교에서 오자마자 숙제를 하는구나. 엄마 마음이 기쁘구나."
"엄마가 다시 부탁하지 않도록 숙제를 하니 고맙구나."

바르게 칭찬하기

　　고등학교 2학년인 현선은 학교생활에 흥미를 느끼지 못합니다. 그러니 공부하는 일이나 동아리활동, 봉사활동과 같은 교육활동에 거의 관심이 없습니다. 학교에 나오는 일조차도 마지못해 합니다. 그러니 등교도 수업 시작 시간이 다 되어 도착하거나, 지나서 오는 일이 다반사입니다. 학교에 도착하더라도 수업이 시작되면 주로 책상에 엎드려 잠을 자면서 보냅니다. 그러다가 쉬는 시간이 되면 깨어납니다. 쉬는 시간에는 활동을 조금 하다가 수업이 시작되면 다시 엎드려 잡니다.

　　어떤 때는 잠이 오지 않아도 선생님 얼굴 보기가 민망하다며 그냥 엎드려서 지내기도 합니다. 그러다가 정규 수업시간을 마치면 다른 친구들은 대부분 방과 후 학교 활동에 참여하는데, 현선은 여기에도 참여하지 않습니다. 얼른 학교 밖으로 나가 다른 학교에서 자기와 비슷한 방법으로 학교생활을 하는 친구들과 어울리고 놀며 지냅니다. 그러다가 늦은 시간이 되면 집에 들어갑니다.

집에 들어가더라도 특별히 하는 일이 별로 없습니다. 다만 스마트폰 가지고 노느라고 새벽 시간이 되서야 겨우 잠자리에 듭니다. 늦게 자다 보니 아침에 일어나는 것도 늦고 힘들어합니다. 잠에서 겨우 깨어나 집을 나서면 언제나 등교 시간에 쫓깁니다.

현선의 이런 모습을 안타깝게 여긴 필자는 현선에게 언제 상담실에 한번 들러달라고 부탁했습니다. 하지만 현선은 곧 상담실에 오지 않았습니다. 한동안 필자의 말을 무시하고 지내던 현선이 오늘은 할 일이 없다며 예고도 없이 상담실을 불쑥 찾아왔습니다.

이렇게나마 상담실을 찾아 준 일이 얼마나 고맙게 느껴졌는지, 대견하다 싶어 이런 말 저런 말을 하는 중에 현선이 자기 생활에 의미가 없다고 했습니다. 그래서 필자가 "네가 잘할 수 있는 일이 있으면 한번 말해볼래?" 했습니다. 그랬더니, 현선은 단번에 없다고 했습니다. 그래서 필자가 다시 물었습니다. "어려서부터 부모님에게 잘한다고 칭찬 들었던 일 같은 것이 있었을 것 같은데, 그것을 한번 떠올려 보면 좋을 것 같구나. 어떤 것들이 있었을까?"

현선이 "그런 거요? 한 번도 들어본 적이 없어요. 그런 것이 있었다면 제가 이렇게 생활하겠어요?"라고 했습니다.

우리는 앞에서 칭찬의 두 얼굴, 그 폐단과 긍정에 대해 알아봤습니다. 칭찬이 칭찬으로서의 효과를 발휘하기 위해서는 어느 정도 요령이 필요하다고 했습니다. 그 요령은 첫 번째, 결과 중심이 아닌 과정 중심의 칭찬하기. 두 번째는 칭찬할 만한 행동을 보는 즉시 칭찬하기. 세 번째는 있는 그대로 과장 없이 칭찬하는 것입니다. 네 번째는 사소한 일에도 자녀에게 감사를 표하는 것입니다.

여기에서는 앞에서 다루지 못했던 칭찬의 폐단에 대해 조금 더 이야기하고 칭찬 방법을 다루도록 하겠습니다. 조금 오래된 보고서이긴 합니다만 이 보고서는 요즘 우리에게도 많은 시사점을 주고 있어서 다루려고 합니다. 또한 오늘날 우리 가정이나 사회에서 일어나고 있는 일이 그때와 같이 여전하다는 생각이 들어 소개하려고 합니다.

2003년 교육개발원에서 작성한 연구 보고서입니다. 이 보고서는 교육개발원에서 1980년대에 태어나서 세상을 떠들썩하게 했던 영재들 81명의 성장과정을 종단으로 추적 조사한 연구 결과입니다.

우리들이 생각하기에 영재들이라고 하면 모두 우수한 능력을 지니고 있어서 인생을 성공적으로 살고 있을 것 같습니다. 그런데 이 연구 결과에 따르면 꼭 그러지 않은 것 같습니다. 연구대상 영재들 가운데 50% 이상은 성장하면서 평범한 삶을 살게 되거나 그것도 아니면 상식 이하의 삶을 살고 있다는 것입니다. 또 이들 중에 12.4%는 고교 졸업 후에 취업하거나 대학입시에서 재수를 하고 있는 것으로 보고하고 있습니다.

사람들의 각별한 주목을 받은 뛰어난 영재들이라는 점을 감안하면 그들의 삶의 성과물은 너무나 초라하다는 생각이 듭니다. 우리는 '그렇게 뛰어난 영재들이 왜 이런 불편한 결과를 보이게 되었을까?' 조심스럽게 고민을 해 봅니다.

이러한 결과에 이르게 된 요인에 대해 연구자들은 '칭찬'을 들었습니다. 영재들이 그동안 살아오면서 들었던 칭찬이 그들의 삶을 그렇게 만들었다는 것입니다. 필자 역시 이런 추론과 결론에 전적으로 동의하는 바입니다. 조사에 응했던 영재와 그의 보호자들 역시 인터뷰에서 그렇게 말했습니다.

영재들은 어려서부터 사람들의 시선과 기대를 한 몸에 받으며 자랐습니다. 주변 사람들이나 언론이 나서서 이들의 영특함을 취재하여 기사화하기도 했습니다. 이들의 영특함은 더욱 돋보였겠지요. 그러다 보니 이들이 어떤 일을 잘하면 사람들은 이들에게 더 큰 목표를 제시해 주었습니다. 그러면 그들은 그 목표를 이루어 내려고 노력했고, 그 결과를 이루어 내면 사람들은 또 다른 더 큰 목표를 제시해 주었다고 합니다. 어떤 때는 그 목표를 이루기도 했고, 이루지 못하기도 했습니다. 이런 일련의 과정들을 겪으면서 영재들은 자신감을 잃기도 하고, 큰 부담을 떠안기도 했다고 합니다.

여기 조사 내용을 살펴보면 영재들 가운데 어떤 사람은 다른 사람들보다 일을 잘해 내면서도 스스로가 열등한 존재라고 느꼈다고 합니다. 또 어떤 사람은 자신의 삶보다는 남의 눈치를 보느라 자기 목표나 의지는 찾아볼 수 없게 되었다고 말하기도 했습니다. 어떤 사람은 어느 순간 '자기 능력을 잘 발휘하는 영재로 살아가는 일이 괴롭다'는 현실을 알게 되면서 이를 포기하기도 했다고 합니다.

영재들은 어릴 때부터 칭찬을 받고 자랐고, 그 칭찬에 걸맞는 사람이 되기 위해 열심히 노력했습니다. 또한 그들은 주변의 기대에 자기를 맞추려다 보니 이룬 것은 변변치 않았고, 삶은 고달파졌다고 합니다. 그러다가 자기 성취결과가 그동안 얻었던 명성에 이르지 못할 경우, 사람들로부터 무능하다는 비난에 직면할까봐 괴로웠다고 말했습니다. 어떤 영재는 때로는 남들로부터 칭찬 받기 위해 남을 속이거나 자신을 속이기도 했다고 합니다.

연구 대상이 되었던 영재 대부분은 칭찬에 어울리는 영재 모습을 보여 주려다 보니, 정작 자신은 너무 힘들고 괴로웠다고 말했습니다. 그래서 이들 가운데 대부분은 자기 스스로 영재임을 내려놓고 보통 사람으로 살아가려고 마음먹게 되었다고 털어놓았습니다.

사람들은 뛰어난 영재를 좋아하고 응원합니다. 그래서 언론들조차 나서서 영재들을 발굴하고 알렸던 것입니다. 그들이 그랬던 이유는 영재들의 앞길을 가로막고, 부담을 주고, 망가뜨리고 싶어서 한 일은 아니었을 것입니다. 그들의 바람은 영재들이 미래에 더 훌륭한 일을 해 달라는 마음에서, 혹은 칭찬해 주고 싶은 마음에서, 응원하려는 의도에서 그랬을 것입니다.

그런데 이 일이 오히려 영재들에게 해악害惡으로 작용한 것입니다. 영재들 부모 가운데 어떤 이들은 자녀들의 특출함을 부각시켜 준 사회나 언론을 원망하기도 했습니다.

이제 우리는 자녀의 삶을 도와주는 언어와 망가뜨리는 언어를 구분할 줄 알게 되었습니다. 자녀들에게 잘한다는 말을 자주 사용하면 자녀의 삶은 망가지게 됩니다. 결과만을 가지고 칭찬하면 아이의 삶은 점점 괴롭게 됩니다.

그러니 자녀의 삶에 에너지를 주는 언어, 칭찬을 잘 사용하는 것이 매우 중요합니다. 이제 그 구체적인 방법을 설명하려고 합니다. 이 방법을 충분히 익히고 나면 자녀에게 에너지를 듬뿍 줄 수 있을 것이라고 생각합니다. 그 방법은 생각보다 쉽고 간단합니다.

우선 자녀의 행동을 조금 관심 있게 보면 쉽게 할 수 있습니다. 그리고 그것을 놓치지 않고 말로 표현하면 됩니다. 그러면 당장 내 눈에 자녀의 행동들이 달리 보이기 시작할 것입니다. 지금까지의 일상적이고 당연했던 자녀의 행동들이 의미 있게 보이기 시작할 것입니다. 아이들의 행동 하나하나가 감사 그 자체라는 사실을 알게 될 것입니다.

자녀들에게 이런 말을 사용하면 아이들은 마법에 걸리게 됩니다. 이러한 말들이 아이에게 닿으면 아이들은 자신감을 얻고 힘을 얻게 됩니다. 아이는 의미 있고, 긍정적인 행동을 하게 될 것입니다. 이제 자녀의 행동을 보면서 구체적으로 설명하겠습니다. 다음은 자녀를 향한 부모들의 칭찬입니다.

"갖고 놀던 블록을 잘 정리해 줘서 고맙구나."
"네 방을 잘 정리해 주니 고맙구나."
"설거지를 도와주어 엄마 일을 덜 수 있게 되었구나. 정말 고맙다."
"쓰레기통을 스스로 알아서 비워주니 고맙구나."
"아침에 스스로 잘 일어나주어서 고맙구나."

토마스 고든 박사는 이러한 표현을 할 때에는 이런 형식을 갖춰 표현할 것을 권하고 있습니다. 형식은 3단계로 구분되는데, 첫 번째 단계는 '구체적인 행동'을 있는 그대로 가감 없이 말하는 것입니다.

"네 준비물을 스스로 잘 준비하는구나."
"엄마가 전달하라는 물건을 잘 전달해 주었구나."
"엄마가 없는 동안 혼자서 잘 놀아주었구나."

다음 두 번째 단계는 자녀의 행동이 '내게 미친 영향'을 말하는 것입니다.

"엄마가 따로 신경 쓰지 않게 해 주었구나."

"엄마가 편하게 되었구나."

"엄마의 걱정을 덜어주었구나."

다음 세 번째 단계는 그것으로 인한 '내 감정 상태'를 말합니다. 그러면 감사함에 대한 행동이나 느낌을 분명하고 선명하게 전달할 수 있습니다.

"엄마가 행복하구나."

"엄마 기분이 좋구나."

"엄마 마음이 편안하구나."

위의 표현 단계에 따라 다음의 예를 정리해 보겠습니다.

예시상황1.

자녀가 블록을 가지고 놀다가, 놀이가 끝나자 제자리에 정리해 둡니다.

1) 구체적인 행동: 블록을 제자리에 가져다 정리했다.

2) 내게 미치는 영향: 엄마가 다시 정리하지 않아도 돼서

3) 느낀 감정: 기분이 좋구나, 고마워.

4) 표현하는 말: 블록을 제자리에 가져다 두었구나. 엄마가 정리하지 않아도

돼서(엄마의 번거로움을 덜어주어) 정말 고맙구나.

예시상황2.

자녀가 사용하는 자기 방을 깨끗하게 청소했습니다.

1) 구체적인 행동: 네 방을 깨끗하게 청소했구나.

2) 내게 미치는 영향: 엄마가 다시 정리하지 않아도 돼서(엄마가 잔소리 하지 않게

돼서)

3) 느낀 감정: 정말 고맙구나.(감사하구나)

4) 표현하는 말: 방을 깨끗이 청소했구나. 엄마가 정리하지 않아도 돼서 정말

고맙구나.

다음을 아래 빈칸에 내용을 채우면서 연습해 봅니다.

밖에 나갔다가 집에 돌아와 보니, 자녀가 설거지를 깨끗하게 해 두었습니다.

1) 구체적인 행동: _____

2) 내게 미치는 영향: _____

3) 느낀 감정 표현: _____

4) 정리되는 말: _____

이때 주의해야 할 점은 고마운 표현을 마치 입에 발린 습관처럼 가볍게 해서는 안 된다는 것입니다. 진정성을 담아 자녀에게 말하면 자녀는 긍정의 힘을 받게 됩니다.

또 하나, 주의할 점은 앞에서 잠깐 언급했던 것처럼 형식적인 말투를 사용해서는 안 된다는 것입니다. 그리고 아이의 행동을 조정할 목적으로 표현해서도 안 됩니다.

감사를 표현할 때에 그저 아이의 행동으로 인해 내가 느낀 고마움을 진심을 담아 그대로 표현하는 것입니다. 그러면 자녀들은 그것을

칭찬으로 알아듣고 에너지를 얻게 됩니다.

위에 사례에 등장했던 현선의 이야기로 돌아가 보겠습니다. 현선은 가정에서 어릴 때부터 고등학생이 될 때까지 부모로부터 칭찬을 들었거나 감사하다는 표현을 들은 적이 없다고 했습니다. 정말 현선에게 잘한 일이 없어서 그랬을까요? 결코 그렇지는 않았을 것입니다.

다만 본서에서 제시하고 있는 이런 방법을 알지 못했거나 배우지 않아서 부모가 실천하지 않았기 때문일 것입니다. 그래서 현선은 성장하는 동안 자신감을 얻거나 자존감이 자랄 기회를 얻지 못하고 말았습니다. 필자는 그런 결과들이 모여 지금 현선의 고교생활을 무기력하게 만들었다고 생각합니다.

필자는 현선과 긴 대화시간을 가지면서 현선의 성격적 특징을 보고 장점들을 설명해 주었습니다. 그랬더니 현선은 "제게 그런 점이 있는 줄 몰랐어요. 제가 그런 성격을 가지고 있다니요." 하면서 매우 흐뭇한 표정을 지었습니다.

사람의 행동을 보고, 매 순간 주어지는 일상 속에서 감사를 표현하는 일은 사람을 성장하도록 도와줍니다. 감사는 듣는 사람으로 하여금 활력 있고 긍정적으로 살아가도록 도와줍니다.

내 자녀에게 순간순간마다 '감사'를 표현하는 것은 어떤 보화를 주는 것보다 값진 일입니다. 그러면 우리 자녀들은 더욱 자신 있고, 활력 있는 삶을 살아갈 것이라고 확신합니다. 다음 사례를 보면서 감사 표현에 더 익숙해지도록 연습해 보겠습니다.

선생님이 건네는 마음 처방전

1) 상비약 조제 실습

연습 1. 자녀에게 음식물 쓰레기를 버리고 오라고 부탁했는데, 아들이 잘 수
행해 주었습니다.

부모의 대답: _____

연습 2. 컴퓨터 보는 시간을 줄여달라고 부탁했습니다. 딸아이가 줄이지는 않
지만 줄여야겠다고 말합니다.

부모의 대답: _____

2) 상비약 사용 설명서

약 명	효능
자녀의 행동을 관심 있게 봅니다.	· 자녀의 새로운 행동이 보입니다. · 자녀의 장점이 보이기 시작합니다. · 자녀가 예쁘게 보입니다.
자녀에게 감사를 표현합니다.	· 내 기분이 좋아집니다. · 자녀의 기분이 좋아집니다. · 자녀가 힘을 얻습니다.
"반찬을 맛있게 먹어주니 엄마 기분이 좋구나."	· 표현 방법을 알게 되어 기분이 좋습니다. · 내 감정을 표현하게 되어 기분이 좋습니다. · 자녀의 기분을 좋게 만듭니다.

3) 주의사항

· 이 약을 복용하지 않으면 자녀가 힘을 잃습니다.
· 이런 표현에 익숙해지도록 노력하십시오.
· 형식적으로 사용하지 마시오.

4) 상비약 복용법

① 자녀의 행동에서 긍정적인 행동을 보십시오.
② 사소한 행동이라도 감사할 일임을 기억하십시오.
③ 감사를 습관적으로 하지 말고 진심으로 하시오.
④ 날마다 이 약을 복용하시오.

5) 칭찬으로 할 수 있는 말(1번의 사례)

연습 1) 할 수 있는 칭찬(감사)
"엄마 수고를 덜게 해주어 기분이 좋구나. 고맙구나."
"엄마 부탁을 이렇게 잘 해주다니, 엄마가 행복해지는구나. 고맙다."

연습 2) 할 수 있는 칭찬(감사)
"네가 엄마 말에 관심을 가져주니 기분이 참 좋아지는구나. 고맙구나."
"네가 그렇게 관심을 가져주니 엄마 마음이 기쁘구나. 고마워."
"그런 노력이 엄마를 기쁘게 하는구나. 고맙다."

자녀 마음 치유
가정상비약

PART 2

자녀
양육을
위한
제언

자녀 양육을 위한
제언

　　학교에서 아이들과 대화하다 보면 부모들에 대한 아이들의 투정을 쉽게 들을 수 있습니다. 고등학교 1학년인 수정의 말입니다.

　　"우리 아빠는 너무 보수적이에요. 외출했다가 야간 자율학습을 마치는 시간 10시보다 늦으면 혼나요. 친구 집에서 친구랑 같이 자고 싶은데, 절대 허락하지 않으세요. 친구들은 가벼운 화장 정도야 다 하는데, 우리 부모님은 전혀 못 하게 하셔요. 그리고 머리에 염색이나 파마도 못 하게 하세요."

　　민서는 이런 말을 합니다.
　　"우리 아빠하고는 말이 안 통해요. 무슨 말을 하면 아빠는 자기 기준에 맞추라고 하세요. 우리 말은 도무지 듣지 않으세요. 그것만이 아니에요. 우리 엄마는 무조건 부모님 말을 들으래요. 엄마 아빠가 한 살이라도 더 먹고, 밥을 먹어도 한 그릇 더 먹어서 경험이 많으니까 엄마 아빠 말을 들어야 한다고 하세요. 도무지 이해할 수 없어요."

현석의 말입니다.
"우리 아빠는 언제나 자기 원대로 해야 한다고 하세요. 아빠가 바라는 대로 안 하면 큰일 나요. 그런데 어떤 경우는 아빠 말씀처럼 따라 해도 잘 안 돼요. 아빠는 자기 말이 틀렸다는 사실도 모르시나 봐요. 별걸 다 가지고 우리를 통제하려고 하신다니까요. 어른이면 다예요?"

자녀의 투정부리는 모습이 눈앞에 그려지는지 모르겠습니다. 어쩌면 아이들은 복에 겨워 이런 불만을 표현하고 있는지 모르겠습니다. 부모는 자녀들을 사랑해서 이런저런 말을 하게 되는데, 자녀들은 이를 두고 부모의 간섭이라고 생각하니 말입니다. 그러니 우리 아이들은 언제나 철이 없는 것처럼 보입니다.

부모들의 자녀 사랑 실천 모습을 보면 더 그런 생각이 듭니다. 자녀들이 어렸을 때 밥을 먹이는 모습만 봐도 그렇습니다. 부모들은 자녀에게 고기반찬 하나라도 더 얹어주려고 무진 애를 씁니다. 부모 자신들은 유명메이커 옷을 입지 않으면서 자녀들에게만은 유명메이커 옷을 골라 입힙니다. 부모들은 갖고 싶은 물건이 있더라도 다음으로 미루고 참아내면서 자녀들이 원하는 것이라면 고가의 게임기나 장난감 등을 지체없이 구입해 줍니다.

자녀의 공부를 지원하는 노력도 만만치 않습니다. 자녀 과외를 위해 엄마들이 돈벌이에 나선다는 이야기는 오래전부터 사회적인 문제가 되고 있습니다. 또한 기러기 아빠의 외로운 이야기도 부모들의 사랑을 대변해 주는 대표적인 일이라 할 수 있습니다. 이런 모습을 보면 우리나라 부모들은 자기 삶을 살아가는 것이 아니라, 자녀들을 위한 삶을 살아간다고 해도 과언이 아니라는 생각이 듭니다. 그러니 우리나라 부모들 자녀사랑은 얼마나 지극정성인지 짐작이 갑니다.

이런 사랑을 받으며 자란 자녀라면 부모를 향해 불평을 늘어놓아서는 안 될 것 같습니다. 그런데 아이들과 만나서 대화하다 보면 아이들의 불만은 여기에서만 그치는 것이 아닙니다. 수정과 민서, 현석이 토로했던 간단한 불평불만에서부터 말로 표현하기 어려운 심각한 문제까지 다양합니다. 심지어 부모에게 보복하겠다며 벼르고 있는 아이들이 있는가 하면, 어떤 아이는 부모를 해치려는 마음을 먹고 계획을 세우고 있는 아이들도 있습니다.

이런 모습을 보면 부모들이 자신을 희생해 가면서 자녀들에게 온갖 좋은 것들을 베풀었는데, 그 결과가 참 비참하다는 생각이 듭니다. 경제적인 논리로 보자면, 투자 비용에 비해 그 성과가 너무 미미하다고 해야 할 것입니다.

이런 문제에 대해 전문가들은 다양한 원인과 해법을 제공하고 있습니다. 그 원인들을 따라가 보자면 다양하고 복잡합니다. 어쩌면 우리의 영원한 숙제로 남을지도 모르겠습니다.

하지만 필자의 관점에서 바라보면 이 문제의 원인은 가정에 있다고 생각합니다. 더 구체적으로 말하면 가정의 부모에게 있다고 생각합니다. 그 이유를 말씀드려보겠습니다.

사람들은 지식을 얻거나 재산을 늘리기 위해서 무한한 노력을 기울입니다. 하지만 자기 삶이나 자녀를 위한 공부에는 그리 신경 쓰지 않습니다. 그것은 대부분 부부의 연을 맺을 때부터 시작됩니다.

많은 사람들은 부부가 되면서도 아무런 준비를 하지 않은 상태에서 결혼을 합니다. 그러면서 아무렇지도 않게 자연스럽게 부모가 됩니다. 그러니 자녀 양육에 대한 지식이나 방법이 전무全無한 상태에서 부모가 됩니다. 그러니 문제들이 드러납니다.

때문에 필자는 부모가 되려면 최소한 자녀 양육에 대한 기법, 방법 등을 배워야 한다고 생각합니다. 기본적으로 사랑하는 방법과 생각을 표현하는 방법, 그리고 말하는 방법 등을 배워야 한다고 생각합니다.

그래서 본서에서는 줄곧 부모들이 알아야 할 내용을 말하고 있습니다. 그러는 중에 여기에서는 부모들이 자녀를 양육할 때 지녀야할 기본적인 생각들을 점검해 보려고 합니다. 자녀를 양육할 때 기준이 되는 부모의 '자녀관'(부모가 자녀를 바라보는 기준)을 점검해 보려고합니다.

자녀관을 점검하기 위해서는 우선 자기 가치관을 객관화시켜보는 작업이 필요하다고 생각합니다. 자기 가치관을 멀리 떼 놓고 객관적으로 생각해 보는 일입니다. 왜냐하면 사람들은 대부분 자기 가치관에는 오류가 없다고 생각하기 때문입니다.

자녀에 대한 가치관을 언급하면 부모들은 '내 가치관이 어때서?', '뭐 잘못되었나?'라고 반문하기도 합니다. 필자가 여기에서 하고 싶은 말은 지금 부모들이 갖고 있는 가치관이 잘못되었다거나, 어떤 문제가 있다는 말이 아닙니다. 본서에서 제시하고 있는 자녀교육방법을 살펴보며 자신의 교육관을 다시 한 번 점검해 달라는 부탁입니다. 이런 관점에서 이제 가치관에 대해 짧게 이야기해 보겠습니다.

가치관이라고 하는 것은 한 개인이 오랜 시간 동안 전(全) 생애를 통하여 형성시켜온 가치의 기준입니다. 따라서 이를 바꾸는 일은 거의 불가능에 가깝습니다. 때문에 이를 굳이 바꿔야 한다고 말씀드리지 않겠습니다. 다만 가치관을 조금 유연하게 가져달라고 부탁드리고 싶습니다.

사실 가치관에는 정답이 없습니다. 그런데도 사람들은 자기 가치관이 마치 정답인 것처럼 여기고 상대방에게 관철하려고 합니다. 조금만 생각해 보면 우리가 가지고 있는 가치관은 오류투성이라는 사실을 금방 알 수 있습니다. 내가 그토록 믿고 따르고 있는 내 가치관이 옳지 않을 수 있다는 말입니다. 그것은 가치관이라는 것이 객관적으로 형성된 것이 아니라, 각각의 주관에 따라 형성된 것이기 때문입니다.

그럼에도 사람들은 내 가치관은 바르고, 분명하고, 정확하다고 여기며 살아갑니다. 더 우스운 이야기는 이것을 가지고 타인을 평가하고 재단하려 든다는 점입니다. 그러다 보니 나는 바르고 옳은데, 저 사람은 잘못되었다고 생각합니다. 그래서 문제가 되곤 합니다.

관점이란 사실 고정되어 있는 것이 아니라 지금 내가 서 있는 위치에 따라 달라집니다. 서로 다른 위치에 있으면 관점도 자연히 달라지지요. 다음 예를 보겠습니다.

운전을 직접 하고 다닌 사람들은 쉽게 공감할 수 있는 일입니다. 같은 사람일지라도 운전자일 때와 보행자일 때 관점이 서로 다릅니다.

내가 운전자가 되어 횡단보도 앞에 멈췄습니다. 보행자를 위한 건널목 초록신호등이 다 되감을 알리면서 깜빡거리고 있습니다. 이때 한 사람이 횡단보도 안으로 급하게 뛰어듭니다. 그러면 운전자는 그 보행자를 보면서 '꼭 이때 건너야 하나? 조금 기다렸다가 다음 신호에 건너면 좋을 것을, 저 사람은 참 이상하네'라고 생각합니다.

그러다가 이번에는 내가 보행자가 되었습니다. 건널목 초록불이 얼마 남지 않은 상황입니다. 급하게 건너기 위해 뛰어갑니다. 그 상황에서 차량용 초록 신호가 켜질 때를 예측한 차량 한 대가 미리 당신의 앞을 쌩 하고 지나갑니다. 이번에는 '횡단보도에서는 사람이 우선인데, 저런 이상한 운전자가 있나?' 하며 운전자를 비난할 것입니다.

이처럼 같은 사람일지라도 상황에 따라 전혀 다른 관점을 가지게 된다는 것입니다. 이를 통해 알 수 있는 또 다른 사실 하나는 대부분 사람들은 모두 자기중심적인 사고를 한다는 것입니다.

가치관 역시 이와 비슷합니다. 가치관이란 한 개인이 지니고 있는 옳고 그름에 대한 판단기준입니다. 따라서 개인의 경험, 지식수준, 그리고 처한 환경에 따라 범위가 제한적일 수밖에 없습니다. 그러니 이 기준 역시 꼭 정확하다고는 할 수 없습니다. 그러므로 한 개인의 가치관은 객관적인 기준이 될 수 없다는 것입니다.

때문에 자녀에게 적용하는 자기 가치관을 보다 더 유연하게 가져가야 합니다. 그러기 위해서는 다음과 같은 점들을 생각해 보면 좋겠습니다.

첫 번째, 부모 자신과 자녀가 동등한 인격체라는 사실을 기억해야 합니다. 사람은 누구나 타인으로부터 존중받기를 원합니다. 자녀들 역시 부모로부터 존중받고, 인격적으로 대우받기를 원합니다.

어려움을 겪고 있는 학생을 만나서 상담하다 보면 "우리 부모님은 나를 하인으로 아나 봐요."라고 말하는 아이들이 의외로 많습니다. 필자가 이런 학생의 부모를 만나 대화를 나눠보면 부모들은 한결같이 "나는 결코 그런 사람이 아니다."라며 발뺌하곤 합니다.

누구의 말이 맞고 누구의 말이 틀린 걸까요? 부모들이 자녀들을 대하는 모습을 보면 누구의 말이 맞는지 금방 판가름 납니다. 부모들은 자녀들에게 언제는 이렇게 하라고 했다가, 또 어느 날에는 저렇게 하라고 합니다. 또 누구누구는 만나지 마라, 몇 시까지는 집에 들어와라, 저것은 입지 마라, ~은 하지 마라처럼 자녀 생활에 적극적으로 관여합니다.

이런 모습은 조금 과장해서 말하면 자녀를 자기 소유물로 인식한 결과 나타난 행위라고 할 수 있습니다. 어떤 부모들은 자녀들을 아예 협박하고, 심지어 폭력을 행사하기도 합니다.

이런 태도는 모두 자녀를 나와 동등한 인격을 가진 사람으로 여기지 않기 때문에 벌어진 일입니다. 어떤 상황에서라도 내 자녀는 '나와 동등한 인격을 가진 존재'로 알고 대해야 합니다.

두 번째로 자녀의 삶을 부모 욕심대로 조각하거나 그리려고 해서는 안 된다는 점입니다. 부모들 가운데는 자녀들에게 자기 생각을 말하면 자녀들이 그것을 그대로 받아 실현하게 된다고 생각하는 사람들이 있습니다.

또한 나의 어떤 노력으로 자녀의 행동을 변화시키거나 자녀의 삶을 제어할 수 있다고 생각하는 부모들도 있습니다. 또 어떤 부모들은 자녀들을 강압적으로 대하면 효과적이라고 생각하기도 합니다. 매우 위험한 일입니다.

부모들이 자녀들을 마음대로 만들고 싶어서 강요하면 할수록 자녀들은 부모의 말이나 통제에서 벗어나려고 합니다. 부모들이 자녀에게 강하게 대하면 할수록 자녀들은 용수철처럼 튀어나가려고 합니다.

그렇지 않으면 부모들 앞에서 연기자가 될 뿐, 부모 시야를 벗어나면 자녀들이 원하는 행동을 합니다. 결론적으로 말하면 부모의 강요나 억지는 자녀들의 행동을 변화시키거나 제어할 수 없다는 사실입니다.

오늘날 교육을 바라보는 관점은 많이 달라졌습니다. 예전에 교육이라고 하면 학생들이 그저 많은 지식을 갖게 하는 것에 목표를 두었습니다. 그런데 요즘은 지식 소유보다는 아이들이 지니고 있는 소질이나 장점을 계발하고 발전시키는 데 중점을 둡니다. 그런데도 부모들은 아직도 지난날처럼 자녀들에게 많은 것을 가르치려고 합니다.

지금은 많은 지식을 소유한 사람을 우대하는 시대가 아닙니다. 또한 많은 지식이 우리의 행복을 책임지지 않는다는 것도 사실입니다. 그래서 오늘날 훌륭한 인재라고 하면 현재의 문화를 선별적으로 수용하여, 새로운 문화를 창조할 줄 아는 사람입니다.

그러기 위해서는 부모의 통제에 따라 조각된 아이로는 곤란합니다. 통제나 억압, 그리고 행위를 제한하는 양육방법으로는 훌륭한 사람을 양성할 수 없습니다. 때문에 할 수 있다면 부모들은 아이가 가지고 있는 장점들을 스스로 발전시켜 나가고 발현할 수 있도록 도와주어야 합니다.

언젠가 한 학부모가 필자에게 찾아와 자녀 문제로 도움을 구한 적이 있었습니다. 부모의 고민은 자녀가 제 마음대로 생활하는 바람에 양육이 너무 어렵다는 것입니다. 그래서 필자는 그동안 부모가 해 왔던 자녀 양육 형태를 들려달라고 했습니다. 어머니의 양육방식은 여느 부모와 다르지 않았습니다. 꾸중하고, 야단치고, 심지어 매를 들어 때리기도 했다고 합니다. 그러다가 요즘은 하도 미워서 그냥 될 대로 되라며 내버려두고 있다고 했습니다. 매우 걱정스러운 일입니다.

부모는 자녀가 잘되기를 바라는 마음에서 야단하고 타이르고 매를 들었다는 것입니다. 그런데 아이가 개선되지 않고 도리어 말썽을 피우고 부모를 괴롭히고 있다는 것입니다.

그래서 필자는 부모에게 물었습니다. 자녀를 진심으로 생각하느냐고, 필자의 도움을 받기를 원하느냐고 물었습니다. 그랬더니, 그 부모는 지금으로서는 어쩔 수 없으니 필자의 조언을 따르겠다고 했습니다. 필자의 제안은 다른 것이 아니었습니다.

필자는 일언지하에 부모가 달라져야 한다고 조언했습니다. 그러면서 설명해 주었습니다. 세상에는 많은 변호사들이 있는데, 그들은 모두 큰 죄를 저지른 사람의 변호를 해 주면서 수입을 얻는다고 했습니다. 큰 죄인도 법의 심판을 받을 때에 변호사를 두어 변호를 받게 하는데 하물며 자녀가 큰 죄를 지은 것도 아닌데 그런 자녀에게 꾸중하고 나무라서는 안 된다고 했습니다. 도리어 자녀에게 필요한 것이 있다면 변호사라고 했습니다. 부모가 변호를 해 주지 않고 도리어 자녀를 꾸짖고 야단하면 자녀는 결코 개선될 수 없다는 점을 말씀드렸습니다. 하지만 부모가 변하면 자녀가 달라질 것이라고 말씀드렸습니다.

그런 일이 있은 후, 상당한 시간이 지난 다음 어느 날, 필자에게 도움을 청했던 부모로부터 감사하다는 인사를 들을 수 있었습니다. 선생님 말씀대로 자녀의 행동이 마음에 들지는 않아도 시험 삼아 억지로 변호해 주었더니 자녀가 변화되더라는 것입니다. 지금은 완전히 달라져 부모에게 고맙다는 편지를 써 주는 일까지 있었다고 합니다.

부모가 어떤 힘을 동원해서 자녀를 조정하고, 부모의 노력으로 자녀의 행동을 바꿀 수 있다고 생각하면 큰 잘못입니다. 부모의 바람대로 자녀의 행동을 바꾸는 일은 거의 불가능하다고 보면 됩니다.

문제는 부모입니다. 부모가 자녀 편이 되어 동조해 주고 응원해 주어야 합니다. 그러면 자녀는 스스로 변화됩니다. 자녀의 행동 변화를 원하는 부모가 있다면 먼저 부모가 변화되어야 합니다. 그리고 부모가 자녀를 조각하려 들지 말고 도리어 응원하고 도와주어야 합니다. 그러면 자녀들은 달라집니다.

무슨 일이 있어도 자녀는 나와 동등한 인격체를 가진 고귀한 존재라는 사실을 잊어서는 안 됩니다. 그리고 부모 마음대로 자녀를 조각하려고 해서는 안 됩니다. 그리고 부모는 자녀에게 힘을 사용하지 않고 조력자나 변호사가 되어 주어야 한다는 점을 기억하면 좋겠습니다.

선생님이 건네는 마음 처방전

1) 상비약 조제 실습

① 자녀의 행동: 딸아이가 이번 방학 때에 머리에 염색을 하겠다고 합니다.

　부모의 태도나 말: _____

② 자녀의 행동: 이번 주 토요일에 친구 집에서 친구랑 같이 하룻밤을 보내고
　　　　　　　 싶다고 합니다.

　부모의 태도나 말: _____

③ 자녀의 행동: 엄마 공부하기가 싫어요. 꼭 공부를 해야 성공하는 것은 아니
　　　　　　　 잖아요?

　부모의 태도나 말: _____

2) 상비약 사용 설명서

약 명	부작용
"아빠 생각이 맞아 아빠 말대로 해!"	· 자녀의 개성을 말살하는 일입니다. · 자녀의 자립심을 뭉개는 일입니다.
"네가 뭘 안다고 그래?"	· 자녀를 저항적이고 반항적이게 만듭니다. · 이런 말을 사용하면 사용할수록 자녀는 자신감을 잃게 됩니다. · 자기결정능력을 마저 잃게 됩니다. · 언제나 부모의 의견을 물어 결정하는 의존적인 사람이 될 수 있습니다.
"네 원대로 어떻게 다 해주니?"	· 욕구불만이 마음에 가득하게 만듭니다. · 자기 욕구를 줄이거나 부모를 속이게 됩니다.
"안 돼. 그렇게 할 수 없어."	· 자기 존재감을 상실하게 합니다. · 자기비하로 이어질 수 있습니다. · 반항심을 키우게 됩니다.

3) 주의사항

· 부모의 가치관을 점검해 보고 변화의 여지가 있는지 살펴보시오. 또한 자녀를 나
와 동등한 인격을 가진 존재로 인식하십시오. 부모의 노력으로 자녀의 행동이 변
화될 것이라는 생각에서 벗어나십시오. 가능한 자녀의 행동을 전적으로 수용하고
인정하려고 다짐하십시오.

4) 상비약 복용법

① 자녀의 행동을 가급적 수용하려고 노력하십시오.
② 자녀의 욕구를 수용하기 어려우면 수용하는 방법을 배우도록 노력십시오.
③ 앞에서 배웠던 칭찬의 방법을 떠올리십시오.
④ 내 가치관에 변화가 필요한지를 생각하십시오.
⑤ 자녀를 나와 동등한 인격을 가진 사람으로 인정하십시오.
⑥ 부모의 노력으로 자녀의 행동을 바꿀 수 있다는 생각에서 벗어나십시오.

자녀 양육의
출발점

　고등학교 2학년인 미혜는 학교 안에서 생활과 학교 바깥 생활을 아주 다르게 합니다. 공부에는 아예 관심이 없다 보니 교실 안에서는 힘을 잃은 순한 양처럼 조용하게 지냅니다. 어떤 때는 아주 무기력한 모습을 보이기도 합니다.

　그러다가 학교 수업을 마치고 바깥으로 나가면 전혀 다른 사람이 됩니다. 행동이 활발하고 적극적이어서 친구들이 알아주는 멋있는 학생으로 변신하는 것입니다.

　'미혜는 어떻게 이렇게 다른 생활을 하고 있을까?' 그런 생각을 하던 중 미혜와 상담할 수 있는 기회가 있었습니다. 학교 안과 바깥의 모습 가운데 어떤 모습이 미혜의 본래 모습인지 궁금해진 필자는 상담하기 전, 1학년 때 실시해 두었던 미혜의 심리검사 자료와 행동특성 자료들을 다시 살펴봤습니다.

　검사 결과를 보았더니 미혜는 학교 바깥에서의 생활이 본래 모습에 가까웠습니다. 자기주장이 분명하고, 자기 하고 싶은 일이라면 반드시 하고 마는 성격, 주도형의 사람이었습니다.

그래서 미혜는 자기가 해야 할 일이라면 무슨 일에든 적극적으로 참여하는 아이였습니다. 공부를 해야 하는 학교에서는 조용히 지내지만 학습과 상관없는 학교 밖에 나가면 친구들을 모아 끌고 다닙니다. 그러면서 자기가 하고 싶은 일이라면 마음대로 하면서 리더십을 잘 발휘하는 아이였습니다. 그래서 아이들 세계에서는 멋진 아이라고 통하고 있었습니다.

필자는 미혜와 긴 대화를 나누면서 미혜의 이중생활에 대한 사정을 들을 수 있었습니다. 미혜는 어렸을 때부터 마을 친구들을 이끌고 다니며 대장노릇을 했다고 합니다. 그러다 보니 학교에서도 자주 아이들의 구심점 역할을 했다고 합니다.

한번은 학교에서 반장이 되고 싶어서 엄마에게 말씀드렸답니다. 그러자 엄마는 "네가 반장이 되면 엄마가 학교에 나가 교육활동을 돕는 일을 해야 하는데, 엄마는 그런 일을 할 수가 없구나." 하시면서 반장 출마를 만류했다고 합니다. 그래서 미혜는 반장을 포기하고 '나는 반장이 돼서는 안 되는 사람이구나.'라는 생각을 하게 되었답니다.

그러다가 6학년이 되었을 때, 또 반장을 하고 싶은 생각이 들어 이번에는 엄마에게 말씀드리지 않고 혼자 반장선거에 출마했답니다. 이번에는 여타의 조건은 좋았는데, 성적이 걱정되었답니다. 반장에 출마한 다른 아이들을 보니 미혜에 비해 대부분 공부를 잘하는 아이들이었습니다. 엄마도 말린 적이 있고 성적마저 안 된다고 생각한 나머지 그만 기가 죽고 말았답니다. 그래도 용기를 내어 반장선거에 출마는 했으나 떨어지고 말았답니다. 그래서 초등학교 때에는 반장을 하지 못하고, 기가 죽은 채로 지내게 되었답니다.

그러다가 중학생이 되어서 또다시 반장이 되고 싶은 마음이 들었답니다. 그래서 반장선거에 나서려고 했더니, 중학교에서는 초등학교 때보다 더 성적을 중요하게 여기는 것을 느꼈답니다. 자기 성적이 낮다고 생각한 미혜는 자신이 너무 초라하다는 생각이 들어 반장 출마를 접었다고 합니다.

그 후로 미혜는 학교에서는 대장노릇을 할 수 없다고 생각한 나머지 대장노릇을 할 만한 다른 곳을 찾게 되었답니다. 그러다 보니 학교 밖 생활이 더 좋게 느껴졌답니다. 그래서 결국 미혜는 지금과 같은 이중생활을 하게 되었다는 것입니다.

필자가 만났던 미혜의 생활은 자녀를 양육하는 부모에게 매우 중요한 정보를 제공해 주고 있습니다. 부모가 자녀를 양육할 때에 부모 생각대로 혹은 부모가 바라는 대로 자녀를 조정하면서 양육해서는 안 된다는 점입니다.

무엇보다 자녀의 성격적 특성에 맞추어 양육하는 것이 좋습니다. 그러지 않으면 아무리 좋은 성격적 특성을 지닌 자녀라고 할지라도 그것들이 자라지 못하고 사장될 뿐만 아니라 그 장점이 도리어 부작용을 만들어낸다는 점입니다.

요즘 부모들 학력은 매우 높은 편입니다. 그래서 자녀 양육에 대한 지식이나 교양도 상당할 것 같습니다. 하지만 아이들의 이야기를 들어보면 꼭 그렇지만도 않은 것 같습니다. 미혜 부모처럼 자녀의 특성을 잘 키워주지 못하고 지원도 모자란 경우가 많기 때문입니다. 그러다 보니 아이들이 힘들어하는 경우가 많습니다.

사람은 저마다 고유한 기질 특성을 가지고 태어납니다. 이 기질은 새로운 생활환경을 만나면서 대처하는 능력들을 키워나가게 됩니다. 그러면서 사람마다 각기 다른 고유한 성격을 갖게 됩니다. 이 성격이 사람과 사람의 구별을 만들어냅니다.

이런 사실을 몰랐던 때는 성격을 그저 단순한 것으로만 생각했습니다. 그래서 사람이라면 누구든지 다 같아서 똑같은 방법으로 교육하면 모두 다 바라는 목표에 도달할 것으로 알았습니다. 그런데 그렇지 않았습니다. 지금은 이와 같은 방법이 매우 비효율적이라는 것을 알게 되었습니다.

결론적으로 말하면 사람은 사람마다 각각 타고난 특성이 달라서 그 사람에게 맞는 적당한 교육 방법이 따로 있습니다. 따라서 사람을 양육할 때에는 각각의 적성과 능력을 고려해야 합니다. 그래서 교육을 할 때에는 개인의 특성을 고려한 맞춤식 교육방법을 적용하는 것이 좋은 교육이라고 할 수 있습니다.

현실과 이론이 이렇게 명확함에도 여전히 많은 사람들은 교육할 때에 일정한 목표를 정해 두고, 똑같은 방법으로 교육합니다. 그리고 결과 또한 모두 같을 것으로 기대합니다. 학교와 같이 다수를 모아 두고 교육해야 하는 입장에서는 여건상 어쩔 수 없이 그럴 수 있다고 생각합니다.

하지만 규모가 좀 더 작은 가정이라면 조금 다른 방식으로 교육해야 합니다. 자녀가 얼마 되지 않은 가정에서조차 똑같은 양육방법을 적용하는 것은 문제가 됩니다.

그래서 근래에는 이런 현실을 알고서 자녀를 양육할 때에는 그 성격적 특성에 따라 맞춤 지도를 해야 한다고 주장하는 사람들이 많아졌습니다.

박진균 선생님은 『기질별 육아혁명』이라는 책에서 아이들의 기질 유형을 행동 특성에 따라 다섯 가지 종류로 분류했습니다. 산만하고 부산한 '원숭이형 아이', 말 안 듣는 '얼룩말형 아이', 겁이 많은 '꽃사슴형' 아이, 느려터진 '거북이형' 아이, 너무 착한 '강아지형' 등의 유형입니다. 그는 이를 통해 자녀가 가지고 태어난 기질을 알고, 그 특징에 맞는 양육을 해야 한다고 주장하고 있습니다.

또 소아신경학의 권위자인 김영훈 박사는 『두뇌의 성격이 아이 인생을 결정한다』에서 뇌 촬영 영상을 통해 사람의 기질은 뇌의 유형에 따라 결정되어진다고 설명합니다. 사람은 저마다 뇌의 활성 부위가 다르게 나타나는데, 어느 뇌가 주로 활성화되느냐에 따라 그 사람의 성격적 특성이 결정된다고 합니다. 그가 구분한 뇌는 이성좌뇌형, 감성좌뇌형, 이성우뇌형, 감성우뇌형 네 가지 유형입니다. 결론은 부모들이 자녀가 어릴 때부터 뇌 유형에 따라 양육하는 것이 바람직하다는 것입니다.

이러한 생각은 교육 현장에도 점점 도입되고 있습니다. 전통적으로 교육에 대한 정의를 보면 "인간행동을 계획적으로 변화시키려는 과정"*이라고 합니다.

그러나 오늘날 교육은 이러한 개념에서 조금 더 나아가 아이가 지니고 있는 기질 속에 담겨 있는 가능성들을 찾아, 그것들이 발현될

---

* 정범모, '교육의 정의' 중에서

수 있도록 돕는 것으로 이해되고 있습니다.

사례에서 만난 미혜의 생활을 보면 이러한 접근이 얼마나 중요한지를 더욱 분명히 보여주고 있습니다. 미혜는 리더십이 있고 책임감이 강한 아이였습니다. 그런데 반장이 되어서는 안 된다는 엄마의 말에 아이는 그만 기가 죽고 말았습니다. 그리고 학교라는 공간에서는 미혜의 기질을 발휘할 수 없도록 만들고 말았습니다. 그래서 미혜는 하루 빨리 학교를 벗어나고 싶었던 것입니다.

만일 미혜의 부모가 딸의 기질적 특성을 알아서 이를 돕고, 응원하고 격려해 주었더라면 미혜의 모습은 상당히 달라졌을 것입니다. 미혜의 장점인 자신감과 리더십은 훨씬 더 좋은 방향으로 발전했을 것입니다.

자녀의 양육을 책임지고 있는 부모라면 관심 있게 들어야 하겠습니다. 자녀의 특징을 살펴보고, 그 아이의 특성을 발견한 다음, 그 아이의 특성에 따라 성장하도록 도와주어야 합니다. 이는 자녀 양육의 올바른 출발점이자 자녀를 성공으로 이끌어 주는 길잡이가 될 것입니다.

선생님이 건네는 마음 처방전

1) 상비약 조제 실습

① 자녀의 행동특성을 정리해 봅니다

- 일어나는 습관(스스로, 의존적인): _____
- 놀이형태(집중, 쉽게 지루해하는가): _____
- 활동형태(규칙적, 자율적): _____
- 결정방식(의존적, 독립적): _____
- 행동특성(빠르다, 느리다): _____
- 행동양식(자기중심, 타인 의식): _____
- 의사표현(주장 강함, 타협적인): _____
- 친구관계(자기중심, 타협, 배려적인): _____

② 자녀의 행동 특성 중 강점과 약점을 정리해 봅니다

내용	강점	약점
생활면 (일어나고 잠자기, 씻는 일 등)		
친구관계 (교제 깊이와 폭)		
언어사용 (존대, 어투)		
상하질서(형, 동생, 부모 대하는 태도)		
학습이나 독서형태 (규칙성 여부, 난이도에 따른 접근 태도)		
수용성 (어려움, 해결 태도)		

③ 앞으로 자녀 양육 방법과 기대 사항

2) 상비약 사용 설명서

약 명	효 능
자녀의 행동특성을 안다.	· 자녀의 특성에 맞게 양육할 수 있습니다. · 자녀를 이해하는 데 많은 도움이 됩니다.
자녀의 강점과 약점을 안다.	· 강점은 강화하고, 약점은 보완할 수 있도록 도울 수 있습니다. · 강점을 강화하는 칭찬이 됩니다. · 약점을 보완하도록 돕기는 하되 너무 강조하지 마십시오.
자녀의 성격적 특성을 안다.	· 성격적 특성을 따라 성장하도록 도와주면 좋습니다. · 단점을 보완하도록 도와줄 수 있습니다.

3) 주의사항

· 자녀의 행동특성을 관심 있게 보고, 특성을 있는 그대로 파악하시오.
· 자녀의 단점이나 약점에 너무 집착하지 마시오.
· 자녀의 단점이나 약점을 지적하지 마시오.

4) 상비약 복용법
① 자녀의 행동특성을 있는 그대로 보고 인정하면 좋습니다.
② 자녀의 행동이 내 기대치에 이르지 못한다고 하여 들추어내면 자녀가 불편해집니다.
③ 자녀의 장점이나 강점에 관심을 기울이십시오.
④ 자녀의 장점이나 강점이 강화되도록 보이는 대로 칭찬하십시오.

자녀 행동의
수용 한계

　　고등학교 2학년인 혜림은 학교생활을 성실하게 잘 하고 있는 모범생입니다. 그런데 2학년 1학기를 잘 마치고, 학교에 나오지 않고 있습니다. 2학기가 시작되었는데도 혜림이 등교를 하지 않자 담임선생님이 연락하여 등교를 강권했습니다. 선생님의 설득에 혜림은 겨우 개학 후 1주일 만에 학교에 나왔습니다.

　　담임선생님과 대화를 나눈 다음, 혜림은 허탈한 마음으로 필자에게 찾아왔습니다. 조금 앉아 있더니 그냥 눈물을 글썽였습니다. 필자가 "무슨 일이 있었느냐?"고 묻자 그동안 있었던 일들을 조금씩 털어놓기 시작했습니다.

　　혜림이 불쑥 꺼낸 말은 "우리 집은 마치 권투시합장 같아요. 집에 가면 언제나 긴장감이 돌아서 편하게 살 수가 없어요."라고 했습니다. 그래서 필자는 혜림이 느낀 '권투 시합장 같은 집'이 구체적으로 무엇인지 궁금해졌습니다. 사정을 물으니 혜림은 자기 생활을 이야기하기 시작했습니다.

"학생들은 방학이 다가오면 기대가 크고 설레잖아요? 그동안 억눌렸던 감정을 풀어내고, 참아왔던 자유를 느끼고 싶어 하거든요. 그래서 저도 규칙적인 학교생활로부터 벗어나 자유로운 생활을 하고 싶었어요.

선생님도 아시는 것처럼 아이들 가운데는 네일아트숍에 가서 손톱을 예쁘게 꾸미기도 하고, 어떤 아이들은 파마를 하기도 하고, 머리에 물을 들이기도 하잖아요? 저도 다른 아이들처럼 그렇게 꾸미고 싶었어요.

그런데 저희 집에서는 이러한 일들은 꿈에도 못 꿔요. 한번은 제가 친구를 따라 네일아트숍에 가서 새끼손가락에 예쁜 그림을 그렸어요. 그랬더니 저희 아빠가 '여학생이 함부로 그런 꾸미기를 하느냐?'며 엄청 야단을 치셨어요. 그래서 저는 곧장 지워야 했어요."

요즘 사회나 가정은 예전 8~90년대에 비하면 상당히 많이 달라졌습니다. 사람들의 돈 씀씀이나 거주형태, 이동수단, 통신기기 등 여러 분야에서 완전히 달라졌다고 할 수 있습니다.

이런 변화와는 달리 생활방식이나 사고방식은 여전히 기성세대 범주에서 벗어나지 못하고 있는 것 같습니다. 우리 주변에는 혜림의 아빠처럼 자녀에게 기성세대 잣대를 들이대며 엄격하게 대하는 부모들이 의외로 많기 때문입니다.

아이들과 상담하면서 알게 된 사실은 부모의 이 엄격함 때문에 어려움을 겪는 아이들이 의외로 많다는 것입니다. 지금 우리들이 살아가는 세상이 엄마 아빠들이 학교에 다녔던 7~80년대 학창시절도 아닌데, 자녀에게 이렇게 엄격한 생활을 요구하신 것입니다. 이해가 잘 되지 않는 일입니다.

혜림은 아빠의 엄격함 때문에 반항하느라 방학 말미에 가출을 했다고 합니다. 가출의 발단은 매우 사소한 일이었다고 합니다. 방학이 시작되자 혜림은 해방된 기분이 들어 머리에 물을 들였답니다. 혜림의 아빠는 평소에도 학생이 머리에 물들이는 일을 못마땅하게 여겼다고 합니다. 그런데 여름방학이 시작되자마자 혜림이 머리에 물을 들였으니 아버지는 참을 수 없었던 모양입니다.

아버지는 몹시 화를 내시면서 당장 머리를 원상복귀하라고 하셨답니다. 그러자 혜림이 못 하겠다고 하면서 아빠와 옥신각신하다가 혜림이 아빠에게 대들고 말았답니다. "뭐 이런 걸 가지고~ 방학이면 요즘 아이들이 다 하는데 왜 아빠만 그래요?" 하면서 대들었답니다. 그러자 아빠가 화를 내면서 다그치셨답니다.

"뭐라고? 이거 하면 뭐 하는데, 하라는 공부는 안 하고, 이런 것만 하면 된다니? 운명이 달라진대? 별 이상한 짓을 다 하고."

"아빠가 이상한 거예요. 그런 아빠 생각이 문제예요."

"이것이 어디서 말대꾸를."

목소리를 높이던 아빠가 혜림의 뒤통수를 때렸답니다. 이 일로 혜림은 엄청난 충격을 받았답니다. 이렇게 맞고는 살 수 없겠다는 생각이 들어 집을 나가기로 마음먹고 결행했다는 것입니다.

혜림은 지금 고등학교 2학년입니다. 한참 세상에 호기심이 많고, 외모에 관심이 많을 나이입니다. 그런데 아버지가 이를 수용하지 못하고 혜림에게 폭력을 행사한 것입니다. 혜림은 너무 억울하고 분한 마음이 들었답니다. 그래서 아버지가 하라는 대로 하고 살면 답답해 죽겠다는 생각이 들어 이번에는 분명하게 저항하기로 마음먹고 가출을 결행했다는 것입니다.

사실 요즘 부모들은 얼마 전 세대보다 생각뿐만 아니라 여러 면에서 훨씬 더 유연해진 것만은 사실입니다. 예를 들어 '결혼'만 봐도 그렇습니다. 예전에는 결혼을 '꼭 해야만 하는 것'으로 여겼습니다. 하지만 이제 결혼은 필수가 아닌 선택이 된 시대입니다. 젊은이들은 물론이고 기성세대도 결혼에 대한 시각이 과거와는 많이 달라졌습니다. 결혼하지 않고 혼자 살아가도 괜찮다고 생각합니다.

청소년들에 대한 일반적인 생각도 제법 유연해졌습니다. 특히 그중에서도 이성교제에 대한 생각은 상당히 관대해졌습니다. 예전에는 청소년들이 이성교제를 한다고 하면 '어디서 어린 것들이 연애질을?' 하며 불편한 생각을 가졌습니다. 그런데 요즘은 그렇게 생각하는 사람들이 거의 없습니다. 어떤 분들은 한 술 더 떠서 건전한 이성교제는 바람직한 일이라며 권하기도 합니다.

공부에 대한 생각 역시 많이 달라졌습니다. 예전에는 공부가 인생의 전부라고 여겼습니다. 그래서 모든 아이들이 온통 공부에 매달리도록 부추겼습니다. 그런데 요즘은 공부를 조금 소홀히 해도 그렇게 야단하지 않습니다. 아이들이 밤 새워 놀고 다녀도 크게 문제 삼지 않습니다. 심지어 어떤 분들은 청소년들에게도 쉼이 더 필요하다며, 공부 대신에 쉬거나 다른 여가활동을 권하기도 합니다. 뿐만 아니라 청소년기에 다양한 활동이 삶을 더 발전시킬 수 있다며 장려하기도 합니다.

이처럼 사람들 사고방식은 여러 방면에서 이전과 많이 달라진 것은 사실입니다. 그런데 이상한 일은 이런 생각을 가진 어른들이 가정으로 돌아오면 과거와 크게 달라지지 않는다는 점입니다. 특별히 부모로서 자녀를 보는 시각은 혜림이 아빠처럼 옛날 부모들과 별 다르지 않는 것을 봅니다.

얼마 전에 방송되었던 공익광고 내용을 보면 이런 형태가 사회적으로 얼마나 문제 되고 있는지 여실히 보여주고 있습니다.

"부모는 멀리 보라 말하고, 학부모는 앞만 보라 합니다. 부모는 함께 가라 하고, 학부모는 앞서가라 합니다. 부모는 꿈을 꾸라 하고, 학부모는 꿈꿀 시간을 주지 않습니다." 사람들이 내 자녀의 부모일 때와 보통의 부모일 때가 전혀 다르다는 말입니다.

부모들에게 "청소년들의 이성교제에 대해 어떻게 생각하느냐?"라고 물어봅니다. 그러면 "좋은 일이지.", "인생은 경험이 많아야 하거든." 이렇게 말하며 대부분 긍정적으로 말합니다.

그러다가 내 자녀가 이성교제를 하겠다고 나서면 조금 달라집니다. 자칭 상당히 관대하다고 하는 부모들조차 염려하기 시작합니다. "어린데 무슨~", 혹은 "학교 성적은 어떻게 하고?" 하며 온갖 핑계를 대 가면서 걱정합니다. 이러한 이중성에는 내 자녀만이 잘되어야 하고, 성공해야 할 사람이라고 여기는 마음이 자리하고 있어서 그런지 모르겠습니다. 아무튼 많은 부모들이 내 자녀와 남의 자녀에게 적용하고 있는 기준을 달리하고 있는 것만은 사실입니다.

혜림의 아빠도 그런 부모 가운데 한 분이었던 것 같습니다. 다른 아이들이 머리에 물들였다고 하면 보기 좋다며 아무렇지도 않게 넘어갔을 일입니다. 그런데 내 딸인 혜림이 그랬다고 하니 수용하기 어려웠던 모양입니다.

가정에서 부모와 자녀 간의 불편한 문제는 대부분 부모가 자녀를 수용하지 못하면서 일어난 경우가 많습니다. 수용하지 못한다는 말은 부모들의 자녀 행동 수용 폭이 좁다는 말입니다. 그래서 가정에서 자녀와 마찰이나 갈등이 많습니다. 따라서 부모나 자녀 모두 편안해질 수 있는 방법은 부모들이 자녀의 행동을 수용하는 폭을 넓히는 것입니다. 그러면 자녀의 행동을 어느 정도까지 수용하는 것이 그 폭이 넓다고 할 수 있을까요?

필자 생각으로는 자녀들이 남에게 피해를 끼치거나 남에게 불편을 주는 일이 아니라면, 혹은 남의 물건에 손을 대는 일이 아니라면 자녀의 행동을 넓게 수용하는 것이 좋다고 생각합니다. 한 걸음 더 나아가 부모들이 할 수만 있다면 자녀의 행동이나 욕구를 한없이 수용해 주는 것이 좋다고 생각합니다.

필자는 종종 부모들에게 자녀 행동이나 욕구를 수용하지 못한 이유를 물어봅니다. 그러면 부모마다 그 이유가 조금씩 다르긴 합니다만 대개 이렇게 말합니다.

우리 아이들이 아직 미성숙한 존재라서, 아직은 세상 물정을 잘 몰라서, 지금 자녀들이 누리고 있는 환경이 너무 풍족하고 좋아서, 더 이상 수용할 필요성을 느끼지 못해서 등의 이유를 댑니다.

또 어떤 부모들 가운데는 자녀들의 욕구를 제약하는 일을 마치 부모에게 주어진 어떤 특권쯤으로 알고 그것을 누리려고 하는 분들도 있습니다. 부모가 갖고 있는 힘, 즉 돈이나 나이, 경험 등을 가지고 자녀의 욕구를 누르는 것입니다. 그래서 자녀들이 어떤 욕구를 말하면 당장 "안 돼.", "그래서는 안 돼.", "그렇게 해 줄 수 없어."와 같이 무시하거나 어떤 조건을 들어 제지하려고 합니다.

또 다른 부모들은 자녀의 욕구를 무한대로 수용하면 자녀가 버릇 없는 아이로 성장할까 걱정돼서 그런다고 합니다. 또 어떤 부모는 자녀에게 자기만이 최고라고 아는 못된 심성이 길러지는 것이 염려 돼서, 또 어떤 부모는 자녀의 욕구를 수용하고 싶어도 그 방법을 몰라서 무작정 제지한다고 합니다. 부모들은 모두 자신의 양육방법에 그럴싸한 이유를 들어 타당성을 설명하고 있습니다.

필자가 봤을 때는 부모의 의도가 아무리 좋더라도 자녀의 행동을 제약하는 일은 문제라고 생각합니다. 부모의 수용의 폭이 좁으면 자녀에게 부정적인 영향을 미치기 때문입니다.

우선 자녀들은 자신의 욕구가 해결되지 않으면 부모에게 사랑받지 못한다고 느낍니다. 그로 인해 자녀들은 사랑의 결핍을 느끼게 됩니다. 그리고 그러한 결핍감은 수많은 부작용을 만들어냅니다.

우리들이 잘 아는 것처럼 사람의 성장에서 가장 중요한 것은 사랑입니다. 집이 몹시 가난하더라도, 혹 배우지 못하더라도 자녀들이 '나는 부모의 사랑을 충분히 받고 있구나' 하는 믿음만 있으면 전혀 문제 될 것이 없습니다. 양식이 육체를 자라게 하는 것처럼 사랑은 자녀의 마음과 정신을 자라게 만듭니다. 먹는 것은 조금 모자라고, 입는 것은 충분하지 않아도 됩니다. 하지만 사랑이 부족하면 문제가 됩니다. 모든 것이 풍족하더라도 사랑이 부족하면 자녀는 바르게 자랄 수 없습니다.

자녀의 욕구불만은 사랑의 결핍으로 이어져 아픔을 만들어 내고, 부모에 대한 불만을 만들어 냅니다. 부모에게 불만을 표현하는 아이들의 이야기를 들어보면 그들이 지니고 있는 상처가 얼마나 큰지 모릅니다. 어떤 아이들은 부모가 자신들의 생애 걸림돌이라고 말하기도 합니다. 이런 아픔을 지닌 아이들은 부모와 다투기도 하고 혜림처럼 집을 나가는 일을 만들기도 합니다. 이 시대에 자녀들이 힘들어하고 괴로워하는 이유입니다.

필자가 상담하면서 발견한 것은 집안에서 통제를 많이 받고 자란 자녀일수록 내면에 품은 억압감이 크다는 점입니다. 또한 부모들이 좋은 대화 기술을 갖지 못하면 못할수록 불편을 겪는 자녀가 많다는 사실입니다.

그래서 이 책을 읽는 부모님들에게 부탁드립니다. 자녀들의 욕구를 보다 더 적극적으로 수용해 주기를 바랍니다. 만일 자녀의 욕구를 통제하고 싶은 마음이 들면 필자가 여기에서 제시하고 안내한 방법들을 충분히 배우고 습득한 다음, 실행하시기를 부탁드립니다. 그러면 자녀들은 부모들보다 더 앞선 사고를 할 수 있을 것입니다. 또한 다가올 미래에 필요한 사고와 행동을 스스로 갖추게 될 것입니다.

자녀의 욕구를 효과적으로 수용하는 구체적인 방법에 대해서는 본서에서 계속 다루게 될 것입니다. 본서의 안내를 따라 끝까지 읽고 제시한 훈련법을 실천해 주십시오. 그러면 자녀를 수용하는 능력이 상당히 향상될 것입니다. 그러면 여러분은 좋은 부모가 될 수 있을 것입니다.

1) 상비약 조제 실습

상황 ① 자녀의 행동: 열심히 하던 공부를 하지 않고 친구들과 어울려 놉니다.
부모의 태도나 말: _____

상황 ② 자녀의 행동: 책상에 책이 흩어져 있고, 옷들이 방 여기저기에 널려
있습니다.
부모의 태도나 말: _____

상황 ③ 자녀의 행동: 저는 공부가 싫어요. 꼭 공부를 해야 성공하는 것은 아니
잖아요?
부모의 태도나 말: _____

2) 상비약 사용 설명서

약 명	부작용과 효능
"안 돼, 하지 말아!"	· 자녀를 저항적이고 반항적이게 만듭니다. · 자신감을 잃게 됩니다. · 자기결정능력을 잃게 됩니다. · 언제나 부모의 의견을 물어 결정하는 의존적인 사람으로 만듭니다.
"넌 어째서 늘 그 모양이니?"	· 단점을 강화하는 부작용이 있습니다. · 장점이 자라는 것을 막습니다.
"그런 짓을 하다니~"	· 자기 존재감을 상실하게 합니다. · 자기비하로 이어질 수 있습니다. · 반항심을 키우게 됩니다.
자녀의 행동을 전적으로 수용	· 어떤 형태로든 부작용이 없는 약입니다. · 자녀를 생동감있게 만듭니다.

3) 주의사항

· 자녀의 행동을 전적으로 수용하려는 마음가짐을 가지십시오.
· 자녀의 생활 태도를 인정하려고 노력하십시오.

4) 상비약 복용법

① 자녀에게 사용하는 내 언어에 부정적인 말이 많은지 긍정적인 말이 많은
   지 생각해 보십시오.
② 만일 1번을 가늠하기 어려우면 자녀에게 양상을 물어보십시오.
③ 부모가 말할 때에 자녀가 말을 수용하는 표정에 관심을 가져주십시오.
④ 최근 자녀에게 강요했던 일이 있었는지 생각하고, 그 결과가 어떻게 되었
   는지 생각해 보십시오.
⑤ 있었다면 그 일에 대한 개선책을 생각해 보십시오.

자녀 욕구의
좌절 양상

　필자는 학교에서 진로진학 상담을 담당하고 있습니다. 이 시간
에는 진로·진학에 관련된 활동들을 합니다. 그중에는 학생들의
성격 특성을 알아보기 위해 성격유형검사, 심리검사, 학습능력검
사 등을 하기도 합니다. 검사를 할 경우에는 아이들의 이해를 돕
기 위해 먼저 검사에 대한 설명을 대략 해 줍니다.

　"여러분! 이 시간에는 우선 자기 자신의 됨됨이를 알아가기 위
한 활동을 하려고 합니다. 그래서 심리검사를 하고, 그다음에는
적성검사를 하고, 이어서 직업 흥미 검사, 직업 가치관 검사 등 여
러 검사를 하려고 합니다. 검사가 끝나면 각자 자기가 관심 있는
직업이나 흥미 있는 일을 찾아볼 것입니다. 그리고 자기가 하고
싶은 일을 하기 위한 과정도 알아볼 것입니다.

　이런 활동을 통해서 음악을 잘하는 사람은 음악을, 운동을 잘하
는 사람은 운동을, 공부를 잘하는 사람은 공부를, 만들기에 관심

있는 사람은 만드는 일을, 추상적인 것을 잘 추리하는 사람은 그
와 관련된 일을……"

　한참 설명하고 있는데, 영은이가 끼어들었습니다.

　"선생님, 그런 거 필요 없어요. 우리 부모님은 무조건 공부만 잘
하면 된다고 해요." "아, 영은이 부모님은 공부를 중요하게 여기시
나 보구나." 그러자 영은이는 "네." 하고 답하며 한마디 덧붙였습
니다. "우리 부모님은 교과 점수만 잘 맞으면 된다고 하세요. 엄마
아빠가 생각해 둔 점수 아래로 맞으면 '이것을 공부라고 했느냐?'
하세요. 그래서 저도 무엇보다 성적이 더 중요하다고 생각해요."
라고 말합니다.

　학교에서 학생들을 지도하다 보면 학교생활을 힘들게 하는 아이
들을 자주 만날 수 있습니다. 공부가 힘들다고 하는 아이들, 학교 규
정을 어기는 아이들, 학교 울타리를 벗어나 학교 밖 생활을 즐기는
아이들, 무리를 지어 사회적인 문제를 일으키는 아이들, 모두 학교
생활을 어렵게 하고 있는 아이들입니다. 학교에서 이런 아이들을 만
나면 교사의 신경은 예민해지기 마련입니다. 교사의 손길을 더 많이
요구하기 때문입니다.

　이런 경우, 그 전후 사정을 살펴보면 문제의 원인이 아이에게만
있는 것이 아니라 부모와 연결되어 있는 경우가 많습니다. 이때 아
이에게만 초점을 맞춰 지도하다 보면 금세 지도의 한계를 느끼게 됩
니다. 때문에 필자는 어려움을 겪는 아이들을 만나면 그 아이의 부
모와 함께 상담을 진행합니다.

부모님이 학교에 오시면 자녀와의 양육과정에서 있었던 일과 그동안 생활해 오면서 겪었던 일 등을 물어봅니다. 그러면 자녀 문제 해결에 많은 도움이 됩니다.

부모님과 대화를 나누다 보면 부모들은 "우리 아이가 왜 이러는지 도무지 모르겠습니다. 부족할 것이 없는데 뭐가 부족하다고 이러는지 모르겠습니다."라는 푸념을 늘어놓습니다. 심지어 어떤 부모는 자녀를 도저히 이해할 수 없는 아이라고 비난하면서 "선생님이 알아서 하세요"라고 하면서 양육을 포기하려는 듯한 말을 하기도 합니다.

부모들이 하는 말을 들어보면 결론은 이렇습니다. 부모인 나는 잘하고 있어서 문제가 없는데, 온통 아이가 문제라는 것입니다. 부모는 사랑해서 자녀에게 공부하라고 했고, 자녀의 미래를 염려해서 하지 말라고 통제했고, 자녀의 인생을 생각해서 이런 것, 저런 것 하라고 했다는 것입니다. 결과적으로 나는 온갖 것들을 베풀어 자녀의 성장을 도왔는데, 아이가 불편한 일을 만들었다는 것입니다.

부모 말을 들어보면 정말로 그런 것처럼 들립니다. 모두 맞는 말인 것 같습니다. 하지만 자녀 말을 들어보면 또 아주 다릅니다. 자녀는 부모가 나를 미워해서 억압했고, 사람 취급을 안 해 줘서 비난하고, 야단하고, 거절했다고 합니다.

양쪽의 반응이 어쩌면 이렇게 다르게 나타날 수 있을까요? 부모는 사랑이라고 표현했는데, 자녀는 통제라 해석하고, 부모는 수용이라고 보냈는데, 자녀는 거부라고 알아들은 것입니다. 부모는 행복을 주는 일이라고 했는데, 자녀는 그것을 불행으로 받은 것입니다.

이런 상황을 만나면 부모들은 대개 자녀들의 이해가 부족해서 벌어진 일이라고 결론 짓습니다. 사랑을 사랑으로 수용하지 못한 자녀의 잘못이 크다는 말입니다. 하지만 조금 더 자세히 들여다보면 이것은 자녀 잘못이 아니라 부모 잘못이라는 사실을 금세 알 수 있습니다.

부모는 부지불식간에 자녀들의 욕구를 무시하고, 거부하고, 윽박지릅니다. 그래 놓고 정작 부모들은 자신이 자녀에게 무엇을 잘못했는지 그 자체를 모릅니다.

그 잘못들이라는 것들은 대개 큰 것이 아니라 매우 작은 것에서부터 시작합니다. 그것들은 하도 작고 사소한 것들이라 부모들이 인식조차 못 한 것들이 많습니다. 그것들은 대개 이런 것들입니다. 자녀들이 어렸을 적으로 돌아가 보겠습니다.

자녀가 밥을 먹습니다. 밥을 몇 숟갈을 먹다가 그만 먹겠다고 합니다. 그러면 부모들은 대개 밥을 많이 먹을 것을 권합니다. 밥을 많이 먹는 일이 마치 정답인 것처럼 적극적으로 먹이려고 합니다. 어떤 경우는 소리를 질러 가며 강제로 밥을 먹이기도 합니다. 아이가 먹기 싫다고 하는데도 아이의 욕구를 무시해 가면서 먹입니다.

여기에서 한번 생각해 보겠습니다. 어린 자녀들에게 밥을 먹일 때에 꼭 이런 방법으로 먹여야 할까요? 아이가 밥을 좀 덜 먹으면 어떤가요? 금방 병에 걸리거나 나약하게 될까요? 아니면 커야 할 키가 크지 않게 될까요? 결코 그런 일은 일어나지 않습니다. 그런데도 부모들은 밥 먹이는 일을 그렇게 열성적으로 합니다. 사소한 일처럼 보이지만 이런 행위는 자녀의 욕구를 거절하고 무시하는 일입니다.

이런 일은 우리 생활 속에 널려 있습니다. 아이가 밖에서 놀다가 오후 6시까지 집에 들어가겠다고 합니다. 그러면 엄마는 특별한 이유가 없는데도 아이의 의견을 무시하고 5시까지 귀가하라고 말합니다. 아이의 의견을 당장 무시한 것이지요.

이런 일을 통해 아이는 수시로 욕구 좌절을 경험하게 됩니다. 아이들이 이런 욕구 좌절을 자주 겪다 보니까, 짜증이 늘고, 투정과 불만이 많습니다. 어떤 경우는 마음에 상처를 입고 아픔을 지닌 채 살아가기도 합니다. 그럼에도 부모들은 이런 일들이 자신의 잘못이라는 사실을 인지하지 못합니다. 그러니 불편한 일이 벌어지면 자녀 탓만 하게 되는 것이죠.

이런 일은 어릴 때만 벌어지는 것이 아닙니다. 자녀가 성장하면 할수록 더 늘어가는 경향이 있습니다. 자녀가 초등학교에 들어가면 부모는 자기 욕구를 채우기 위해 자녀 욕구를 누르기 시작합니다.

자녀는 놀기를 원하는데, 영어학원으로, 음악학원으로 보냅니다. 그것도 모자라 주산학원, 독서학원에 보내면서 이 학원 저 학원을 전전하게 만듭니다. 만일 자녀가 부모의 바람에 맞추지 못하면 당장 야단으로 이어지기도 합니다. 그러다가 아이의 마음 상태가 불만으로 가득해서 폭발하거나 문제를 일으키면 그때서야 비로소 자신의 행동을 생각해 봅니다. 결국 아이의 마음이 망가지고 상처를 입은 다음에 겨우 주변을 돌아본다는 말입니다.

부모는 자녀의 학년이 올라가면 이번에는 자녀의 성적에 관여하기 시작합니다. 이제는 공부 외에 다른 것은 아예 필요 없다고 생각합니다. 부모들이 이렇게 공부를 강조하니까 사례에 나왔던 영은이처럼 자기 적성이나 성격 특성과는 상관없이 오직 시험 점수만 잘 받으면 된다고 생각하게 됩니다.

필자가 영은과 대화를 통해 알아낸 사실은 영은의 말은 영은이 겪고 있는 아픔 그 자체였습니다. 영은은 부모님이 자기에게 지나치게 기대하고 있기 때문에 괴롭다고 합니다. 부모님이 공부만 잘하기를 바라시니, 영은은 공부 외에 다른 것은 생각지도 않고 있습니다.

대학입시에서 학생부종합전형의 비중이 늘어가는 데도 창체활동(자율활동, 진로활동이나 봉사활동, 동아리활동 등)은 중요하지 않다고 여깁니다. 그래서 잘 참여하지 않습니다. 이런 시간이면 수학책이나 영어책을 가지고 가서 봅니다. 친구들과 잘 어울리지도 않습니다.

자녀들은 부모의 바람을 최대한 수용하려고 노력합니다. 하지만 부모의 욕구가 많아지면 많아질수록 자녀들은 힘들어하게 됩니다. 그나마 부모의 바람을 어느 정도 수용할 수 있는 아이들(상위 1~2%의 아이들)은 그런대로 자기 욕구를 억눌러 가면서 부모들의 기대에 부응하려고 노력합니다.

하지만 많은 학생들은 자신이 부모의 기대치에 미칠 수 없다는 것을 깨달은 후 그냥 포기하고 좌절합니다. 또 어떤 아이들은 삶의 의욕을 잃어버리고 살아가기도 합니다. 그러다가 문제를 일으키기도 합니다.

위에 사례에 나왔던 영은이도 선생님 말에 그렇게 예민하게 반응했던 것은 자신이 부모 바람에 다 응할 수 없어서 반사적으로 불만을 드러낸 것이라 할 수 있습니다. 결코 좋은 모습이라 할 수 없습니다. 어렸을 때 욕구 좌절 경험이 많은 자녀들일수록 부모들이 힘들어하는 일들을 자꾸 만들어냅니다.

필자의 바람은 자녀가 아파하고 괴로워하기 전에, 자녀가 문제를 일으키기 전에, 자녀들의 욕구가 좌절되지 않도록 부모들이 자녀의 행동을 적극 수용하고, 격려하고 도와주었으면 하는 것입니다.

선생님이 건네는 마음 처방전

1) 상비약 조제 실습

상황 ① 자녀의 행동: (초등학교 1학년 아들이) 엄마, 다음 달부터 영어 학원을 끊고 싶어요.

부모의 태도나 말: _____

상황 ② 자녀의 행동: (초등학교 3학년인 아들이 방학이 시작되자) 엄마, 지훈이랑 하루 종일 놀래요.

부모의 태도나 말: _____

상황 ③ 자녀의 행동: (초등학교 2학년 아들이) 엄마, 저 물총 갖고 싶어요.

부모의 태도나 말: _____

2) 상비약 사용 설명서

약 명	효능과 부작용
"그래 그런 생각이구나."	· 존중받는다는 느낌을 줍니다. · 자발성을 길러 줍니다.
"네가 하고 싶은 일을 존중하고 싶구나."	· 어떤 형태로든 부작용이 없는 약입니다. · 적극적으로 사용하십시오.
"너는 부족한 것이 많아."	· 단점을 강화하는 부작용이 있습니다. · 장점이 자라는 것을 막습니다.
"너는 아직 부모 말을 들어야 해."	· 자기 존재감을 상실하게 합니다. · 자기비하로 이어질 수 있습니다. · 반항심을 키우게 됩니다.

3) 주의사항

> · 자녀의 행동을 전적으로 수용하려는 마음가짐을 가지세요.
> · 자녀의 생활 태도를 인정하려고 노력하십시오.
> · 나머지 약들은 사용을 제한하거나 폐기처분하십시오.

4) 상비약 복용법

① 최근 자녀의 요구사항을 거절했던 일과 그 원인을 생각해 주십시오.

② ①번을 수용할 수 있는 여지는 없었는지 생각해 주십시오.

③ 지금 내가 자녀에게 바라는 사항이 무엇인지 말해 보십시오.

④ ③번이 내 욕구를 채우기 위한 것인지, 아니면 자녀를 위한 것인지 생각해 주십시오.

자녀를
수용하는 방법

    소영이와 의진이는 같은 반 친구로 매우 친하게 지냅니다. 그래서 학교에서 주로 둘이 같이 생활합니다. 특별실로 이동하거나, 점심시간에 밥 먹으러 갈 때에도, 수업을 마치고 하교할 때도 가급적 함께합니다. 주말이나 휴일에도 둘은 같이 보내는 시간이 많습니다. 도서관에 공부하러 갈 때에도 함께 가고, 공부를 마치고 돌아와서는 의진네 집에서 소영과 함께 자기도 합니다.

    의진이 봤을 때 소영은 비교적 자유로운 생활을 하는 것 같습니다. 그래서 의진도 부모님께 소영이네 집에 가서 자고 싶다고 말씀드렸습니다. 하지만 부모님은 다른 것은 몰라도 여자아이가 남의 집에 가서 자고 오는 것은 절대 안 된다고 하십니다.

    그래서 의진이 "소영이 우리집에서 자는 것은 허용하면서, 내가 소영네 집에 가서 자는 것은 왜 반대하느냐?"며 항의해도 부모님 생각은 변하지 않습니다. 그러다 보니 의진은 부모님이 자기 행동거지를 사사건건 간섭한다고 불평합니다. 생활기준이 너무 엄격하다고 불만입니다.

필자는 앞에서 부모가 자녀 행동을 수용해야 하는 범위에 대해 말씀드렸습니다. 그리고 이어서 자녀들이 겪는 욕구 좌절 양상에 대해서도 말씀드렸습니다.

일반적으로 부모의 엄한 가치관은 자녀의 행동을 너무 제한하게 된다는 점도 말씀드렸습니다. 이로 인해 자녀들은 욕구좌절을 겪으면서 부모에게서 억압감을 느끼게 됩니다. 부모들은 대수롭지 않게 여기지만 자녀들은 마음에 불편을 쌓게 됩니다.

이로 인해 여러 부작용이 일어납니다. 그래서 할 수만 있다면 부모들이 자녀 행동이나 욕구를 적극 수용해 달라고 부탁드렸습니다.

대부분 부모들은 자녀들에게 스스로 관대하다고 생각합니다. 하지만 자녀들은 부모가 너무 엄격하다고 합니다. 부모들은 자녀들에게 편하게 대해 준다고 합니다. 하지만 자녀들은 불편한 대접을 받는다고 합니다.

더 큰 문제는 자녀들은 힘들고, 괴롭다고 호소하는데 부모들은 무감각하거나 다른 생각을 한다는 점입니다. 어떤 가정에서는 자녀들이 부모를 원수처럼 생각하는데, 부모들은 도리어 우리 가정에는 전혀 문제가 없다고 말하기도 합니다. 그래서 부모라면 누구나 자녀 욕구를 수용하는 폭에 대해 한번쯤 살펴볼 필요가 있다고 생각합니다.

이런 요령이나 관점에 대해서는 토마스 고든 박사의 가르침을 참고

하면 도움이 됩니다. 그는 자녀의 행동을 볼 때에, 모두 같은 행동으로 보지 말고, 세 유형으로 구분해 볼 것을 제안합니다. 처음 들은 분들은 낯선 이야기라서 어렵게 느껴질 수 있습니다. 필자가 그 내용을 쉽게 설명해 보겠습니다. 이해를 위해 우선 자녀의 행동을 두 유형으로 구분한 다음, 다시 더 세분해서 세 유형으로 설명해 보겠습니다.

하나는 자녀의 행동을 봤을 때, 내 마음에 드는 경우이고, 다른 하나는 내 마음에 들지 않은 경우입니다. 그러니까 자녀의 행동이 내 마음에 들어 흡족하면 수용할 수 있는 행동이라 할 수 있고, 그렇지 않으면 수용할 수 없는 행동으로 구분하는 것입니다.

수용할 수 있는 행동은 내가 봤을 때 관여하고 싶은 마음이 들지 않고 그냥 편하게 볼 수 있는 행동이고, 수용할 수 없는 행동은 내가 자녀의 행동에 당장 개입하고 싶거나, 지적하거나 꾸짖고 싶은 마음이 드는 경우입니다. 이 둘의 구분 기준은 내 마음이 편한지, 그렇지 않는지에 있습니다.

이런 기준으로 부모들의 수용 폭을 생각해 보겠습니다. 자녀 행동들을 봤더니, 부모인 내 마음이 비교적 여유롭고 편한 경우가 많습니다. 그러면 이 부모는 자녀의 행동을 수용하는 폭이 넓다고 할 수 있습니다. 반대로 자녀의 행동에 수시로 관여하고 싶고, 뭔가 부족하다고 느낀 부분이 많다면 이 부모 수용 폭은 좁다고 할 수 있습니다.

간단하게 말씀드리면 자녀와 마찰이 많거나 혹은 걱정이 많으면 수용 폭이 좁은 부모라고 할 수 있으며, 자녀가 믿음직하고, 대견하게 느껴지면 수용 폭이 넓은 편에 속한 부모라고 할 수 있습니다.

다음 그림을 보면서 나는 어느 정도의 수용 폭을 지닌 부모인가를 생각해 보면 좋겠습니다. 수용의 폭이 넓은 경우는 다소 위안이 됩니다만, 수용의 폭이 좁은 부모는 염려가 됩니다.

자녀에게도 이 그림을 보여주면서 함께 소통해 보아도 좋겠습니다. 부모의 수용 태도를 대화의 소재로 삼아 진솔한 대화를 나눠보아도 좋을 것입니다.

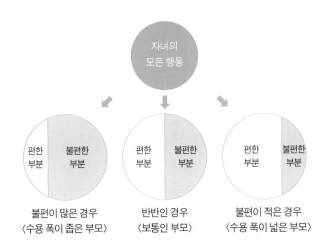

대개 수용의 폭이 좁은 부모는 자녀의 행동에 대해 불만이 많습니다. 그래서 자녀의 행동을 보면 불안을 느끼고, 교정해 주고 싶은 마음이 들어, 부모가 직접 개입하는 경우가 많습니다. 반대로 수용의 폭이 넓은 부모는 자녀의 행동에 간섭이 적습니다. 그래서 자녀의 행동을 수용해 주는 편입니다.

이런 수용 폭에 대해 부모들의 자기 평가를 보면 부모들은 자신의 행동 수용 폭을 점검해 보지도 않고 그냥 막연히 나는 괜찮은 부모라고 위안을 삼는 경우가 많습니다. 때문에 자녀를 양육하는 부모라면 이런 도구를 이용해 한번쯤 자기 수용 폭을 점검해 볼 필요가 있다고 생각합니다.

부모들에게 수용의 폭이 좁은 이유를 물어보면 대개 자녀들이 잘 못하기 때문이라고 답합니다. 과연 그럴까요?

일반적으로 사람들은 내 기분이 나빠지면 밖에서 제공된 어떤 원인 때문이라고 생각합니다. 예를 들어 자녀가 못된 행동을 하니까 내가 불쾌해졌다고 여기거나, 상대가 내게 어떤 못된 일을 함으로 내 기분이 나빠졌다고 생각합니다.

그런데 사람의 감정을 연구한 사람들에 따르면 내 감정의 시발의 원인은 밖에 있는 것이 아니라 내 안에 있다고 말합니다. 그러니까 외부에서 주어지는 어떤 자극 때문에 내가 화를 내는 것이 아니라, 내 마음에서 내린 결정에 따라 내가 화를 낸다는 말입니다.

이에 대해 사실적으로 증명해 주는 이야기가 있습니다. 바로 빅터 프랭클의『죽음의 수용소』라는 책입니다.

그는 죽음의 수용소라 불리는 나치 수용소에서 생활하다가 살아남은 사람 중 하나입니다. 그는 아우츠비츠 포로수용소에서 직접 겪었던 일을 책에 소개하면서 이러한 사실을 일러 주고 있습니다.

그는 포로수용소 생활을 하면서 두 종류의 사람을 봤다고 합니다. 똑같은 상황에 처해 있으면서도 어떤 사람은 잘 견디며 살아남는 반면, 또 다른 사람은 쉽게 좌절하며 죽어갑니다. 이 광경을 본 빅터 프랭클은 '똑같은 상황 속에서 어떻게 이런 다른 결과에 이르게 된 것일까?'라는 의문을 갖고 답을 찾기 시작했습니다.

그러다가 그는 사람의 마음에는 자극과 반응 사이에 이를 결정해 주는 어떤 공간이 존재한다는 것을 생각해냈습니다. 사람들은 어떤 일을 만나면 그 공간의 결정에 따라 감정이나 행동을 표출하게 된다는 것입니다. 간단하게 말하면 어떤 일의 결정은 내 마음에서 내린 결론에 따라 내가 반응한다는 것입니다.

빅터 프랭클의 이야기를 들어봅니다.

"자극과 반응 사이에는 공간이 있다. 이 공간에서 우리의 힘은 반응을 결정하는 것이다. 우리가 어떻게 반응하느냐에 따라 성장과 자유가 있다." 그리고 그는 "한 가지 진리란 인간에게서 모든 것을 빼앗아갈 수 있어도 단 한 가지, 마지막 남은 인간의 자유, 주어진 환경에서 자신의 태도를 결정하고, 자기 자신의 길을 선택할 수 있는 자유만은 빼앗아갈 수 없다는 것이다."

매우 의미 있는 발견이라고 생각합니다. 그러니까 우리 마음에서 일어나는 여러 감정들은 외부의 어떤 조건에 따라 결정된 것이 아니라 전적으로 나에게 있는 내 마음의 공간에서 내가 스스로 내린 결정의 결과라는 것입니다.

그러면 이제 이런 관점에서 자녀행동 수용문제를 살펴보겠습니다. 자녀의 행동이 나를 불편하게 만들었다고요? 그렇지 않습니다. 빅터 프랭클의 말에 따르면 내 마음에서, 그러니까 자극과 반응 사이에 존재하는 내 마음의 공간에서 내가 그렇게 결정한 것입니다.

어떤 부모들은 자녀의 행동을 결코 수용할 수 없다고 말하기도 합니다. 하지만 이것 역시 내 마음에서 만들어낸 것입니다. 그러니까 내 수용의 폭은 외부의 조건 즉 자녀의 행동이나 태도에 있는 것이 아니라 내 마음에 존재하는 공간에 달려있는 것입니다. 따라서 자녀의 행동을 보고 내 마음이 '편하느냐?', '불편하느냐?'는 전적으로 내 마음에 있는 선택의 공간에서 내가 내린 결과라는 말입니다.

이제 우리는 우리의 수용 폭에 대해 다시 생각해 볼 수 있게 되었습니다. 자녀의 행동으로부터 받은 내 스트레스는 밖으로부터, 즉 자녀가 내게 준 것이 아니라, 내 의식 내에 존재하는 그 공간에서 내가 만들어낸 결과물이라는 것입니다. 이 점을 생각해 보면 우리는 우리의 수용의 폭을 어느 정도 넓힐 수 있겠다는 생각이 듭니다.

이제 현명한 부모들이라면 생각할 수 있을 것입니다. 자녀의 행동으로 인해 내게 화가 일어나면, 혹은 내 감정의 변화가 일어나면, 이것은 외부에서 주어지는 것이 아니라 내 마음에서 기인한 것이라는 사실입니다. 이러한 사실만 알고 있더라도 우리는 자녀를 바라보는 관점이 상당히 달라질 수 있을 것입니다.

학교에서 여러 아이들의 행동을 살펴보면 아이들의 성장 배경을 어느 정도 짐작할 수 있습니다. 자녀의 행동을 비교적 잘 수용해 주는 가정과 그렇지 않은 가정입니다. 수용률이 높은 가정의 자녀들은 비교적 마음이 건강한 편입니다. 그래서 매사에 긍정적이고 적극적인 편입니다.

반대로 수용률이 낮은 가정의 자녀들은 욕구 실현에 대한 경험이 적습니다. 그리고 어떤 일에 대한 성취 경험도 적습니다. 그래서 매사에 불평불만이 많고, 투덜대거나 짜증을 자주 내기도 합니다. 어떤 일을 보는 시각 역시 대체로 부정적입니다. 무엇을 하자고 제안하면 "안 된다.", "못 한다.", "어렵다.", "힘들다."와 같은 말을 자주 합니다. 게다가 일이 잘못된 경우 그 탓을 주로 남에게로 돌리기도 합니다.

필자가 부모들에게 간절히 바라는 한 가지는 부모들이 할 수만 있다면 아이들의 행동이나 바람을 수용하고 격려해주는 것, 더 나아가 자녀들의 세계와 생각이 일상생활 속에서 실현될 수 있는 공간과 여건을 마련해 달라는 것입니다.

선생님이 건네는 마음 처방전

1) 상비약 조제 실습

상황 ① 자녀의 행동: 집에 들어오면 자녀가 스마트폰만 들여다봅니다.
부모의 태도나 말: _____

상황 ② 자녀의 행동: 저 학교를 자퇴하고 싶어요.
부모의 태도나 말: _____

상황 ③ 자녀의 행동: 딸이 친구들과 어울려 1박 2일로 캠핑 가고 싶다고 합
니다.
부모의 태도나 말: _____

2) 상비약 사용 설명서

약 명	부작용과 효능
자녀가 나를 힘들게 한다고 생각합니다.	· 문제 해결에 도움이 되지 않습니다. · 자녀와 관계를 훼손하게 됩니다.
자녀의 행동을 수용할 수 없습니다.	· 자녀에게 조건을 제시하고 따르게 하는 부작용이 있습니다. · 미움의 원천이 됩니다.
내 감정의 발현은 내 안에 있습니다.	· 문제 해결의 실마리입니다. · 문제를 편안하고 가장 안전하게 해결할 수 있습니다.
수용의 폭은 환경, 대상, 내 마음 상태에 있다는 것을 압니다.	· 어떤 상황에서 객관적일 수 있습니다. · 자녀의 행동을 수용할 수 있습니다. · 자녀를 행복하게 만들어 줄 수 있습니다.

3) 주의사항

· 자녀의 행동을 전적으로 수용하려는 마음가짐을 가지세요.
· 자녀의 생활 태도를 인정하려고 노력하십시오.
· 나머지 약들은 사용을 제한하거나 폐기처분하십시오.

4) 상비약 복용법

① 늘 내 마음 상태를 점검하시오.
② 불편한 감정이 일어나면 그 원인을 내 안에서 찾으시오.
③ 행동을 보면 수용할 수 있는 것과 수용할 수 없는 것을 구분하시오.
④ 수용의 폭은 대상에 따라, 상황에 따라, 내 마음에 따라 달라진다는 것을
   아시오.

자녀의 행동
구분하기

혜수 엄마는 아침 출근을 바쁘게 서두르고 있었습니다. 그러던 중 혜수로부터 전화를 받았습니다. 오늘 시간표에 체육이 들었는데 체육복을 가져오지 않았다는 내용이었습니다.

혜수: 엄마, 오늘 체육시간이 들었는데, 체육복을 가져오지 못했어요. 체육복 좀 가져다주세요.

엄마: 야, 미리미리 잘 챙겨야지, 엄마도 바쁜데, 네 일을 왜 엄마한테 시켜?

혜수: 그럴 수도 있지, 뭐 그런 거 가지고 야단이야?

엄마: 출근하느라 바쁜데 엄마가 네 일까지 해야 하니 그렇지. 아이 참~

엄마는 출근이 늦을까봐 마음이 분주한데, 체육복을 가져다 달라는 딸의 부탁을 받았으니 마음이 더 바빠졌습니다.

지난번에는 과제물을 두고 갔다며 학교로 가져다 준 적이 있는데 오늘은 또 체육복을 가져다 달라고 합니다. 갑자기 마음이 불편해졌습니다.

이번에는 지민의 이야기입니다. 집에 들어온 지민의 표정이 말이 아닙니다. 그래서 엄마가 물었습니다.

엄마: 무슨 일 있니?

지민: 선생님은 꼭 내가 숙제를 안 해갈 때만 검사한다니까.

엄마: 그러게, 엄마가 뭐라 했니? 집에 오면 숙제부터 먼저 해 놓고 다른 일을 하라고 했잖아.

지민: 안 할 수도 있지~ 친구들이 다 있는 데서 "자기 일에 책임이 없다느니, 자기가 해야 할 일을 모른다."라는 말을 하니까 기분이 더 나쁘잖아?

엄마: 그래, 앞으로는 학교에 갔다 오면 숙제부터 먼저 하고 놀아라.

자녀를 양육하다 보면 흔히 겪을 수 있는 일입니다. 꼭 이런 경우가 아니더라도 가정에서 생활하다 보면 이런 비슷한 일들은 참 많습니다. 부모 입장에서 보면 자녀들이 학교에 가져갈 준비물이라면 아이 스스로 알아서 잘 챙겨 가면 좋겠습니다. 숙제도 마찬가지입니다. 부모들이 시키지 않아도 알아서 잘 해주면 좋겠습니다. 그런데 아이들은 어른들의 바람처럼 그렇게 쉽게 행하지 않습니다. 그래서 불편을 느끼기도 하고, 자녀와 마찰을 빚기도 합니다.

따라서 이런 상황을 예방하기 위해서는 나름대로 요령이 필요합니다. 우선 앞에서 다루었던 자녀 행동구분을 잘 활용하면 실제적인 도움을 얻을 수 있습니다.

이런 상황을 만나면 자녀의 행동을 내가 수용할 수 있는 것인지, 아니면 수용할 수 없는 것인지 구분해야 합니다. 그 기준은 지금, 현재 불편을 겪고 있는 사람이 누구인가를 가려보는 것입니다.

첫 번째 사례에 나온 혜수 엄마가 겪은 일을 가지고 설명해 보겠습니다. 혜수 엄마는 지금 출근하는 일로 바쁩니다. 그런데 학교에 체육복을 가져다주어야 하게 생겼습니다. 이 상황에서 불편을 느끼는 주체를 알아보겠습니다. 누가 불편을 느끼고 있을까요? 그렇습니다. 엄마가 불편을 겪고 있습니다.

이제 위에 등장한 지민의 사례로 가보겠습니다. 집에 돌아온 지민은 학교에서 선생님에게 꾸중을 들었다며 표정이 일그러져 있습니다. 이 상황에서 불편을 겪고 있는 주체를 생각해 보겠습니다. 지금 누가 마음의 불편을 겪고 있을까요? 네, 그렇습니다. 지민이 불편을 느끼고 있습니다.

또 다른 예입니다. 엄마가 청소를 위해 바닥에 어지럽게 놓인 아이 장난감을 모두 정리해 두었습니다. 청소를 막 시작하려고 하는데, 아들이 장난감을 치웠다며 골을 부립니다. 엄마가 달래고 기다려주어도 소용이 없습니다.

이런 상황이라면 엄마와 아들 중 누가 불편을 느끼고 있는 걸까요? 그렇습니다. 아들이 불편을 느끼고 있습니다.

또 이런 경우도 보겠습니다. 어느 날 집에 돌아온 아이가 학교에서 물건을 잃어버렸다고 불평합니다. 이 상황이라면 누가 불편을 느끼고 있는 걸까요? 그렇습니다. 이런 경우도 아이가 불편을 느끼고 있습니다.

자녀의 행동을 구분하는 방법이 조금 이해되었는지 모르겠습니다. 자녀의 행동을 보면 모두 다 같은 행동처럼 보이지만 불편을 느끼는 주체에 따라 구분해 보면 부모인 내가 불편을 느낀 경우가 있고, 반대로 자녀가 불편을 느낀 경우가 있습니다. 얼른 이해가 안 될 수도 있습니다. 우선 불편을 느끼는 주체에 따라 행동을 구분해 볼 수 있다는 점만이라도 기억하면 좋겠습니다.

상대의 행동을 이렇게 구분해야 하는 이유는 불편을 느끼는 주체에 따라 그 대응 방법을 달리해야 하기 때문입니다.

가정에서 부모와 자녀 사이에 불편을 겪는 이유 가운데 하나는 부모들이 자녀의 행동을 구분하지 않고, 모두 다 같은 행동으로 보고, 모두 같은 방법으로 대응하기 때문입니다. 부모인 내가 불편을 느낄 때에도 내가 말하고, 자녀가 불편을 느낄 때에도 내가 말을 합니다. 그러니 문제가 해결되지 않고 오히려 더 불편을 키워내는 일이 됩니다.

이런 일은 마치 먹을 것이 필요한데 옷을 가져다주고, 추위를 느끼는데 먹을 것을 가져다주는 동문서답과 같은 모양이 되고 맙니다. 그러다 보니 자녀는 자녀대로 불편하고 부모는 부모대로 불편을 겪게 됩니다.

이런 대응방법으로는 불편을 예방하는 데 도움이 되지 않습니다. 불편을 예방하거나 해소하기 위해서는 행동을 구분한 다음, 불편을 겪는 주체에 따라 대응을 달리해야 합니다.

때문에 부모들이 자녀를 양육할 때에 가져야 할 지혜로운 자세는 '구분하기'에 있습니다. 부모는 자녀의 행동을 구분한 다음 자신의 감정이 불편하다는 사실을 알아차려야 합니다.

만일 자녀의 행동이 그릇되었다면 자녀에게 야단할 것이 아니라 내가 느낀 불편한 감정을 자녀에게 알리면 됩니다. 또한 반대로 자녀가 불편을 느끼는 경우도 있습니다. 이럴 때는 자녀가 자신의 불편함을 자연스레 드러낼 수 있도록 도와주면 불편은 해소될 수 있습니다.

그러면 다시 지민의 이야기로 들어가 보겠습니다. 지금 지민은 선생님에게 꾸지람을 들어 불편을 겪고 있습니다. 우선 불편을 느끼고 있는 주체가 누구인지 생각해 보겠습니다. 지금 불편을 겪고 있는 주체는 지민입니다.

그러면 부모가 의견을 말할 것이 아니라 지민이 자기 사정과 마음을 이야기할 수 있도록 도와주어야 합니다. 엄마가 할 수 있는 말은 "구체적으로 무슨 일이 있었는지 듣고 싶구나." 하는 것입니다. 그러면 자녀는 그렇게 된 사정을 말하고 스스로 못마땅한 부분을 짚을 수 있을 것입니다. 이때에 부모가 자녀 말을 들으면서 전후 사정을 헤아려 자녀 상황을 인정하고 수용하면 자녀의 불편한 마음은 해소될 수 있습니다.

만약 부모들이 이렇게 대처하지 않고 "그러니까 엄마가 뭐라 했니? 집에 오면 숙제부터 하고 놀라고 했잖아."처럼 말하거나 혹은 "네가 안 해 갔으니 당연히 소리를 들어야지." 하거나 "앞으로 숙제는 미리 하는 것이 좋겠구나."라는 형태의 말을 했다고 생각해 보겠습니다. 설령 이것이 자녀를 위하고, 도와주려고 한 말인데도 자녀에게 그렇게 작용되지 않습니다. 오히려 자녀에게 불편을 느끼도록 만들어줄 뿐입니다.

만일 이런 해법의 가치가 느낌으로 다가오지 않으면, 부모인 내가 지민의 입장이 되어 기분을 느껴보면 좋습니다. 부모로부터 이런 말을 들은 지민은 어떤 기분이 들까요? 그렇습니다. 기분이 별로 좋지 않을 것입니다. 게다가 부모가 또 "~해라.", "~하면 좋겠구나."와 같이 말했다고 한다면 자녀의 불편이 해소되기는 고사하고 오히려 괴로움만 더해질 것입니다.

부모들이 자녀의 행동을 구분하지 않고 한 가지 방법으로 대응하면 자녀에게 도움을 줄 수 없습니다. 오히려 자녀들에게 불편을 더해주는 일이 되고 맙니다. 그러면 자녀는 부모의 말을 잔소리로 알아듣고 거부하거나 반항합니다. 아이가 반항하면 부모들은 자기 잘못이라는 사실을 깨닫지 못한 채 그저 자녀가 건방지고 못되었다며 모든 것을 자녀 탓으로 돌립니다.

기억해야 할 것은 자녀가 못되어서 그런 것이 아니라 대부분 부모의 대응 방식이 잘못돼 벌어진 일이라는 사실입니다.

자녀 행동 구분에 따른 대응법에 대한 구체적인 방법은 다음 장에서 소개하겠습니다. 다만 여기에서는 불편을 느끼는 주체에 따라 행동을 구분하는 방법에만 관심을 두고 연습하면 좋겠습니다.

1) 상비약 조제 실습

※다음의 상황을 보고 마음의 불편을 지닌 주체를 말해 봅시다.

상황 ① 자녀가 아침에 일어나 등교시간에 늦겠다며 발을 동동거립니다.
☞ 불편을 느낀 주체(사람)는? _____

상황 ② 아이가 거실 여기저기에 옷을 벗어 두어서 부모가 치워야 한다.
☞ 불편을 느낀 주체(사람)는? _____

상황 ③ 자녀가 엄마하고 쇼핑하러 간다고 약속하더니, 약속시간 30분이나
　　　　늦게 나타났다.
☞ 불편을 느낀 주체(사람)는? _____

2) 상비약 사용 설명서

약 명	부작용
행동을 구분할 수 있다는 사실을 모릅니다.	· 자녀의 행동을 구분할 수 없습니다. · 문제 해결에 도움을 줄 수 없습니다.
불편을 느낀 주체를 모릅니다.	· 하나의 해결 방법만 알게 됩니다. · 효과적인 대처를 할 수 없게 만듭니다.
자녀의 불편을 내 불편으로 압니다.	· 자녀와 대화가 단절됩니다. · 자녀를 위로해 줄 수 없습니다.

3) 주의사항

· 불편의 주체를 파악하려고 노력을 하십시오.
· 상기 약들은 감정의 불편을 야기합니다. 따라서 복용 양을 줄이십시오.
· 해결 방법을 공부하지 않고 자녀의 문제를 해결해 주려고 하지 마십시오.

4) 상비약 복용법

① 자녀의 행동을 관찰하고 감정의 상태에 따라 구분해 보려고 노력하십시오.
② 내가 불편을 느낀 경우 내 감정을 말하는 방법을 생각해 보기 바랍니다.
③ 자녀의 감정이 불편한 경우 자녀 말을 들어주십시오.

※ 1번의 불편을 느낀 주체:
   상황① : 자녀 / 상황② : 부모 / 상황③ : 엄마

또 다른 행동
구분하기

가정에서 자녀들과 나눈 대화 모습을 살펴보겠습니다. 먼저 초등학교 1학년인 영민이와 엄마가 나누는 대화입니다.

> 엄마: 영민아, 너 숙제 먼저 하고 놀면 엄마가 칭찬 스티커 붙여
> 준다 했는데……
> 영민: 전 엄마와 그 약속 지킬 수 없어요.
> 엄마: 그러면 스티커 붙여주지 않을 거야.
> 영민: 그것은 엄마가 혼자 정한 규칙이잖아요.
> 엄마: 지난번에 네가 그렇게 하자고 동의했던 것 같은데……
> 영민: 생각해 본다고 했지요.
> 엄마: 참 나~

엄마는 영민이 숙제를 잘 하면 칭찬 스티커 하나씩 붙여주기로

했습니다. 칭찬 스티커 수가 차면 영민이 갖고 싶은 선물을 마련해 주기로 약속한 것입니다. 그런데 영민이 약속을 지키려고 하지 않습니다. 엄마는 이 일로 지금 영민과 언쟁을 벌이고 있습니다.

　다음은 중학교 2학년인 수빈이가 집에 들어와서 엄마와 나눈 대화입니다.

　　수빈: 엄마! 학원 선생님이 나보고 영어 실력이 많이 향상되었
　　　　대요.
　　엄마: 그래 그런 말씀을 하셨어? 기분이 좋았겠구나. 네가 틈나
　　　　는 대로 단어를 외우고 소리 내 읽으며 공부하더니 성적이
　　　　좋아졌나보구나.
　　수빈: 영어가 점점 재밌어요.
　　엄마: 그래, 다행이구나.
　　수빈: 중간고사가 다가오고 있는데, 예전보다 더 자신이 생겼어요.
　　엄마: 그래, 중간고사 성적도 잘 받으면 좋겠구나.
　　수빈: 네, 저도 그래요. 그렇게 기대하고 있어요.

　사람들은 육아를 세상에서 가장 어려운 일 가운데 하나로 듭니다. 세상에 자녀를 이기는 부모가 없다는 말이 있는 것을 보면 그 어려움이 어떠한지 충분히 짐작됩니다.
　자녀 양육에 대한 어려움은 실제 현실에 직면하다 보면 더 절실하게 느끼게 됩니다. 아이들이 집에서 생활하는 모습을 들여다보겠습니다.

아침이 되어 일어날 시간이 되었습니다. 그러면 아이는 알아서 스스로 일어나면 좋겠습니다. 그런데 아이는 쉽게 일어나지 않고 더 자겠다고 떼를 씁니다. 일어나서 세수하고, 밥을 먹어야 합니다. 그런데 그것도 스스로 하지 않습니다. 엄마가 소리를 지르고 재촉해야 겨우 식탁에 앉습니다. 그것도 곧장 밥을 먹으면 좋겠습니다. 먹지 않고 미적거리다가 시간을 보낸 다음, 이런저런 투정을 부립니다.

또 외출하고 돌아오면 아이 스스로 손발을 씻으면 좋겠습니다. 몇 번을 반복해서 부탁해도 흙 묻은 손으로 이것저것 하려고 합니다. 그렇게 지내다가 이제 저녁이 됩니다. 잠잘 시간이 되어도 계속 놀려고 합니다. 간섭하지 않으면 새벽까지 놀기도 합니다. 그러다가 아침이면 늘 잠이 부족하다며 투정을 부립니다.

아이들이 더 성장하면 이번에는 하라는 공부는 하지 않고, 컴퓨터나 스마트폰만 가지고 놉니다. 제지하지 않으면 끝이 없습니다. 부모가 무슨 말을 하면, 짜증부터 내고 간섭한다고 불만을 토로합니다.

고등학생이 되면 엄마의 말을 아예 무시하기도 합니다. 이럴 때마다 부모 마음은 애가 타고 불편하기만 합니다. 어떤 때에 보면 자녀들은 부모 속을 일부러 상하게 만드는 존재인 것 같습니다. 그래서 '무자식이 상팔자'라는 말까지 생겨났는지 모르겠습니다. 자녀 양육이 어려운 이유입니다.

부모들이 자녀 양육에 이런 어려움을 겪는 이유는 부모 말에 순종하지 않은 자녀 탓도 있겠습니다만, 필자는 그보다도 부모가 자녀 양육법을 모르기 때문이라고 생각합니다. 부모들은 자녀에게 사랑을 베풀어야 한다는 사실은 알고 있지만, 그 구체적인 방법은 잘 모릅니다. 말은 잘 하지만 상대를 편하게 만들어주는 대화법을 잘 모른다는 말입니다.

그도 그럴 것이 부모들은 자녀 양육에 대한 방법을 어디에서도 교육 받아본 적이 없습니다. 부끄러운 이야기이지만 부모들은 결혼할 때부터 무지로부터 시작합니다.

자녀가 태어나면 어떻게 해야 하는지 그 기초적인 방법을 배운 적이 없습니다. 심지어 관련된 책을 한 권도 보지 않고 부부가 되거나 부모가 된 사람들도 많습니다. 그러니 부모들은 부모로서 역할이나 해야 할 일과 말, 그리고 태도 등을 잘 모릅니다. 그러니 결과는 명약관화입니다.

우리의 삶을 돌아보면 늘 배우고 익히고 갈고 닦아도 모르는 것 투성이고, 실수가 많습니다. 그런데 부모가 됨에 있어서 그런 노력이나 과정이 없었으니, 그 실상이 어떠하리라는 것은 쉽게 짐작할 수 있습니다.

그러니 자녀 양육하는 것이 순간순간마다 실수요, 매일매일이 잘못 투성입니다. 결과적으로 자녀들과 마찰이나 불편이 일어나지 않는다면 이것이 오히려 이상할 일입니다. 이런 현실은 마치 수영을 하려고 하면서 발에 물 묻히는 방법조차 배우지 않고 물에 들어가려고 하는 것같이 어리석은 일입니다.

그래서 필자는 지금 자녀 양육에 대한 기본적인 태도나 관점들을 소개해 나가고 있습니다. 여기에서는 지금 자녀의 행동을 구분하는 방법에 대해 알아가고 있습니다. 우리는 앞에서 불편을 느끼는 사람 (주체)에 따라 행동을 구분해 봤습니다. 그것은 불편을 느끼는 주체가 누구냐에 따른 구분이었습니다.

여기에서는 앞에서 구분했던 자녀의 행동을 한 걸음 더 나아가 더 세분화해 보려고 합니다. 이해를 돕고 설명을 원활하게 하기 위해 자녀 행동에 번호를 붙여보겠습니다. 내가 불편을 느끼는 행동을 첫 번째라 하고, 자녀가 불편을 느낀 경우를 두 번째라고 하겠습니다. 또 부모와 자녀, 모두 불편을 느낀 행동을 세 번째라 하고, 부모나 자녀, 누구도 불편을 느끼지 않는 행동을 네 번째라고 구분하겠습니다.

첫 번째, 두 번째는 앞에서 다루었습니다. 여기에서는 세 번째와 네 번째 행동을 설명하려고 합니다. 먼저 세 번째 행동으로 부모와 자녀, 모두 불편을 느낀 행동입니다.

10살 영민은 엄마와 책을 매일 한 권씩 읽기로 약속했습니다. 그래서 책 30권을 읽으면 선물로 팽이를 선물받기로 했습니다. 30개 번호가 적힌 종이를 마련하고, 칭찬 스티커 30장을 준비했습니다. 그래서 책을 읽기 시작했습니다. 얼마 동안은 영민이 약속대로 책을 잘 읽었습니다. 그런데 오늘은 절반만 읽고 스티커를 붙여달라고 조릅니다. 엄마는 한 권을 다 읽어야 붙여준다는 약속을 상기하며 붙여줄 수 없다고 합니다. 엄마는 영민에게 약속을 이행하라고 하고, 영민은 거부하며 계속 붙여달라고 조릅니다.

이런 상황을 이해한 다음, 이때에 느끼게 되는 엄마와 영민의 감정을 생각해 보겠습니다. 엄마는 영민이 약속을 지키지 않아 마음이 불편합니다. 그러면 이번에는 약속을 이행하지 않겠다고 떼를 쓰고 있는 영민의 마음은 어떨까요? 역시 불편을 겪고 있습니다. 여기에서는 영민과 어머니 모두 불편을 겪고 있는 경우라 하겠습니다. 이런 경우를 세 번째 행동이라 하겠습니다.

또 이런 경우를 보겠습니다. 한 대 컴퓨터를 두고 두 자녀가 서로 먼저 차지하겠다며 언쟁을 벌이고 있습니다. 이런 상황에서 불편을 느끼는 주체를 생각해 보겠습니다. 누가 불편을 느끼고 있는 걸까요? 그렇습니다. 자녀 둘 다 모두 불편을 느끼고 있습니다. 이것 역시 세 번째 행동이라 하겠습니다.

마지막 네 번째, 누구도 불편을 느끼지 않는 경우입니다. 영어 학원에 다녀 온 수빈은 기분이 좋아 노래를 흥얼거립니다. 학원 선생님으로부터 성적이 많이 향상되었다는 칭찬을 들었기 때문입니다. 수빈은 집에 돌아와 엄마에게 자랑합니다. 엄마 역시 수빈의 말을 들으니 저절로 기분이 좋아졌습니다. 이런 상황에서 서로가 느끼는 감정을 생각해 보겠습니다. 엄마나 수빈, 누구의 마음도 불편하지 않은 상태입니다. 곧 네 번째 행동입니다.

또 다른 예입니다. 장난감을 가지고 놀던 아이가 식사시간이 되니까 장난감을 치우기 시작합니다. 모두 제자리에 가져다 놓은 다음, 식탁으로 와서 밥을 먹습니다. 모두 즐겁게 대화를 나누며 식사를 합니다. 이런 경우 엄마나 자녀 누구도 불편을 느끼지 않은 상태입니다. 역시 네 번째 행동입니다.

지금까지 살펴본 것처럼 자녀의 행동은 네 가지 유형으로 구분해 볼 수 있습니다. 우선 내가 불편을 느낀 경우와 자녀가 불편을 느낀 경우, 그다음으로 둘 다 불편을 느낀 경우, 아니면 둘 다 편한 경우입니다.

자녀의 행동을 굳이 이렇게 구분해야 하는 이유는 행동 유형에 따라 그 대응방법을 달리할 수 있기 때문입니다. 그렇지 않으면 밥을 달라는데 돌을 주며 생선을 달라는데 과일을 주는 것과 같은 꼴이 되기 때문입니다. 결코 소통이 되지 않습니다.

소통은 상대 요구에 따라 바르게 응하는 것이라 할 수 있습니다.

행동 유형을 구분한 다음, 그 유형에 따라 대응하고 반응하는 것이 소통의 필수 요소입니다. 그동안 가정에서 부모와 자녀 관계에 불화가 있었던 이유는 부모들이 자녀 행동을 구분하지 않고 똑같은 방법으로 대응한 것이 가장 큰 원인이었습니다. 그러다 보니 문제가 되었습니다. 유형에 따른 대응법은 대략 이렇습니다.

첫 번째 행동 대응방법은 부모인 내가 불편한 경우 나의 사정을 '나-전달법'으로 말하고, 두 번째 행동 대응 방법은 자녀가 불편한 경우, 자녀의 형편을 말하게 한 다음 그것을 들어주면 됩니다.

세 번째, 자녀와 부모 모두 불편을 느낀 경우가 있습니다. 위에 영민이네 갈등 상황처럼 서로 각자가 실현하고 싶은 욕구가 다른 경우입니다. 이런 경우는 우선 각자가 지닌 욕구가 무엇인지 파악한 다음, 서로가 지닌 욕구를 해소할 수 있는 방안들을 제시합니다. 그런 다음, 제시된 방안 중에서 서로 욕구를 만족할 만한 안을 골라 시행하면 됩니다.

구체적인 해결방법에 대해서는 본서 7장에서 자세히 설명할 것입니다. 여기에서는 다만 행동을 구분하는 요령과 그 타당성만 알도록 하겠습니다.

다음으로 네 번째, 누구도 불편을 겪지 않은 행동에 대한 대응방법입니다. 일반적으로 이런 상황이라면 별다른 반응이 없어도 될 것 같습니다. 하지만 이런 경우에도 잘 대응하면 관계를 더욱 돈독하게 만들 수 있습니다.

이때 사용하는 방법으로는 「1장 칭찬의 요령」에서 다루었던 것처럼 칭찬이나 감사를 표현하는 것입니다. 자녀의 구체적인 행동을 들어 바로 칭찬하는 것입니다. "영어 공부에 집중한 결과가 나왔구나.

엄마도 즐겁구나.", "네 노력이 좋은 결과를 만들었다니, 기분이 좋구나." "네가 영어 단어 암기를 열심히 하더니, 좋은 결과를 얻었구나." "네가 영어 공부에 집중하더니 좋은 결과를 얻었구나."처럼 과정에서 볼 수 있었던 구체적인 행위를 들어 칭찬하는 것입니다. "네가 그렇게 노력해 주다니 엄마가 기쁘구나. 감사해."처럼 고마움을 표현해 주어도 좋습니다. 그러면 자녀에게 큰 에너지를 주게 됩니다.

다음 장에서는 자녀들의 행동 유형에 따라 그에 따른 대응 방법을 자세히 다룰 것입니다. 이 책의 안내를 잘 따라오면 부모들은 자녀들과 생활하면서 좋은 대화, 좋은 관계를 유지하는 방법을 알게 될 것입니다.

다음 장에서는 마음이 불편해졌을 때, 그 불편을 어떻게 덜 수 있는가에 대한 구체적인 방법을 다루려고 합니다. 또한 모두가 불편을 느낄 경우, 어떻게 해결해 나갈 수 있는가에 대한 구체적인 방법도 다루게 될 것입니다. 여기에서는 일단 자녀의 행동을 네 유형으로 구분할 수 있는 능력을 길러 보았습니다.

선생님이 건네는 마음 처방전

1) 상비약 조제 실습

※ 다음 상황을 보고 누가 마음의 불편을 지녔는가 말해 봅시다.

상황 ① 고등학교 1학년인 딸이 새 스마트폰을 사 달라고 조릅니다. 부모인
나는 벌써 두 번째로 거절했습니다.
☞ 불편한 사람은? _____

상황 ② 아들에게 일찍 자라고 해도 새벽까지 스마트폰을 보다가 잠들어 늦
게 일어납니다.
☞ 불편한 사람은? _____

상황 ③ 부모가 외출한 사이 언니가 동생과 함께 잘 놀고 있습니다.
☞ 불편한 사람은? _____

상황 ④ 아이가 오늘 중간고사를 보고 들어오면서 "아이 시험을 망쳤어"라고
합니다.
☞ 불편한 사람은? _____
대처 방법: 적극적으로 들어주기(   ), 내 형편 말하기(   )

상황 ⑤ 우산을 들고 나간 아이가 돌아와서는 우산을 잃어버렸다고 말합니다.
☞ 불편한 사람은? _____
대처 방법: 적극적으로 들어주기(   ), 내 형편 말하기(   )

상황 ⑥ 아이가 빨랫감을 세탁 바구니에 넣지 않아 엄마인 내가 집어넣어야
합니다.
☞ 불편한 사람은? _____
대처 방법: 적극적으로 들어주기(   ), 내 형편 말하기(   )

2) 상비약 사용 설명서

약 명	효능
자녀의 행동을 네 유형으로 구분할 수 있다.	· 자녀의 행동에 따른 대처를 하게 됩니다. · 나와 자녀의 욕구 해결에 실질적인 도움을 줄 수 있습니다. · 자녀와 불편한 일을 사전에 예방할 수 있습니다.
자녀가 불편을 느끼고 있는 행동을 구분할 수 있다.	· 자녀의 이야기를 들어 줄 수 있습니다. · 자녀를 이해해 줄 수 있습니다. · 자녀의 문제를 해결해 줄 수 있습니다.
부모와 자녀 모두 불편을 느끼고 있다.	· 서로의 욕구가 무엇인지 확인할 수 있습니다. · 서로 불편을 해소할 수 있는 방법을 알 수 있습니다. · 서로 좋은 관계를 유지할 수 있습니다.

3) 주의사항

· 자녀들의 행동을 유형별로 구분할 줄 알아야 합니다.
· 구분한 자녀들의 행동의 특징들을 기억해야 합니다.
· 이것들을 실제 상황에 적용할 수 있어야 합니다.

4) 상비약 복용법

① 자녀의 행동을 유심히 관찰하십시오.
② 관찰한 자녀의 행동을 유형별로 구분해 보십시오.
③ 행동 유형에 맞는 대처 방법을 생각하고 적용하시오.

5) 1번 조제 실습 결과

상황 ① 부모와 자녀 모두
상황 ② 부모와 자녀 모두
상황 ③ 모두 만족한 상태

PART 3

자녀와
대화의
조건

자녀와 대화,
그 첫 번째 조건, 추측

고등학교 1학년인 세영은 학교에서 모범생으로 통합니다. 하지만 집에 가면 좀 다른가 봅니다. 세영의 엄마는 세영의 태도를 이해할 수가 없다고 합니다. 엄마가 무슨 말을 하더라도 대꾸조차 하지 않고 응하지 않는다고 합니다. 게다가 사소한 일로 엄마와 자주 다툰다고 합니다. 그러다가 최근에는 그것마저 하지 않고 아예 엄마와 대화를 끊고 지낸다고 합니다.

엄마의 바람은 소박합니다. 세영이 집에 들어오면 잘 다녀왔다고 귀가 인사라도 하면 좋겠다는 것입니다. 하지만 세영은 집에 들어오면 인사조차 없이 그냥 자기 방으로 쏙 들어가고 만답니다. 그러면 엄마가 세영에게 "학교에 다녀왔으면 인사라도 하고 들어가야지 그러니?"라고 해도 세영은 별다른 반응이 없다고 합니다. 엄마는 세영이 왜 그런지 모르겠다며 한숨을 내쉽니다.

필자는 세영 엄마의 하소연을 들은 다음, 세영을 만날 수 있었습니다. 엄마의 불편을 말했더니, 세영은 "나는 특별한 이유 없이 그냥 그러는데 엄마가 난리"라고 합니다. 엄마가 불편하다는데, 이렇게 지내는 일이 불편하지 않느냐고 물었더니 세영은 "집에서 보내는 시간이 많지 않아서 괜찮아요. 아침에 일찍 집을 나와서 야간자율학습을 마치고 10시에 집에 들어가니까 엄마와 부딪칠 일이 별로 없거든요."라고 대답합니다. 엄마와 딸이 기氣 싸움을 하는 걸까요? 아니면 전쟁을 하고 있는 걸까요? 무슨 일로 세영은 이렇게 엄마와 대화를 하지 않고 지내는 걸까요?

부모들의 바람은 단순합니다. 그저 자녀들과 오순도순 이야기하면서 즐겁게 지내는 것입니다. 하지만 바람만 그러할 뿐 실제 생활을 들여다보면 세영이네 가정처럼 그러지 못한 경우가 많습니다. 특별히 자녀와 다투지 않더라도 긴장감이 유지되거나 말 없는 날을 포함하면 평온한 날보다는 불편한 날들이 더 많습니다. 즐겁고 행복해야 할 가정이 왜 이런 일을 겪어야 할까요?

이 장에서는 자녀와의 관계가 개운하지 못한 상황과 그 배경에 대해 알아보려고 합니다. 조금 더 나아가 이러한 상황에서 벗어날 수 있는 적절한 방법을 모색하려고 합니다.

보통 대화라고 하면 사람들은 단순히 말을 주고받는 행위 정도로 생각합니다. 하지만 우리가 아는 것처럼 대화는 단순히 말만 주고받는다고 해서 되는 것은 아닙니다. 마음이 없는 음성의 교환은 그저 소음에 지나지 않습니다. 대화를 잘 하기 위해서는 어떤 조건이 필요합니다. 일정한 조건들이 충족되지 않으면 좋은 대화가 이루어질 수 없습니다. 그렇다면 여기서 말하는 조건에는 어떤 것들이 있을까요?

그것은 먼저 부모의 수용적인 대화 태도입니다. 세영의 사례를 통해 살펴보겠습니다. 필자는 세영과 상담하면서 세영에게 엄마와 있었던 일들을 구체적으로 설명해 달라고 부탁했습니다.

세영은 "엄마는 제 생활을 일일이 시시콜콜하게 간섭하세요. 그것이 싫어서 말을 하지 않아요."라고 합니다. 그래서 이번에는, 엄마가 간섭한다고 여기는 일들을 구체적으로 말해 달라고 부탁했습니다. 그랬더니 세영의 대답이 쏟아졌습니다. "옷은 왜 그렇게 생각 없이 입느냐?", "신발이 그게 뭐냐?", "왜 늘 컴퓨터만 하고 있니?", "생각 없이 인터넷에서 이것저것 사는구나……."라는 간섭과 잔소리가 싫다는 것입니다. 세영은 엄마 말을 불편으로 수용하고 있었습니다.

그렇다면 엄마는 왜 이렇게 세영의 생활에 시시콜콜 간섭하는 걸까요? 직설적으로 말하면 앞 장에서 다뤘던 것처럼 엄마의 수용의 폭이 좁기 때문입니다. 수용의 폭이 좁아 자녀의 행동을 있는 그대로 수용하지 못해서 그럽니다.

그러면 이러한 부모 태도가 자녀와 대화에서 어떤 형태로 나타나는지 조금 더 살펴보기로 하겠습니다. 다음은 세영과 엄마가 나눈 대화 내용입니다.

엄마: 마침 잘 왔구나. 저녁 먹자.

세영: 아니요, 먼저 드세요. 저는 나중에 먹을게요.

엄마: 지금 먹지 그러니? 너 밖에서 뭐 먹었구나.

세영: 아니에요, 안 먹었어요.

엄마: 그래도 그렇지. 네가 뭘 먹었으니 안 먹는다고 하지.

세영: (강한 어조로) 안 먹었다니까요~

엄마: 그러면 왜 안 먹어?

세영: (방으로 들어가며) 됐어요.

이 대화내용으로 보면 세영은 저녁 식사가 시작될 무렵, 집에 들어갔던 모양입니다. 엄마는 마침 잘되었다고 생각하셨겠지요. 세영을 보자마자 밥 먹을 것을 권했습니다. 그러자 세영은 나중에 먹겠다고 합니다. 이 말을 들은 엄마는 세영에게 "밖에서 뭐 먹었구나?"라고 대응했습니다. 그러자 세영이 강한 어조로 "안 먹었어요."라고 대꾸합니다. 엄마는 다시 말합니다. "그래도 그렇지. 네가 뭘 먹었으니 안 먹겠다고 하지." 이 말에 세영은 더 강한 어투로 "안 먹었다니까요~" 하고 방으로 들어가면서 상황은 종료되었습니다. 냉랭한 분위기로 대화가 종료된 것이지요.

어떻게 이런 대화를 하게 되었을까요? 어디에서 무엇이 잘못되어 여기에 이르게 된 걸까요? 이런 상황을 사람들에게 말하면 대부분 자녀가 버릇없고, 못됐다고 말할 것입니다. 이를 과연 자녀 잘못이라 할 수 있을까요?

우선 엄마 입장에서 생각해 보겠습니다. 아이들의 마음은 참 알다가도 모를 일입니다. 식사가 막 시작되고 있으니까 당장 와서 함께 먹으면 좋을 일입니다. 그런데 그렇게 하지 않고 엄마의 관심과 정성을 한마디로 외면하고 있습니다. 엄마의 입장에서 보면 참 황당한 일입니다. 그런데 세영이 그렇게 하지 않고 거절하면서 그냥 제 방으로 들어가 버립니다. 엄마가 세영을 괴롭히거나 불편을 주고 싶어서 그런 것도 아닌데 딸은 보란 듯이 엄마의 말을 무시하고 대화를 외면해 버립니다. 엄마 기분이 나쁘게 생겼습니다.

이번에는 세영의 입장에서 보겠습니다. 이런 상황을 두고 세영은 볼멘소리로 말합니다. "엄마들은 참 이상해요. 밥을 안 먹겠다면 안 먹는 줄 알아야지, 왜, 꼭, 지금 먹으라고 하는지 모르겠어요. 그리고 무엇을 먹었는지 안 먹었는지 왜 꼬치꼬치 따져요? 그러고는 자기 마음대로 뭘 먹었다고 해요. 그러니 마음이 불편하지 않겠어요?" 합니다. 세영은 엄마의 권유가 자기 생활을 간섭한 것이라고 느끼고 인식합니다. 그래서 엄마와 말을 하고 싶지 않다고 합니다. 차라리 엄마와 대화 없이 지내는 것이 더 낫다고 합니다. 그렇게 마음의 문을 닫아버린 아이들은 부모의 간섭이 싫다며 말수를 줄이거나 부모와 대화를 기피합니다. 참 어처구니없는 일입니다. 자녀들과 대화를 하다 보면 이렇게 대화가 어긋나는 경우가 많습니다.

또 이런 상황도 보겠습니다. 중학교 2학년인 민석은 "우리 엄마는 자기 생각만 옳다고 생각하시나 봐요. 제가 지난 월요일에 학원에 늦게 갔거든요. 그랬더니 엄마는 '너 오늘 학원에 안 갔지?' 하고 물어 오셨어요. 그래서 제가 갔다고 대답했거든요. 그러자 엄마가 '그러면 왜 학원선생님이 전화를 해?'라고 물어오는 게 아니겠어요. 저는 더 큰 목소리로 '갔어요. 갔거든요. 조금 늦게 갔을 뿐이어요.'라고 대답했습니다. 그랬더니 엄마는 다시 '너 또 PC방에 갔었지?' 하고 물으셨습니다. 정말 기분이 나빠요." 합니다.

그러면서 민석은 말합니다. "엄마는 내 생활을 왜 이렇게 간섭하시는지 모르겠어요. 그날 학원에 조금 늦게 간 것은 사실이에요. 친구가 자전거를 새로 구입했거든요. 그래서 자전거를 구경하느라 조금 늦게 학원에 갔던 것뿐이에요. 그런데 엄마는 PC방에 갔다며 엄청 야단치셨어요. 그래서 저는 PC방에 가지 않았기 때문에 강하게 아니라고 말했거든요. 그랬더니 엄마는 내가 반항한다고, 버릇없는 아이라고 또 꾸중하셨어요. 그래서 저는 그날 엄마와 심하게 다퉜어요."

이런 일을 곁에서 지켜보면 참 우습다는 생각이 듭니다. 사소한 일을 가지고 엄마와 아들이 이렇게 첨예하게 대립하고 있기 때문입니다.

그러면 이런 상황을 만나면 우리는 어떻게 하는 것이 좋을까요? 이런 경우를 만나면 부모들은 대개 자녀의 잘못이라고 생각합니다. 그리고 대수롭지 않게 여깁니다. 자녀들이 부모 말대로 따라주면 좋을 것을 아이들이 그렇게 하지 않으니 문제라는 것입니다. 그렇습니다. 얼핏 보면 자녀의 잘못으로 보일 수 있습니다.

하지만 필자 생각은 조금 다릅니다. 이 경우, 자녀의 잘못이라기보다는 부모 잘못이 더 크다고 생각합니다. 부모가 이런 상황을 만들었기 때문입니다. 앞에서 설명드린 것처럼 부모가 자녀의 말을 있는 그대로 받아들이지 않고 부모 자신의 생각과 판단을 개입시켜 말했기 때문입니다.

세영과 민석의 사례에서 공통으로 발견할 수 있는 문제점은 부모의 말하는 방식의 문제입니다. 우선 세영의 사례를 보겠습니다. 세영의 엄마는 세영이 집에 들어오자마자 딸에게 밥 먹을 것을 권했습니다. 그러자 세영이 밥을 먹지 않겠다고 합니다. 여기에서 엄마의 반응은 "너 뭐 먹었구나?"입니다. 민석의 엄마 경우도 이와 비슷합니다. 민석의 엄마는 학원으로부터 민석이가 학원에 아직 도착하지 않았다는 전화를 받은 모양입니다. 그러자 엄마는 민석이 나타나자마자 "너 오늘 학원에 가지 않았지?"라고 말한 것입니다. 민석이 학원에 갔다고 하자 이번에는 "너 오늘 또 PC방에 갔었지?"라고 말합니다.

이런 말에 반응하는 자녀들의 태도를 보겠습니다. 매우 민감하고 거칠게 반응하고 있습니다. 얼핏 보면 모두 자녀들이 잘못한 것 같습니다. 하지만 자세히 들여다보면 이런 자녀의 태도는 아이가 만들어낸 것이 아니라 엄마가 그 원인을 제공한 것입니다. 엄마가 자녀의 말을 있는 그대로 수용하지 않고, 엄마 자신의 생각, 즉 추측한 내용을 덧씌워 말했기 때문입니다.

세영의 엄마가 했던 말, '너 뭐 먹었구나?'나 민석의 엄마가 했던 말 '오늘 또 PC방에 갔었지?' 하는 것은 모두 사실에 근거한 내용이 아닙니다. 그저 엄마의 추측일 뿐입니다. 정확하지도 않은 일을 엄마가 마치 정확히 알고 있는 것처럼 말했던 것입니다. 그러다 보니 자녀는 엄마의 말이 틀렸다는 것을 강조하고 싶어서 강한 어조로 반응했던 것입니다. 그러니까 아이들의 거친 반응은 모두 엄마가 만들어낸 결과라 할 수 있습니다.

자녀와 즐거운 대화를 나누고 싶은가요? 그러기 위해선 일정한 조건이 필요합니다. 첫 번째 조건은 자녀의 행동을 있는 그대로 받아들이는 것입니다. 달리 말하면 자녀의 행동을 추측하거나 넘겨짚지 않고 있는 그대로 받아들이는 것입니다. 세영이 밥을 먹고 싶지 않다고 합니다. 그러면 그 행동을 보고 "'지금 먹고 싶지 않다'는 말이구나." 하고 자녀의 행동을 있는 그대로 수용하면 됩니다. 이러한 부모의 태도를 '수용하기'라고 합니다.

이런 경우를 보겠습니다. 자녀가 공부를 한다며 제 방으로 들어갔습니다. 그러더니 조금 후에 곧장 거실로 나왔습니다. 이 모습을 본 부모가 "또 공부하기가 싫어서 나오는구나."라고 했습니다. 그러자 자녀는 어색한 표정을 지었습니다.

생각해 보면 자녀가 거실에 나온 것은 공부가 싫어서 나온 것일 수도 있지만, 꼭 그렇지 않을 수 있습니다. 그러니 정말 공부하기가 싫어서 나온 것인지, 혹은 물을 먹고 싶어서 나온 건지, 아니면 밖에 또 다른 볼일이 있어 나오는 건지 알 수 없습니다. 만일 의도를 알고 싶다면 추측할 것이 아니라 물어봐야 합니다.

그런데 대부분 부모들은 물어보지 않고 그냥 마음대로 추측하거나 짐작해서 말합니다. 그러니 자녀는 부모의 말에 해명하고자 하고, 그것이 안 되면 반감을 갖게 됩니다. 그러면서 대화에 감정이 섞이기 시작하고 관계가 삐거덕거리게 되는 것이지요. 대체로 이런 과정을 통해 아이들은 부모를 향해 마음의 문을 닫게 됩니다.

세영이 엄마에게 저항하는 모습을 보면 엄마의 추측이 대화를 어떻게 불편하게 만드는지 분명히 알 수 있습니다. 세영은 밖에서 아무 것도 먹지 않았습니다. 그런데 엄마는 먹었다고 합니다. 엄마의 추측이 틀리다 보니까 세영은 '거봐요. 엄마의 추측이 틀렸잖아요.'라는 의미로 강하게 반응한 것입니다. 그것이 엄마에게는 버릇없는 행동처럼 보였던 것입니다. 결과적으로 이런 상황은 자녀가 만든 것이라기보다는 엄마가 원인을 제공하면서 만들어진 일이라는 것을 알 수 있습니다. 그러니 엄마 잘못이 크다고 할 수 있습니다.

민석의 경우도 보겠습니다. 아마 이 일이 벌어지기 전에 민석이 학원에 몇 번 빠진 적이 있었던 모양입니다. 그리고 PC방에 가느라고 학원에 가지 않았던 적도 있었던 모양입니다. 그런 경험을 바탕으로 엄마는 이번에도 민석의 행동을 추측해서 말했던 것입니다. 그런데 민석은 엄마의 추측처럼 오늘은 PC방에 가지 않았습니다. 엄마의 추측이 틀렸습니다. 그러다 보니 민석은 PC방에 가지 않았다고 강하게 대꾸한 것입니다. 이 경우 역시 엄마의 잘못이라 할 수 있습니다.

세영의 일을 좀 더 확장해서 살펴보겠습니다. 이 상황에서 세영이 엄마 말처럼 밖에서 무엇을 먹고 들어왔다고 가정해 보겠습니다. 이 일이 부모에게 지적받을 일이라고 생각되면 세영은 밖에서 먹었던 일을 감추거나 거짓으로 꾸며댈 것입니다. 그렇다면 부모의 추측은 세영이 거짓말을 하도록 유도하고 있는 것이나 다름없습니다. 따라서 추측하는 말은 맞히거나 틀려도 모두 문제가 됩니다. 둘 다 부정적인 결과를 가져오기 때문입니다.

지금까지 살펴본 것처럼 대화에서 추측하는 말은 말다툼이나 대화의 단절, 불화의 원인이 됩니다. 그래서 이는 좋지 못한 언어습관이라 할 수 있습니다. 자녀의 행동을 추측하는 일은 불편을 유발하는 촉진제가 된다는 사실을 기억하면 좋겠습니다. 좋은 대화를 위한 첫 번째 조건은 상대방 행동을 섣불리 추측하지 않는 것입니다.

선생님이 건네는 마음 처방전

1) 상비약 조제 실습

※ 다음 상황을 보고 평상시 내가 할 수 있는 말을 써 보기 바랍니다.

상황 ① 주말에 할머니댁에 가자고 자녀와 약속했는데, 주말이 되어 가자고 하니, 자녀가 가지 않겠다고 합니다.

행동: _____

상황 ② 자녀가 오늘 학원에 늦게 갔다고 합니다.

행동: _____

상황 ③ 밖에 놀러나간 자녀가 저녁식사를 이제 막 마치고 나니 집에 들어옵니다.

행동: _____

2) 상비약 사용 설명서

약 명	부작용
추측하는 말	· 거의 맞출 수 없습니다. · 반항심을 불러일으킵니다. · 부정적 이미지를 줍니다.
짐작하는 말	· 불쾌감을 줍니다. · 반감을 삽니다. · 저항하게 합니다.
넘겨짚는 말	· 기분을 상하게 합니다. · 관계를 단절시킵니다. · 대화를 잘할 수 없습니다.

3) 주의사항

· 관계를 해치고 싶은 사람이거나 만나고 싶지 않은 사람에게는 사용할 수 있으나 사랑하는 가족에게는 사용하지 마시오.

4) 상비약 복용법

① 상대방의 마음이나 행동에 대한 추측이 맞아 떨어지리란 법은 없다는 사실을 명심하시오.

② 행동을 그대로 말하려고 하시오.

③ 짐작으로 자녀를 판단하지 마시오.

④ 아이의 태도나 반응은 내가 내뱉은 언어의 결과임을 인정하시오.

대화의 장애물,
비난

    고등학교 2학년인 현욱은 최근 아빠와 다투고 대화를 하지 않고 지낸다고 합니다. 다툼의 시작은 사소한 일에서 비롯되었다고 합니다. 현욱이 시내를 다니다가 우연히 멋진 바지를 발견했다고 합니다. 얼른 보니 옷의 상태가 너무 좋아 흥분 상태에서 바지를 구입했답니다.

    집에 돌아와 아빠에게 구입한 바지를 자랑한 것이 문제가 되었습니다. 현욱은 아빠가 자신의 뛰어난 안목을 칭찬해 주시리라 생각하고 보여드렸답니다. 그런데 예상 밖에 현욱은 아빠에게 '미친 ○○'라는 말을 들은 것입니다. 그 말에 현욱이 "이게 뭐가 어때서요?"라며 반감 실린 목소리로 물었답니다. 그러자 아빠는 "정신 나갔어? 이런 옷은 공부 안 하고 정신 나간 애들이 입고 다니는 옷이잖아?"라고 하셨답니다.

    칭찬은 고사하고 '정신 나간 아이'라는 말을 들으니 현욱은 그

순간 기분이 몹시 나빠졌다고 합니다. 멋진 옷을 샀다고 생각했는데, 아빠의 말을 듣고는 기분이 상하고 만 것입니다. 이런 옷이 문제 있는 아이들이 입는 옷이라니, 내가 그런 사람이었나 하는 생각이 들면서 기분이 몹시 나빠졌다고 합니다.

현욱이 구입한 바지는 청소년들이 즐겨 입는 청바지였습니다. 바지끝단이 풀려 나풀거리고, 허벅지와 엉덩이 쪽에 크고 작은 구멍이 몇 개 나 있는 옷이었습니다. 현욱은 그렇다고 해서 이런 옷이 딱히 이상하다고 생각하지 않았다고 합니다. 그런데 아빠는 그렇게 말씀하셨다는 것입니다. 자신을 밑도 끝도 없이 다짜고짜 '미친○○'로 규정한 아빠에게 서운한 감정이 들었던 것입니다. 그래서 요즘 현욱은 아빠와 대화를 하지 않고 피해 다닌다고 합니다.

부모들은 나름대로 자녀들에게 배려하고 사랑하고 존중한다고 생각합니다. 그런데 생각과 달리 부모와 자녀가 대화 나누는 모습을 보면 꼭 그렇지만도 않은 것 같습니다. 우리가 앞에서 살펴본 것처럼 대화에서 버려야 할 말들은 잘 사용하고 있는 것을 보게 됩니다.

사람들은 어떤 대상의 본질이나 이면을 추리하거나 또한 그것을 밝혀내는 일을 유의미한 능력이라고 생각하는 경향이 있습니다. 그래서 학교에서는 이런 능력을 훈련하기도 합니다. 국어 시간에는 글의 이면에 감춰진 이야기를 찾아내거나 그것을 재구성하는 학습을 합니다. 그래서 시험을 보면 "위 시에서 시적 화자의 내면세계로 알맞은 것을 고르시오." 사회시험인 경우, "다음 그래프를 보고 유추해 볼 수 있는 현상으로 맞는 것을 고르시오." 또 영어시간에는 "다음 문장에서 화자가 말하고자 한 의도는 무엇인가요?" 등과 같은 문제를 다룹니다. 모두 추측하는 능력을 훈련하는 내용입니다.

이런 연습의 결과가 위력을 발휘해서 그런 걸까요? 사람들은 대화 중에 이런 능력을 잘 발휘하기도 합니다. 상대방의 말과 행동에 숨겨진 속뜻을 찾으려 하거나 짐작해서 말하는 것입니다.

그래서 그런지 어른들은 어떤 행동이나 현상을 '있는 그대로' 받아들이지 못합니다. 행동이나 현상 너머에 어떤 이면이 있으리라 짐작하죠. 그렇지 않으면 '좋다', '나쁘다' 등의 호오好惡를 가리는 식으로 생각합니다. '잘했다', '잘못했다' 등의 도덕적인 판단을 내리는 경우도 그런 유에 포함됩니다.

이러한 습관은 자녀들과 대화할 때에도 그대로 나타납니다. 자녀의 어떤 행동을 보면 "너 ~해서 그렇지?"라는 식으로 지레짐작하는 반응을 하는 것입니다. 이런 유의 대화는 언쟁이나 갈등의 소재가 되어 자녀와 관계를 훼손하게 됩니다.

사람의 능력 가운데 이런 능력이 요긴한 경우도 있습니다. 하지만 대화에서는 걸림돌이 된 경우가 많습니다. 그래서 여기에서 본능적으로 짐작이나 추측을 잘하는 사람의 성격적 특성에 대해 이야기해 보려고 합니다. 성격유형을 알아보는 MBTI 이야기입니다.

MBTI는 융의 심리유형이론을 근거로 캐서린 브릭스Katherine C. Briggs, 이사벨 마이어스Isabel B. Myers, 피터 마이어스Peter Myers 3대에 걸쳐 70년 동안 연구·개발한 비진단성 성격 유형검사(MBTI – Myers-Briggs Type Indicator: 성격유형검사)입니다.

MBTI 검사에서는 사람의 성격을 네 가지 기준에 따라 16가지 유형으로 구분합니다. 먼저 에너지를 사용하는 방법에 따라 외향형(E)

과 내향형(I)으로 나눕니다. 외향형의 사람들은 에너지를 바깥으로, 타인에게로 향합니다. 그래서 사람을 만나서 대화 나누는 것을 좋아하고 활발한 활동을 즐겨합니다. 반대로 내향형의 사람들은 에너지를 나 자신과 내면으로 사용합니다. 그래서 혼자 조용히 책을 보거나 음악 듣는 것과 같은 조용한 일을 좋아합니다. 그래서 사람을 만나더라도 친한 몇몇 사람과 어울려 지냅니다.

다음으로 정보를 수집하는 방법에 따른 구분인데, 감각형(S)과 직관형(N)입니다. 감각형(N) 사람들은 어떤 정보를 받아들일 때, 오감五感을 사용하여 있는 그대로 받아들입니다. 반면에 직관형(N)의 사람들은 어떤 정보의 이면에 담긴 의미나 가치를 먼저 잘 파악합니다. 그래서 감각형(S) 사람은 눈에 보이는 행동, 그 자체를 보고 그대로 말하는 특성이 있는 반면, 직관형(N)의 사람들은 어떤 현상이나 행동을 보면 그 행동 자체보다는 그 이면에 담겨 있을 법한 의미나 가치를 직관적으로 잘 파악합니다.

다음으로는 판단 방법에 따라 구분하는데, 개인의 이성에 입각한 사고형(T)과 주변 환경과 사람의 입장을 고려한 감정형(F)입니다. 사고형(T)의 사람들은 어떤 상황을 만나면 논리나 이성에 입각해 분명하고 논리적인 판단을 내립니다. 반면 감정형(F)의 사람들은 어떤 일을 만나면 자신이 처한 여건이나 상대방 입장을 고려해서, 그러니까 눈치를 봐가면서 판단합니다.

네 번째는 생활양식에 따른 구분으로 판단(J)와 인식(P)입니다. 판단형(J)의 사람들은 외부 세계에 대해 빠른 판단을 내릴 뿐 아니라 꾸준하고 철저한 생활태도를 가집니다. 반면 인식형(P)의 사람들은 정보 자체에 관심이 많고 새로운 변화에 잘 적응합니다.

필자가 여기에서 MBTI 이야기를 언급한 이유는 두 번째, 감각형과 직관형에 관한 이야기를 하고 싶어서입니다. 감각형은 우리 오감五感의 느낌에 따라 보고, 듣고, 만져지는 결과에 따라 그대로 말하는 사람들입니다. 반대로 직관에 의존하는 사람(N형)은 어떤 일의 이면에 담긴 이야기나 의미를 잘 보는 사람들입니다.

이 직관형(N) 성격을 가진 사람들은 자기의 의도와 상관없이 어떤 현상이나 상황을 보면 거기에 담긴 가치나 의미 등을 직관으로 얻어냅니다. 그래서 이 사람들은 어떤 다른 훈련을 거치지 않더라도, 저절로 그 의도를 잘 파악하는 능력을 가졌다고 해야 할 것입니다. 따라서 이들은 자녀의 행동을 보면 그 자체로 말하지 않고 추측, 추론해서 말할 가능성이 높습니다.

예를 들어서 아이가 아프다고 하면 '아픈가 보구나'라고 생각하지 않고 "너 또 꾀병을 부리는 거지?"라는 형태로 이해한다는 것입니다. 저절로 불편을 야기하는 말을 할 수 있다는 것입니다.

따라서 직관 능력을 타고난 사람들은 자녀의 행동을 말할 때에는 더욱 주의가 필요합니다. 이들은 자녀의 행동을 보면 당장 추측하거나 그 이면을 생각하고 금세 단정 지을 수 있습니다. 이런 일은 앞에서 다루었던 것처럼 언쟁의 불씨가 되기 쉽습니다. 그래서 유의할 필요가 있습니다.

따라서 이 글을 읽은 독자들은 자신의 성격적 특성이 어느 쪽에 속하는지 조용히 생각해 보면 좋겠습니다. 만일 자기 성격이 직관형이라면 자녀의 말과 행동을 있는 그대로 받아들이는 노력과 훈련이 꼭 필요할 것입니다. 추측하거나 넘겨짚는 말들은 대화를 줄어들게 만들고, 저항을 낳게 됩니다.

관계에 악영향을 주는 또 다른 조건들 중에는 '비난'이라는 것이 있습니다. 현욱의 사례를 보면서 그 조건들을 살펴보겠습니다. 현욱은 지금 아버지와 냉전을 벌이고 있습니다. 불화의 원인은 아버지의 말 때문이었습니다. 아버지가 부지불식간에 현욱의 행동을 '문제 있는 아이'와 결부시켜 말했기 때문입니다.

　아버지는 아버지만의 일정한 사고방식이 있습니다. 그러한 고정된 사고방식을 우리는 선입견이라고 부릅니다. 선입견에 갇힌 아버지는 아들의 바지를 보자마자 불량스럽다고 판단한 것이지요. 그래서 당장 '미친○○'라고 하신 것입니다. 이런 말은 상대를 '비난'하는 말입니다. 이런 말은 앞에서 다루었던 '추측'에 버금가는 대화의 걸림돌이 됩니다. '비난'은 듣는 사람의 마음을 매우 불편하게 만들기 때문입니다.

　또 다른 사례를 보겠습니다. 중학교 1학년 민철의 이야기입니다. 민철은 얼마 전에 자전거를 새로 구입했습니다. 오래 전부터 몹시 갖고 싶었던 자전거라 그저 보기만 해도 즐거웠다고 합니다. 수시로 가서 만져보고 친구들에게 자랑도 했습니다. 그렇게 싫어하던 심부름도 자전거를 타고 가는 일이라면 신이 나서 얼른 나서기도 했습니다. 그러다가 얼마 전에 애지중지하던 자전거를 잃어버리고 말았습니다.

　잃어버린 사정은 이렇습니다. 학원에 늦을까 봐 마음이 급했던 민철은 서둘러 학원에 들어가는 바람에 자전거 자물쇠를 미처 채우지 못했습니다. 설마 누가 손이나 대겠어, 하는 마음이었습니다. 그런데 수업을 마치고 나와 보니 자전거가 사라지고 없었습니다. 고민이 되었습니다. 부모님께 여러 번 졸라 겨우 마련한 자전거인데, 민철의 상심은 이만저만이 아니었습니다.

민철은 부모님께 죄송한 마음이 컸습니다. 그래서 부모님에게 꾸중 들을 각오를 하고 있었습니다. 하지만 차마 말씀드리지 못하고 얼마간은 조마조마한 마음으로 보냈습니다. 그러다가 하루가 지나고 나서 사실을 숨기면 안 되겠다는 마음이 들어 엄마에게 그대로 말씀드렸습니다. 말씀을 드릴 때에는 무슨 꾸지람도 다 들을 생각으로 조심스럽게 말씀드렸습니다.

민철의 이야기를 들은 엄마는 "아이고 저 칠칠한 것, 제 물건 하나 관리하지 못하고, 그래 가지고 무슨 일을 할 수 있을까? 원."이라고 말씀하셨습니다. 민철은 이런 엄마의 말에 기분이 몹시 상하고 말았습니다.

이 일로 민철은 엄마와 대화를 피하고 있습니다. 물론 민철 역시 자기 잘못을 충분히 인지하고 있습니다만 그래도 엄마가 그런 말씀을 하시니 지나치다는 생각이 들었습니다. 엄마가 아예 자신을 마치 '무슨 일이든 할 수 없는 사람'이라고 판단하시니 스스로가 아주 바보처럼 느껴진 것입니다. 자전거 도둑을 생각하면 분하고 괘씸하고 억울하기까지 한데, 엄마가 자기를 비난하니 기분이 더 나쁘고 상했던 것입니다.

바지를 구입한 일로 아빠와 냉전을 벌인 현욱이나 자전거를 잃어버려서 속이 상한 민철, 이 둘이 모두 기분이 나빠지게 되었던 이유는 모두 부모로부터 비난받았기 때문입니다. 비난은 사람의 기분을 나쁘게 만듭니다.

그런데 부모들은 꼭 이런 상황이 아니더라도 자녀와 대화할 때 부지불식간에 비난하는 말을 자주 사용합니다. 그냥 머릿속에서 떠오른 대로 기분에 따라 아이의 행동을 규정한 다음, 바로 비난하는 말을 사용합니다. "네가 그래 가지고 뭘 하겠다고 그래?", "잘한다, 잘해～" 모두 비난하는 말입니다. 이런 말은 잘잘못을 떠나 듣는 사람의 마음을 상하게 만듭니다. 그래서 대화를 당장 멈추게 만들고, 관계를 훼손시킵니다. 그래서 대화를 할 때에 비난하는 말은 사용해서는 안 될 말입니다. 비난이란 대화를 가로막는 걸림돌이기 때문입니다.

1) 상비약 조제 실습

※ 다음 상황을 보고 평상시 내가 할 수 있는 말을 써 보기 바랍니다.

상황 ① 아이가 컵을 들고 가다 실수로 떨어뜨려 깼습니다.

행동: _____

상황 ② 교복을 새로 구입한 다음 모양을 고쳐왔습니다.

행동: _____

상황 ③ 부모인 내가 원치 않은 일을 아이가 자꾸 합니다.

행동: _____

2) 상비약 사용 설명서

약 명	부작용
단정 짓는 말	· 그릇된 가치관을 적용할 수 있습니다. · 반항하고 싶어집니다. · 변명의 여지를 준다. 부정적 이미지를 줍니다.
비난하는 말	· 불쾌감을 줍니다. · 반감을 삽니다. · 저항하게 합니다.
빈정대는 말	· 기분을 상하게 합니다. · 관계를 단절시킵니다. · 대화를 잘할 수 없게 만듭니다.

3) 주의사항

・ 좋은 관계를 유지하고 싶지 않은 사람이나 앞으로 만나지 않을 사람에게는 사용할 수 있으나 가족에게는 사용해서는 안 될 말입니다.

4) 상비약 복용법

① 행동을 있는 그대로 바라보시오.

② 단정 짓는 말은 아예 사용하지 마시오.

③ 자녀가 반항하면 비난하는 말이 담겨있지 않나 자신을 돌아보시오.

④ 아이의 태도나 반응은 내 언어의 결과임을 인정하시오.

기분을 상하게 하는 말, 빈정

자녀들은 부모의 도움이 필요하면 이렇게 말합니다.

"학용품 구입비 주세요."
"버스비 주세요."
"점심 사 먹을 돈 주세요."
"오늘 몇 시에 데리러 올 거예요?"

가정에서 자녀들과 대화하는 모습을 보면 대개 이런 경우가 태반입니다. 그렇지 않으면 보통 말을 잘 하지 않고 지냅니다. 부모와 자녀 간에 하루 종일 아니, 심지어는 일주일 내내 말이 없는 경우도 있습니다. 대화가 있더라도 이따금씩 형식적인 대화 몇 마디 이루어질 뿐 감정을 나누는 대화는 없습니다.

고등학교 1학년인 서현이도 그런다고 합니다. 집에 가면 꼭 필요한 경우가 아니면 가급적 부모와 말을 섞질 않는다고 합니다. 그러니까 부모 도움을 받아야 할 경우가 아니라면 대화를 하지 않는다는 것입니다. 그러다 보니 부모가 먼저 말을 거는 경우가 아니라면 거의 대화가 없다고 합니다. 어쩌다가 부모의 권유로 대화를 하더라도 겨우 한두 마디 주고받으면 끝이라고 합니다.

서현의 엄마 역시 이런 사실을 잘 알고 있답니다. 그래서 서현이 집 밖에서 단체활동을 할 때도, 집에서처럼 이렇게 말을 하지 않으면 어떡하나 싶어 걱정이라고 합니다. 사람들을 만나도 인사치레 한 마디 건넬 줄 모르는 건 아닐까, 훗날 성장하여 사회에 나가 적응하지 못하는 건 아닐까, 반항적이고 부정적으로 변하는 건 아닐까 하는 마음에 늘 염려된다고 합니다.

오늘날 많은 가정의 분위기가 대부분 이러합니다. 꼭 필요할 때가 아니라면 대화를 잘 하지 않습니다. 대화가 없다는 것은 다시 말해 소통이 되지 않는다는 것입니다. 소통이 되지 않으면 서로의 생각이나 감정을 알 수 없게 됩니다.

비유하자면 창문과 창문이 서로 마주 보고 열려있으면 방 안에 환기가 잘 이루어져 쾌적한 상태를 유지할 수 있는 것처럼 대화를 나누면 집 안이 쾌적하게 됩니다. 반대로 대화를 하지 않으면 마치 창문이 굳게 닫혀 있는 방처럼 환기가 제대로 이루어지지 않아 방 안에선 악취가 나고, 공기가 통하지 않아 누군가는 답답함을 호소하게 될 것입니다.

혹자는 가정의 이런 일을 사회 병리 현상이라고 말하기도 하고, 혹자는 어쩔 수 없는 일이라며 내버려두어야 한다고 말하기도 합니다. 또 어떤 이들은 우리 사회가 청소년들에게 공부를 지나치게 강조하다 보니 아이들이 온통 공부에 찌들어 몸과 마음이 상해서 그런다고 말합니다. 최근에는 이런 생각을 수용하여 아이들에게 공부 부담을 상당히 줄여주고 있습니다. 공부를 조금 덜 시키고, 잠을 충분히 자도록 시간을 주고 있습니다.

이제는 0교시 보충수업이 없이 1시간 정도 늦춰 본수업을 시작하고 있습니다. 그래서 아이들에게 8시 30분까지 등교하라고 배려해주었더니, 예전에 비해 지각생이 더 많아졌습니다. 야간에 실시했던 자율학습도 강요하지 않고 자율적으로 하도록 지도했더니, 수업시간에 잠자는 아이들은 더 많아졌습니다. 공부에 의욕이 없는 아이들도 점점 더 늘어나고 있습니다. 공부에 관심 없는 아이들의 수가 늘어나니, 수업 분위기가 좋을 리가 없겠지요. 수업시간에도 딴짓을 하거나 엎드려 자는 아이들이 많습니다. 방만해진 아이들은 학년이 올라갈수록 학업에 흥미를 잃고 급기야 나중에는 학업을 포기하는 지경에 이르게 됩니다. 그런 아이들이 대다수이지요. 참 이상한 일입니다.

이런 말을 하면 사람들은 이는 어쩔 수 없는 일이라서 사회에서 수용해야 할 일이라며 크게 신경 쓰지 않는 눈치입니다.

그리고 가정에서 일어나는 소통의 문제 역시 현대인의 바쁜 일상을 탓하며 불가피한 현상이라고 말합니다. 부모들은 직장일로 바빠서 그렇고, 맞벌이를 하는 가정이 많아서 그렇고, 자녀들이 대화를 외면해서 그렇다며 이런저런 핑계를 댑니다.

그렇다면 여기서 한번 생각해 보겠습니다. 만일 우리에게서 외적인 요인들이 사라진다면 가정의 문제나 소통의 문제는 해결될까요?

그러면 가정환경이 어느 정도 여유 있는 가정의 실태를 파악해 보면 예측해 볼 수 있을 것입니다. 맞벌이 부부가 아닌 외벌이 가정을 살펴보겠습니다. 이런 가정의 경우, 엄마 아빠 둘 중에 한 사람은 집에 머무는 시간이 많겠지요. 그러니 얼핏 생각하기엔 자녀와 대화를 나누는 시간도 그에 따라 더 많을 것이라고 생각해 볼 수 있습니다. 하지만 현실은 그렇지 않습니다. 외벌이 가정이라고 해서 대화나 소통의 문제가 뿌리째 해결된 것은 아닙니다. 그러므로 필자는 앞서 나온 사람들의 진단에 전적으로 공감하지 않습니다.

가정에서 벌어지는 소통의 문제, 부모와 자녀 간의 문제. 이것들의 근본 원인을 단순히 외부요인으로 치부할 수만은 없습니다. 가장 궁극적인 요인은 바로 소통의 방식에 있다고 생각합니다. 여기서 말한 소통의 방식이란 앞서 말한 추측이나 비난 등을 모두 포괄하는 말입니다.

앞에서 쭉 얘기해 온 것처럼 부모들은 은연중에 자녀의 말을 가로막는 말들을 곧잘 사용합니다. 수용하기보다는 거부하고, 있는 그대로 받아들이기보다는 추측하고 짐작함으로써 대화를 짧게 만듭니다.

어떤 이유로 자녀의 마음이 상하게 되면 그 순간부터 자녀와 편안한 대화는 거의 불가능해집니다. 또 어떤 부모들은 자녀의 행동을 실컷 비난해서 자녀 기분을 몹시 상하게 만들어 놓은 다음, 대화를 시도하려고 합니다. 그러니 자녀들이 대화에 응할 리가 없습니다. 대화의 걸림돌이 되는 말들은 대화의 장벽이 되고 맙니다. 걸림돌이 쌓이고 쌓여 하나의 커다란 장벽을 이루고 마는 셈이지요.

이 장에서는 대화의 걸림돌이 되는 언어들을 계속 살펴보고 있습니다. 지금부터는 앞에서 언급되었던 '추측', '비난하기'에 이어 '빈정거림'에 대해 살펴보려고 합니다.

부모들이 자녀와 대화할 때에 걸림돌 되는 언어를 사용하는 이유는 자녀와 대화가 싫어서 혹은 대화를 끝내고 싶어서가 아닙니다. 세상에 자녀와 관계를 훼손하려는 부모는 없기 때문입니다. 그럼에도 부모들은 부지불식간에 추측하거나, 비난, 빈정대는 말을 사용해서 자녀와 관계를 불편하게 만듭니다.

이유가 있다면 그것은 부모들이 그런 말들의 폐단을 잘 모르기 때문입니다. 이런 말들이 대화나 혹은 관계에 해를 끼친다는 사실을 잘 모릅니다. 그리고 이런 말들 외에 관계를 증진시켜 주는 다른 말을 할 줄 몰라서 그렇습니다.

결론적으로 부모들이 대화하는 법을 배우지 못해서 그렇습니다. 그래서 본서는 현실에서 혹은 생활 속에서 부모들이 자녀와 대화할 때 어떤 걸림돌들을 사용하는지 구체적으로 살펴보려고 합니다. 다음은 고교생 서현이 늘어놓은 푸념입니다.

"우리 부모님은 자기들 생각만 말하고, 제 말은 듣지 않으세요. 만일 제 말이 부모님 생각과 다르면 잘못되었다고 비난하기만 해요. 그러니 차라리 부모님과 말하지 않는 것이 나아요. 그래서 저는 가급적 간단한 말만 합니다. 우리 아빠에게 말을 잘못했다가는 한 시간 이상 설교를 들어야 해요. 그러면 머리가 더 아파요.

제가 얼마 전에 컴퓨터에서 이런저런 것들을 검색하고 있었어요. 그때 엄마가 저를 부르셨어요. 그런데 저는 검색에 집중하느라 그 소리를 듣지 못했어요. 그때 엄마가 갑자기 큰소리로 "너 귀먹었니?" 하고 소리치셨어요. 그제야 엄마가 저를 부르셨다는 걸 깨달았어요. 엄마는 저를 귀머거리로 간주하신 거예요. 저는 아니라고 반박하고 싶었어요. 하지만 그러면 엄마가 제게 '몇 번을 불러도 대답하지 않으니까 그렇지'라고 하며 야단칠 것 같아서 그냥 침묵했어요. 대답 대신 그저 엄마에게 시선을 주는 것으로 끝냈어요."

서현이 겪은 상황을 살펴보겠습니다. 서현은 엄마와 대화 중에 "너 귀 먹었니?"라는 엄마의 말을 들으면서 기분이 나빠졌습니다. 누구든지 이런 말을 들으면 기분이 나빠집니다. 그러니 그 다음 대화가 좋게 진행될 리 없습니다. 그래서 대화가 울퉁불퉁하게 됩니다.

엄마가 대화를 불편하게 만들었다고 하면 어떤 부모들은 "부모이니까 그럴 수 있지요?"라고 강변합니다. 그렇다면 이는 자녀를 성자^{聖者}로 아는 것과 같습니다. 이런 말을 들은 자녀가 마음의 평안을 누리고 부모에게 좋은 반응을 보일 것이라고 생각하니 말입니다. 자녀들은 성자가 아닙니다. 따라서 이런 말을 들으면 당연히 기분이 나빠지게 됩니다.

아이들 가운데는 종종 부모에게 반항하거나 강력하게 저항하는 아이들이 있습니다. 이들 가운데 대부분은 이런 말을 자주 들어서 마음의 상처를 가지고 있습니다. 이런 아이들의 특징은 부모와 대화를 잘 하려고 하지 않는다는 점입니다. 부모가 자녀의 마음을 불편하게 만들어 놓고 자녀들의 태도가 달라지면 버릇이 없다느니, 반항한다느니, 함부로 대꾸한다, 불손하다, 건방지다 등과 같은 말들로 자녀를 꾸짖습니다. 대화가 불편해지는 이유입니다.

초등학생 딸이 엄마와 나눈 대화를 보겠습니다.

딸: (투정부리며) 오늘 준비물을 집에 놓고 가서 선생님께 꾸중 들었어요.
엄마: 지난번에도 그러더니 또 그랬어? 잘 한다 잘 해. 너는 왜 늘 그렇게 덜 렁대니?
딸: 엄마는 왜 나보고 덜렁댄다고 해요? 친구 엄마들은 다 잘 챙겨 주시는데, 엄마는~

"잘 한다, 잘 해. 너는 왜 그렇게 늘 덜렁대니?"라는 말은 자녀의 행동을 비꼬아 빈정대는 말입니다. 이런 말을 듣고 좋아할 사람은 없습니다. 누구나 당장 마음이 불편해지고 기분이 나빠집니다. 그러니 아이의 반응을 보십시오. 아이는 다른 엄마들의 양육방법과 비교해 가며 엄마의 부족함을 꾸짖고 있습니다. 이유는 엄마의 비난하는 말이 아이의 마음을 불편하게 만들었기 때문입니다.

이런 말을 들으면 당장 변명하거나 반항하고 싶도록 만듭니다. 부모들이 자녀와 대화할 때에 이런 환경이나 분위기를 만들어서는 곤란합니다.

부모들은 종종 자녀의 잘못을 콕 집어 말하거나 혹은 빈정대는 말을 하면 자녀들이 자기 잘못을 얼른 깨닫고 당장 고칠 것으로 생각합니다. 하지만 그것은 큰 착각입니다. 부모가 아이의 잘못을 지적한다고 해서 아이의 실수가 줄거나 고쳐지지 않습니다. 오히려 불평, 불만만 양산하게 됩니다. 부정적인 태도, 반항하는 태도만 더 늘어나게 할 뿐입니다.

자녀와 좋은 대화를 원하고 자녀가 바르게 성장하기를 바란다면 빈정거리는 말을 사용해서는 안 됩니다. 할 수만 있다면 이런 방해되는 말들을 삼가는 것이 좋겠습니다.

선생님이 건네는 마음 처방전

1) 상비약 조제 실습

※ 다음 상황을 보고 평상시 내가 할 수 있는 말을 써 보기 바랍니다.

상황 ① 자녀가 매일 잠자리를 정리하지 않고 학교에 갑니다.
행동: _____

상황 ② 고등학교 1학년인 딸이 이성교제를 한다고 합니다.
행동: _____

상황 ③ 자녀가 다니던 학원을 그만둔다고 합니다.
행동: _____

2) 상비약 사용 설명서

약 명	부작용
"넌 귀가 먹었니?"	· 기분을 몹시 상하게 합니다. · 자존심을 상하게 합니다.
"잘한다 잘해. 네가 하는 짓이."	· 불쾌감을 줍니다. · 반감을 삽니다. 저항하게 합니다.
"네 하는 행동이 알아봤다."	· 관계를 단절시킨다. 대화를 잘할 수 없습니다. · 협조하고 싶은 마음을 빼앗게 됩니다.

3) 주의사항

· 이런 약들은 마음을 상하게 만듭니다. 따라서 자녀에게는 사용하지 마시오.

4) 상비약 복용법

① 내 말에 빈정대는 말은 없는지 생각해 보시오.

② 빈정대는 말을 한 경우 사과하고 사용하지 않을 것을 다짐하시오.

③ 이런 말로는 대화가 진행될 수 없음을 인지하시오.

5. 칭찬으로 할 수 있는 말(1번의 사례)

행동1: 등교시간이 되어도 일어나지 않고 있구나.

행동2: 책상에 책이 놓여 있고, 옷들이 펼쳐져 있구나.

행동3: 엄마하고 3시에 쇼핑하러 간다고 약속했는데, 30분이나 늦었구나.

불편의 시작,
탐문과 추궁

　채린은 공부를 잘하는 2학년 여고생입니다. 어렸을 때부터 공부를 잘했던 채린은 중학교 때도 성적이 우수해서 고등학교에 진학하면서 장학생으로 입학했습니다. 그래서 부모를 비롯한 주변 사람들은 채린에게 상당한 기대를 걸고 있습니다.

　그런 채린이 고등학교에 입학한 지 얼마 지나지 않아서 학교생활이 힘들다며 투정을 부리기 시작했습니다. 그러더니 1학년 2학기를 마치고는 학교생활을 할 수가 없다며 다른 학교로 전학을 가고 싶다고 말합니다. 그도 아니면 학교를 그만두고 검정고시를 보겠다며 소란을 피우고 있습니다.

　부모가 나서서 달래고 꼬드겨 보았지만 채린은 생각을 바꾸지 않고 있습니다. 주변 사람들의 조언에 따라 상담소에 가서 상담도 해 보았지만 소용이 없었습니다.

　채린의 변은 이 학교에서는 아무리 노력해도 바라는 만큼 좋은 내신 등급을 얻을 수 없다는 것입니다. 그래서 지금 내신 성적으로는 좋은 대학에 진학할 수 없으니 더 좋은 방법을 찾아야 한다는 것입니다.

채린이 학교에 다닐 때만 해도 필자가 재직하고 있는 학교는 우리 지역에서 공부를 잘하는 학생들이 다니는 우수한 학교였습니다. 그러니 중학교에서 좋은 성적을 거뒀던 아이들일지라도 좋은 내신 성적을 얻는 일이 쉽지 않았습니다. 그래서 공부를 잘하는 아이들 가운데는 내신 성적을 고민하는 아이들이 많았습니다.

이런 이유를 들어 2학년이 된 채린은 지금 자퇴를 하겠다고 합니다. 그러니 부모의 고민이 이만저만이 아닙니다.

지금까지 잘 지내오던 아이가 학교를 그만두겠다고 합니다. 그것도 공부를 잘하는 아이가 공부하는 일이 힘들다며 못 하겠다고 합니다. 참 알다가도 모를 일입니다. 조금만 노력하면 제 성적에 맞는 좋은 대학을 찾아 갈 것 같은데, 다른 방법을 찾아보겠다고 합니다.

집에서 채린이 하도 고집을 피우고 있으니까 부모가 불편해졌습니다. 채린을 잡고 꼬드기고 사정도 해 보았습니다. 부모의 바람이 하도 간절해지자 채림은 자기 고집을 누그러뜨리고 한 학기 정도 더 다녀보기로 했습니다. 얼마간은 학교에 잘 다니는 것 같았습니다. 그런데 채린은 학교에 나가 겨우 출석만 할 뿐 공부를 아예 하지 않고 지냅니다. 그래서 성적이 더 엉망이 되었습니다. 그러더니 2학년이 되자, 아예 학교에 그만 다니겠다고 아주 발을 뻗고 있습니다.

부모는 채린이 성적에 상관없이 학교를 잘 다녀서 정상적으로 졸업만 하면 좋겠다고 말합니다. 그러나 채린은 그것조차도 거부하고 있습니다. 그러니 부모 마음은 한없이 불편하기만 합니다.

채린의 주장이 워낙 강하다 보니 부모는 이제 전학을 보내든지, 아니면 자퇴를 하든지 결정해야 할 시점이라고 생각했습니다. 이제 더 이상 시간을 끌어서는 안 되겠다는 생각을 한 것입니다. 채린의 엄마는 이런 사정을 필자에게 말하면서 도움을 청했습니다. 엄마는 아무리 생각해도 채린을 이해할 수 없다며 선생님이 만나서 속사정이라도 알아봐 달라는 것입니다. 그래서 필자는 채린을 상담실로 불렀습니다.

필자는 채린을 부르긴 했지만 난감했습니다. 채린은 그동안 여러 선생님들과 상담하면서 훌륭한 조언과 해결책을 전해 들었습니다. 이미 다른 선생님들이 도와줄 만큼 도와준 결과가 자퇴였으니, 필자라고 해서 별다른 뾰족한 대안이 없었기 때문입니다. 그래도 부모의 간절한 요청이 있고 또한 채린에게 어떤 도움을 줄 만한 실마리가 남아 있을지도 모르겠다는 생각이 들어 만나게 되었습니다.

채린이 상담실에 왔습니다. 예상했던 대로 채린의 반응이 시원찮았습니다. 채린의 싸늘한 표정은 이미 결정났다는 신호로 보였습니다. 채린의 냉정한 표정은 마치 벽을 향해 말하는 것같은 느낌을 주었습니다. 한 시간 남짓 상당한 시간이 지나자, 채린이 조금 풀어진 태도를 취했습니다. 그래서 대화를 나눌 수 있었습니다.

말을 들어 보니 채린의 고민은 내신 성적 문제나 전학, 그리고 자퇴하는 것이 아니었습니다. 성적이 낮아서 좋은 대학에 진학하지 못할 것에 대한 염려도 아니었습니다. 채린은 주위 사람들이 생각하지도 못한 이유로 자퇴를 원하고 있었습니다. 채린의 고민 이야기는 뒷 장에서 말씀드리기로 하고, 우선 여기에서는 채린의 사례를 통해 자녀들이 대화에 응하지 않은 이유, 즉 대화를 거부하는 원인에 대해 말씀드리려고 합니다.

가정에서 자녀들에게 무슨 일이 생기면 부모들은 대개 "왜 그랬니?", "왜 그러니?", "왜 그래?", "무엇 하러 거기 갔어?" 등과 같이 원인을 물으면서 대화를 시작합니다.

채린이 학교에 가지 않겠다고 하자 채린의 부모도 그랬습니다. "왜 그래?", "왜 학교 가기 싫어?", "왜 그런 생각이 들었어?"라고 물었습니다. 그 일의 원인을 파악하려고 한 것입니다. 그러자 채린은 좋은 성적과 전학, 그리고 자퇴를 말했습니다. 얼른 보면 지극히 당연하고 적절한 대답처럼 보입니다. 이런 일을 만나면 부모뿐만 아니라 누구든지 이렇게 말하면서 접근하기 쉽습니다. 더구나 이런 물음은 문제의 핵심을 정확히 파악한 다음, 그 문제에 대한 해결 방법을 얼른 제시해 줄 수 있어서 좋은 접근 방법처럼 보입니다. 하지만 이런 질문들은 듣는 아이의 마음을 불편하게 만드는 걸림돌이 됩니다.

왜냐하면 이런 말들은 상대의 잘못이나 책임을 추궁하는 말로, 듣는 사람의 마음 상태를 당장 움츠러들게 만들기 때문입니다. 실감이 나지 않는다면 실제로 내가 이런 말을 직접 들었다고 생각해 보십시오. 그러면 금세 느낄 수 있을 것입니다.

"너, 왜 거기에 갔니?"

"너, 왜 그런 일을 했어?"

"왜 그랬느냐 말이야?"

"너는 왜 그렇게 덤벙대니?"

"너는 왜 그리 답답하니?"

"넌 왜 그렇게 말을 못 알아듣니?"

직접 들어보니 어떤 기분이 드는지요? 당장 불편한 감정이 들 것입니다. 누구든지 이런 질문을 받으면 당황하게 됩니다. 왜냐하면 어떻게 해서든지 그 물음에 알맞는 답을 내야 할 것 같은 의무감을 느끼기 때문입니다. 만일 질문자의 의도에 맞는 원인과 이유를 설명하지 못하면 무능하거나 부족한 사람으로 보일 수 있다는 부담을 주기도 합니다. 그래서 이런 말들은 대화를 불편하게 만드는 말들이라 할 수 있습니다.

또 이런 경우도 보겠습니다. 아침에 등교하면서 자녀가 "엄마, 숙제를 못 했어요."라고 말합니다. 그러면 부모들은 당장 "왜, 못 했니?"처럼 물어봅니다. 그러면 아이는 "어제 밖에서 늦게 돌아와 못 했어요."와 같은 반응을 합니다. 그러지 않으면 "아이 참, 큰일인데."와 같은 반응을 보일 수 있습니다. 설령 물음에 타당한 답을 마련하더라도 아이는 그 다음 이어지는 부모의 말, "그러니까 뭐라 했니? 일찍 들어와서 숙제를 먼저 해 놓고 놀라고 하지 않았니?"와 같은 말로 이어질 것을 알고 있습니다. 아이 입장에서 보면 이런 말은 결코 듣고 싶지 않은 말입니다. 그러니 대답을 머뭇거리게 됩니다. 그래서 자녀들은 부모에게 합당한 답을 하더라도 '왜?'라는 물음을 만나면 불편을 겪게 됩니다. 만일 어설픈 답이라도 하지 못하면 더욱 큰 부담을 느끼게 됩니다. 그러니 이런 말들은 대화를 그만 두게 만드는 걸림돌이라 할 수 있습니다.

참 재밌는 사실은 사람들은 이런 대화법을 누구에게 특별히 배우지 않았는데도 불구하고 잘 구사합니다. 그러면 어른들은 대화 주체들을 불편하게 만드는 이런 대화법을 어디에서 배운 걸까요?

아마 사람들이 성장하면서 만나게 되는 가정환경과 교육환경에서 스스로 터득하게 되지 않았나 생각해 봅니다. 사람들은 어렸을 때부터 부모로부터 "왜 그랬니?", "왜 그래?"와 같은 말들을 꾸준히 들으며 성장했습니다. 그리고 학창시절에는 종종 교사로부터 "왜?"라는 질문을 통해 수업시간에 적극적으로 참여할 것을 독려 받기도 했지요. 사회 분위기 역시 그렇습니다. 어떤 대상이나 사안에 대해 의문을 품는 행위가 개인의 성장을 돕는 밑거름이 된다며 '왜'라는 질문을 가질 것을 끊임없이 부추깁니다. 그래서 그런지 우리는 어떤 상황에 맞닥뜨리면 부지불식간에 "왜?"라는 말을 곧잘 사용하곤 합니다.

우리가 기억해야 할 것은 이런 말은 대화에 참여하는 공동체들을 불편하게 만든다는 사실입니다. 필자는 이런 말을 꼭 사용할 필요가 있다면 과학이나 수학시간에 궁금증이 있을 때, 한정해서 사용하는 것이 좋다고 생각합니다. 그 외에 대화에서는 사용하지 않는 것이 바람직하다고 생각합니다. 자녀와 좋은 대화를 원하시나요? 혹은 자녀와 좋은 감정을 주거니 받거니 하고 싶나요? 그러면 '왜?'라는 말을 줄이면 됩니다.

선생님이 건네는 마음 처방전

1) 상비약 조제 실습

※ 다음 상황을 보고 평상시 내가 할 수 있는 말을 써 보기 바랍니다.

상황 ① 집에 돌아온 아이가 "오늘 학교에서 선생님에게 소리를 들었어요."
　　　합니다.

행동: _____

상황 ② 자녀가 "오늘 학교에서 필통을 잃어버렸어요."라고 합니다.

행동: _____

상황 ③ 내일 할머니 집에 가려고 하는데 자녀가 가지 않겠다고 합니다.

행동: _____

2) 상비약 사용 설명서

약 명	부작용
"왜 그러니?"	· 마음을 불안하게 만듭니다. · 얼른 대답을 해야 할 것 같이 부담을 줍니다. · 합당한 답을 하지 못하면 무능하다는 자아의식을 갖게 됩니다.
탐문하는 말	· 대화를 꺼리게 만듭니다. · 논리적인 말을 해야 할 것 같은 부담을 줍니다. · 추궁 받는다는 느낌을 줍니다.
추궁하는 말	· 강한 책임을 느끼게 만듭니다. · 대화 상황을 불편하게 만듭니다. · 대화를 짧게 만듭니다.

3) 주의사항

> · 관계를 해치고 싶은 사람이거나 만나고 싶지 않은 사람에게는 사용해도 무방합니다. 하지만 행복한 가정을 원한다면 가족에게 사용하지 마시오.

4) 상비약 복용법

① 탐문하는 말은 대화를 막는 장애물이라는 것을 기억하시오.

② 내 말에 이런 유의 말의 빈도를 생각해 보시오.

③ 짐작으로 자녀를 판단하지 마시오.

④ 아이의 태도나 반응은 내 언어의 결과임을 인정하시오.

대화 기피제,
원인 분석과 진단

　앞의 사례에서 만났던 채린의 이야기를 계속 들어보겠습니다. 채린은 성적이 크게 뒤지지 않는데 성적을 탓하고 있습니다. 그렇다고 친구 관계에 문제가 있는 것도 아닙니다. 그런데 학교생활이 어렵다고 합니다. 겉으로 보기에는 특별한 문제가 없는 것처럼 보입니다. 그런데 계속해서 자퇴를 주장하고 있으니 부모나 교사들이 난감해 하고 있습니다.

　필자는 채린과 상담하면서 무슨 말로 실마리를 풀어갈까 고민했습니다. 그래서 그동안 채린에게 도움을 주었던 선생님들과 나누었던 대화 내용을 물었습니다. 선생님들이 해 주셨던 말들과 필자의 말이 겹칠까 염려되었기 때문입니다. "그동안 부모님이나 선생님들과 나누었던 이야기들을 듣고 싶구나?"

　"부모님요? 부모님은 '왜, 학교에 가지 않으려고 하느냐? 하시기에 제가 '학교에 다녀봤자 내신 성적 때문에 좋은 대학에 진학할 수 없어요. 그러니 학교에 다니는 것이 의미가 없어요.'라고 했습니다."

"그럼 다른 분들은?"

"학교에 다니지 않으면 앞으로 무엇을 할 것이며 어떻게 살아갈 것이냐?고 물었습니다. 그래서 제가 '제 인생은 제가 알아서 살아갈 테니 걱정 마시라고 했습니다.'고 했습니다."

"그동안 제가 만났던 분들은 모두 제 자퇴 결정에 동의할 수 없다고 하셨습니다. 그리고 '우선은 지금 성적으로 만족하면 좋겠구나. 그리고 네가 네 의지대로 잘 생활하려면 너무 급하게 하지 말고, 보다 더 치밀한 계획을 세워서 잘 결정하면 좋겠다'라는 조언을 해 주셨습니다."

채린은 1년 동안 여러 선생님들과 상담하면서 유익한 조언을 들었습니다. 그 말씀들은 모두 채린에게 유익하고 도움되는 말들이었습니다. 뿐만 아니라 모두 적절하고 합당한 진단과 처방들이었습니다. 그런데 채린의 마음은 전혀 달라지지 않고 있습니다. 오히려 지금은 처음보다 더 자퇴 쪽으로 기울어진 느낌입니다. 그동안 그렇게 많은 대화와 조언, 충고를 들었는데 채린이 변화되지 않고 있는 것입니다. 참 난감한 일입니다.

이런 경우 어떻게 하는 것이 채린에게 실질적인 도움이 될 수 있을까요? 그 실제적인 방법은 5장에서 다루기로 하겠습니다. 여기에서는 그 원인을 알아보려고 합니다. 그러기에 앞서 이런 일을 만나면 보통 사람들이 해결해 나가는 과정을 한번 살펴보겠습니다.

사람들은 이런 일을 만나면 먼저 그 일의 원인을 찾으려고 합니다.

그래서 따져보고 분석합니다. 이런 접근은 매우 합리적인 방법이라서 현명한 일처럼 보입니다. 그래서 사람들은 이 방법을 즐겨 사용합니다.

채린의 부모도 그랬던 것 같습니다. 채린이 자퇴를 말하니까 자퇴 원인을 찾으려고 고심했습니다. 그래서 "왜 학교에 가지 않으려고 하니?", "왜 자퇴를 하려고 해?", "너, 왜 그러니?"라는 말로 접근해 갔습니다. 그러자 채린은 앞서 살펴봤던 것처럼 물음에 타당한 원인을 알려드리려고 "공부가 잘 안돼요. 내신성적이 엉망이에요."라고 말했던 것입니다. 물음에 대한 그럴듯한 답을 내놓은 것입니다. 그러자 부모는 또 거기에 맞는 대책을 고민했습니다. 그런 다음, 다시 채린이 공부가 안 된다고 하는 그 원인을 찾아 분석하고 진단해 주었습니다.

"맨날 컴퓨터 검색이나 하고, 공부에 집중하지 않으니까 그렇지."

"네가 계획적으로 공부를 하지 않아서 그런 것 같아."

"네가 학교에 갈 마음이 없으니,
또 그런 생각으로 공부하니 성적이 오르겠니?"

이렇게 일의 원인을 알았으니 이제는 이 문제에 대한 확실한 해결책을 마련할 수 있게 되었습니다. 부모는 이것을 채린에게 그대로 일러주었습니다. 그러면 이제 채린의 마음이 돌아올 것 같았습니다. 그런데 무슨 일일까요? 채린의 마음은 전혀 달라지지 않았습니다. 이상한 일입니다. 원인을 찾아서 그 대책을 분명히 제시해 주었는데도, 채린이 바뀌지 않은 것입니다.

그렇다면 이 일이 어디에서, 무엇이 문제가 돼서 해결되지 않고 있는 걸까요? 초등학생 현철의 일을 통해 살펴보겠습니다

아들: 아이 참, 나~ 너무 기분 나빠요.

엄마: 밖에서 무슨 일 있었니?

아들: 친구들과 공놀이 했어요.

엄마: 그런데?

아들: 친구들이 내게 공을 주지 않아요.

엄마: 네가 못했나보구나.

아들: 열심히 했거든요.

엄마: 너는 몰라서 그러는데, 네 행동이 원래 좀 굼뜨거든. 공이 오면 잘 받아서 빨리빨리 자기편에게 줘야지.

아들: 아이 참, 엄마까지~

어느 날 아이가 밖에서 친구들과 공놀이를 한 모양입니다. 놀이를 하다 말고 집에 들어와서는 불평을 늘어놓고 있습니다. 친구들이 자기에게 공을 주지 않았다는 것입니다. 아들이 기분 나빠하고 있는 모습을 보니까 엄마는 당장 아들의 마음을 위로해 주고 싶은 마음이 들었습니다. 그래서 엄마는 얼른 그 원인을 찾아내고 분석했습니다. 그런 현상이 벌어진 원인을 찾아 아들에게 세세하게 일러준 것입니다. 그러면 아들이 자기 잘못을 명확히 알게 되어서 기분이 좋아질 것으로 알았습니다. 그런데 대화가 그렇게 진행되지 않고 있습니다. 도리어 아들이 엄마를 원망하는 식으로 끝나고 있습니다.

선한 의도가 어떻게, 이런 엉뚱한 방향으로 흐르게 된 걸까요? 이유는 엄마의 말에 있습니다. 엄마는 아들의 원인을 정확하게 분석해 주었습니다. 이 분석은 틀림없는 말이지만 아들은 이 말에 오히려 기분이 나빠지고 말았습니다. 참 이상한 일입니다.

그 원인들을 따라가 보겠습니다. 일반적으로 사람들은 자기 잘못을 타인이 객관적으로 분석해 주는 것을 불편하게 느낍니다. 그것이 자기 잘못을 지적해 주는 말이기 때문입니다. 마찬가지로 엄마 역시 아들의 잘못을 지적해 주었습니다. 그러니 아들의 마음이 불편해졌던 것입니다. 게다가 지금 아들은 친구들의 태도 때문에 기분이 나빠졌습니다. 이런 상황에서 엄마의 분석은 아들의 마음을 더욱 불편하게 만들었던 것입니다.

또 다른 경우입니다. 학교에 다녀온 아들이 무언가에 화가 난 듯 씩씩거리며 거실로 들어왔습니다.

엄마: 밖에서 무슨 일 있었니?

아들: 경비실 앞에서 경비 아저씨가 저를 혼냈어요.

엄마: 무슨 일이 있었는데?

아들: 경비실 앞에 자전거를 세워두었거든요, 그런데 사람들 다니기에 불편하다며 세우지 말라고 했어요.

엄마: 사람들이 다니는 공간을 막으면 안 되지, 다른 곳에 세우지 그랬어?

아들: 사람들이 다닐 수 있도록 충분한 공간을 뒀거든요.

엄마: 그래도 불편해 보이니 그랬겠지, 너는 어찌 그리 눈치가 없니?

아들: 그 아저씨가 이상해.

엄마: 또 뭘?

아들: 지난번에 친구들과 장난했는데 시끄럽게 떠든다고 또 난리였어요.

엄마: 너희들이 떠드니까 그렇지.

아들: 그게 뭐가 시끄러워요? 아이들이 다 그러는데.

엄마: 조용했는데도 아저씨가 그랬겠어? 너희가 워낙 장난이 심하니 그렇지.

아들: 뭐 그런 거 갖고 그래요. 몰라요. 엄마는 맨날 나만 뭐라 해.

여기 엄마 역시 아들의 잘못이 무엇인지 정확히 찾아서 일러주고 있습니다. 엄마의 말은 객관적으로 보면 틀린 데가 하나도 없습니다. 그런데 이 말을 들은 아들은 짜증을 내고 있습니다. 왜 그럴까요? 이유는 엄마가 말을 잘못했기 때문입니다. 사람들은 문제가 된 일의 원인과 그 분석 내용을 들으면 좋아할 것 같습니다. 그런데 실상은 그 반대로 불편을 느낍니다. 왜냐하면 그 문제의 책임을 본인이 져야 한다는 부담을 갖기 때문입니다.

채린의 경우도 이와 비슷합니다. 부모는 채린의 생활을 분명하게 분석해 주었습니다. 학교성적 하락의 원인으로, '네가 컴퓨터에 집중해서 그렇고', '계획이 없어서 그렇고', '공부 태도가 좋지 않아서 그랬다'고 말해 주었습니다. 분명한 설명을 들었으니, 이제 채린이 달라져야 할 것입니다. 그런데 채린의 마음이 바뀌지 않고 있습니다. 왜 그런 걸까요?

그 이유는 엄마의 말에 있습니다. 엄마는 이 일의 모든 책임을 채린에게 돌리고 있습니다. 엄마의 말에 따르면 모든 책임은 채린 혼자 져야 할 형국인 거죠. 그러니 당장 불편하게 된 것입니다.

공놀이 때문에 화가 난 아들을 대하는 엄마도 친구들로부터 공을 받지 못한 책임을 모두 아들에게 지우고 있습니다. 친구들이 공을 주지 않은 것은 모두 아들의 잘못이라는 것입니다. 그리고 자전거 때문에 경비 아저씨에게 소리를 들었던 아들의 엄마 역시, 그 원인을 아들에게 돌리고 있습니다. 모두 그 일의 원인과 결과를 정확하게 분석해 당장 보기에는 아주 명쾌한 것 같습니다. 그런데 아이의 기분이 풀어지지 않고 오히려 더 나빠지고 말았습니다. 분석과 진단이 가져다주는 폐단입니다. 더욱이 듣는 상대방의 감정이 불편한 상태에 있을 때, 행동 분석이 이루어지면 기분이 더 나빠지게 됩니다.

그러면 대화를 잘 하려면 어떻게 하는 것이 좋을까요? 이 방법의 구체적인 내용은 다음 장에서 설명할 것입니다만 여기서는 간단하게 언급만 합니다. 자녀의 행동을 분석할 것이 아니라, 불편한 마음을 가진 아이, 즉 불편을 겪고 있는 자녀 편이 되어 주는 것입니다.

> "성적이 떨어져 많이 힘들겠구나."
> "친구들이 네게 공을 주지 않아 속이 상하겠구나."
> "너는 바르게 놔뒀다고 생각하는데, 꾸중을 들어 기분이 안 좋겠구나."

사람들은 일반적으로 어떤 일이 벌어지면 그 일의 원인을 찾고, 분석하려고 합니다. 공적인 일에서는 이런 일이 도움이 될는지 모르겠습니다. 하지만 개인 간의 대화에서, 더욱이 부모와 자녀 사이에서 이런 대화는 관계를 불편하게 만듭니다. 자녀들은 이런 대화를 원하지 않습니다. 우리는 채린의 일에서 보았습니다. 정확한 진단과 원인을 찾았는데, 채린은 여전히 학교를 그만두겠다고 합니다. 어떤 형태로든 일의 원인 분석과 진단은 문제해결에 도움이 되지 않는다는 것입니다. 다음에서 실습을 해 보겠습니다.

선생님이 건네는 마음 처방전

1) 상비약 조제 실습

※ 다음 상황을 보고 평상시 내가 할 수 있는 말을 써 보기 바랍니다.

상황 ① 엄마, 친구들이 나를 왕따 시키려고 해요.

행동: _____

상황 ② 엄마, 저는 제 외모에 불만이 많아요. 다른 아이들은 날씬하고 키도 커서 멋진데 저는 그렇지 못해요.

행동: _____

상황 ③ 엄마 나는 내가 잘하는 것이 무엇인지 모르겠어요.

행동: _____

2) 상비약 사용 설명서

약 명	부작용
"네가 늘 놀아서 그렇지 뭘."	· 기분을 나쁘게 합니다. · 문제의 책임을 모두 지게 합니다. · 대화를 하고 싶지 않게 만듭니다.
"연습을 안 하니 할 수가 있겠어?"	· 모든 것을 자녀 책임으로 돌린다. · 잘할 수 있다는 긍정의 의지를 꺾어 놓습니다. · 앞으로도 가능성이 없음을 암시해 부정적인 의식을 심어줍니다.
"그건 네가 잘못한 거야."	· 기분을 나쁘게 만듭니다. · 다른 변명을 할 수 없게 만들어 곤경에 처하게 만듭니다. · 마음의 문을 닫게 만듭니다.

3) 주의사항

> · 이러한 말들을 계속 사용하면 자녀의 자존심과 긍정에너지를 훼손하게 되어 자신
> 감을 잃게 만듭니다. 사용에 주의가 필요합니다.

4) 상비약 복용법

① 나 자신도 자녀와 대화할 때 이러한 화법을 사용하지는 않는지 스스로를
   되돌아보시오.
② 명석하고 명쾌한 분석보다는 따뜻한 말로 표현해 주시오.
③ 무슨 일이든 자녀 편에 서서 말하시오.
④ 자녀에게 변호사가 되어주시오.

관계를 훼손하는 말,
경고·위협·협박

초등학교 4학년인 민재는 이렇게 말합니다. "어른들은 참 이상해요. 우리 엄마는 제가 현석이와 논다고 말하면 집 밖에 나가지 말래요. 엄마는 자기 친구들과 늘 같이 어울려 놀면서 저는 못 하게 해요. 이상하지요?"

고등학교 1학년인 재영이는 상담실에 오더니 다짜고짜 불평을 늘어놓습니다. "선생님! 어른들은 왜 그래요? 우리들을 로봇과 같은 기계로 아나 봐요. 자기들이 원하는 대로 하라고 해요. 우리 엄마는 공부 안 하면 용돈을 줄이겠대요. 참 나, 웃겨서요."

고등학교 2학년인 소연은 "우리 아빠는 제게 '너 그렇게 휴대폰 갖고 놀면 압수할 거다.'라고 말하시더니 글쎄 한 달 동안 휴대폰을 빼앗아가셨어요. 엄마 아빠는 하루 종일 휴대폰을 달고 살면서 우리들만 못 하게 해요. 그러면 어른들에게서도 휴대폰을 빼앗아야 하잖아요. 그래도 되는 거예요?" 합니다.

아이들 말을 듣다 보면 어른들은 참 못된 것 같습니다. 어른들이라고 해서 정말 이래도 되는 걸까요?

아이들의 불평을 들어보면 셀 수도 없이 많습니다. 우리 엄마는 공부만 하라고 한다든지, 우리 아빠는 컴퓨터를 못 하게 한다는 둥, 물건을 허락 없이 샀다는 둥, 집에 늦게 들어온다고……. 아이들마다 각자 처한 환경과 정도 차이는 있지만 부모를 향한 아이들의 불평불만은 이만저만이 아닙니다.

아이들의 불평을 들어보면 모두 부모들이 아이들의 행동을 제약하면서 생긴 것들입니다. 아이들이 잘못하면 부모들은 자녀의 행동을 제한하거나 혹은 수정해 주고 싶은 마음이 들어서 좋은 의도로 벌을 주기도 합니다. 그동안 주었던 혜택을 줄이는 것으로 대가를 치르게 합니다. 그런 벌들은 대개 이런 것들입니다.

"공부 안 하면 용돈을 줄이겠다."

"밖에 나가지 못하게 하겠다."

"휴대폰을 빼앗겠다."

부모의 이런 경고나 협박을 들으면 자녀들은 어쩔 수 없이 부모 의지를 수용합니다. 물론 이렇게 말하면 자녀의 행동을 조금 제약하는 것은 가능할는지 모르겠습니다. 하지만 부모가 바라는 자녀의 행동 변화는 기대하기 어렵습니다. 이는 자녀의 마음을 상하게 만들고, 저항하고 싶은 마음을 불러일으키기 때문입니다. 따라서 이런 방법은 자녀뿐만 아니라 인간관계에서도 좋지 않은 일이라 하겠습니다.

이런 경우를 보겠습니다. 엄마와 자녀가 함께 옷을 사러 갔습니다. 자녀가 옷을 고르기 시작하면 부모들은 "네 마음에 든 옷을 마음대로 골라라."라고 하면서 좋게 시작합니다. 그러다가 아이가 정작 입고 싶은 옷을 골라들면 엄마 태도는 달라집니다. 부모는 자신들이 경험했던 온갖 조건들을 들어가며 그 부당함을 설명하기 시작합니다. "그것은 네 얼굴빛과 어울리지 않는구나.", "이게 더 나아 보이는데~", "이것은 이 부분이 마음에 들지 않는구나."와 같이 자녀가 고른 옷을 가지고 자기 생각으로 재단합니다. 물론 자녀에게 조언이나 충고를 하는 일은 어느 정도 좋다고 생각합니다.

그런데 많은 부모는 거기에서 그치지 않고 아이의 판단과 선택에 적극 개입하기도 합니다. 이때 만일 자녀가 부모 자신의 뜻을 수용하지 않으면 부모는 강력한 무기를 동원하기도 합니다. "너 엄마 말 안 듣다가 나중에 후회한다. 네가 알아서 해, 난 책임 못 진다."와 같은 유의 말들이 그것입니다. 그러면 자녀는 부모의 권유를 마지못해 수용하며 마무리합니다. 이때 자녀들은 '만일 내가 고른 옷을 구입했다가는 나중에 문제가 생기면 어떻게 하지?'와 같은 두려움을 갖게 됩니다. 수용이 정말 싫은 아이의 경우, 입을 닫고 자기 생각을 말하지 않기도 합니다. 이런 대화는 모두 부모들이 자녀에게 위협의 수단을 가하면서 벌어진 일입니다. 좋은 대화 방법이라고 할 수 없습니다.

부모의 이런 대화 방식은 대화 단절만 가져오는 것이 아닙니다. 자녀의 의지를 꺾어놓고, 긍정의 힘마저 빼앗는 일이 됩니다. 때문에 이런 대화는 자녀 내면에 부정적인 요소들이 쌓이게 만듭니다.

부모의 과도한 개입으로 자신감이 상실된 아이들은 어떤 일을 결정할 때에 쉽게 결정하지 못하고 머뭇거리게 됩니다. 이것들이 잦아지면 자녀는 판단 장애현상을 보입니다. 우유부단해지는 것이지요. 따라서 이런 '경고'나 '위협' 등은 자녀들에게 사용해서는 안 될 말입니다. 부모들이 흔히 사용하는 이런 말들을 보겠습니다.

"너 그렇게 컴퓨터 앞에만 앉아 있으면 컴퓨터 내다 버린다."

"너 그렇게 하면 나중에 후회한다."

"얼른 자, 그렇지 않으면 내일 공원에 안 데리고 간다."

"당장 그만둬, 그렇지 않으면 집에서 쫓아낸다."

"숙제를 안 하고 놀면 선물 없다."

모두 자녀에게 협박하는 말들입니다. 한번 생각해 보겠습니다. 어느 날 내가 직장 관리자로부터 "이렇게 하면 당신 성과급 없어요."라는 협박성 말을 들었다고 가정해 보겠습니다. 이럴 때 나는 어떤 느낌이 들까요? 매우 불쾌하고 불편한 기분이 들 것입니다. 당장 그 직장을 때려치고 싶은 마음도 들 수 있습니다.

사람은 누구나 자신에게 경고하고 위협하는 사람과 대화하는 것을 꺼립니다. 자녀들도 마찬가지입니다. 이런 말을 들으면 마음이 불편해질 뿐만 아니라 부모를 향한 원망이나 분노를 마음 한 구석에 쌓아두게 됩니다. 이런 일이 잦아지면 잦아질수록 자녀들은 속으로

'그러면 두고 봐라. 내가 어떻게 하나'와 같은 생각을 합니다. 지금은 어려서 부모에게 어떻게 저항하거나 반박하지 못하지만 언젠가는 부모에게 보복할 것을 생각하게 됩니다.

자녀들의 보복 방식은 대개 이런 형식으로 나타납니다. 가장 흔히 보이는 현상으로는 부모를 대하는 태도가 냉정해진다는 것입니다. 부모가 먼저 다가가 다정하게 대화를 나누자고 해도 자녀들은 망설이거나 거부합니다. 부모가 호의를 베풀어도 탐탁지 않게 여깁니다. 이런 자녀의 반응에 부모들은 '저 자식이 왜 저러는 거지?' 하면서 고개를 갸우뚱거리겠지요. 자녀들은 지금 부모에게 보복하고 있는 것입니다.

아이들의 이런 태도를 만나면 부모들은 자녀들이 버릇없고 못되었다고 생각할 것입니다. 하지만 이런 자녀들의 태도는 부모들이 평상시에 자녀들에게 보내는 다중 신호에 대한 불만의 표시입니다. 부모가 그간 자녀들에게 보였던 행동, 자녀들의 욕구나 관심을 꺾고 무시하고, 원인 분석해서 책임을 지우고, 경고나 협박하는 양육태도에 대한 결과로 나타난 것입니다.

우리는 뉴스를 통해 자녀들이 표출한 불편한 내용, 자녀가 부모를 해치는 일과 같은 소식을 종종 접합니다. 이런 일들은 자녀들의 마음에 분노가 쌓였다가 폭발하면서 빚어진 결과들입니다. 따라서 자녀 양육에서 유의해야 할 것은 자녀에게 경고하거나 위협하는 말을 사용해서는 안 된다는 점입니다. 꼭 기억하면 좋겠습니다.

선생님이 건네는 마음 처방전

1) 상비약 조제 실습

※ 다음 상황을 보고 평상시 내가 할 수 있는 말을 써 보기 바랍니다.

상황 ① 초등학교 4학년인 지훈은 매일 하는 학습지를 못 하겠다고 합니다.
행동: _____

상황 ② 집에 들어온 아들이 몇 시간째 컴퓨터만 하고 있습니다.
행동: _____

상황 ③ 딸이 며칠째 새 스마트폰을 갖고 싶어 합니다.
행동: _____

2) 상비약 사용 설명서

약 명	부작용
"~하면 그것 해 줄게."	· 창의적이지 않고 조건만큼만 하게 됩니다. · 자율성을 해칩니다. · 실행과 목적을 달리 생각하게 만듭니다.
"그것 안 하면 국물도 없다."	· 짜증을 불러일으킵니다. · 반항을 유발합니다. · 부정적인 인식을 심어 줍니다.
"그렇게 말을 듣지 않을 거면 집을 나가!"	· 저항을 불러일으킵니다. · 원한을 품게 만듭니다. · 마음의 문을 닫게 만듭니다.

3) 주의사항

· 이러한 말들을 계속 사용하면 자녀의 마음에 저항심을 키우게 됩니다.

4) 상비약 복용법

① 경고와 위협은 자극이 강한 말입니다. 가급적 사용하지 마십시오.
② 상대방으로부터 경고와 위협적인 말을 들었을 때의 기분을 생각해 보십시오.
③ 누군가에게 경고가 깃든 말이나 위협적인 말을 전하고 싶을 때, 이런 말을 대체할 만한 말들을 생각해보십시오.

좋은 대화의 출발, 행동 말하기

    우리는 앞에서 엄마의 간섭이 싫다며 불평하는 아이, 그리고 엄마와 대화를 끊고 지내는 세영의 사연을 본 적이 있습니다. 세영의 경우 엄마가 자기 생활을 일일이 시시콜콜 간섭하는 것이 싫다며 엄마와 말을 하지 않고 지낸다고 합니다.

    세영이 말하는 시시콜콜한 간섭이란 대부분 "옷을 그렇게 생각 없이 입느냐?", "신발이 그게 뭐냐?", "왜 늘 컴퓨터만 하고 있니?", "생각 없이 인터넷에서 이것저것 사는구나……." 등입니다.

    또 앞에서 만났던 중학교 2학년 민석이의 이야기도 기억해 보겠습니다. "우리 엄마는 자기 생각만 옳다고 주장해요. 학원 수업을 마치고 집에 들어갔더니, 엄마는 저보고 "오늘 학원에 안 갔지?" 하고 물어 오시는 거예요. 그래서 제가 갔다고 대답했어요. 그런데 엄마는 제 말을 못 믿으시는지, "그러면 왜 학원선생님이 전화를 해?"라고 또 물어오시더군요. 그래서 저는 더 큰 목소리로

'갔어요. 조금 늦게 갔어요.'라고 대답했어요. 그랬더니 엄마는 다시 '너 또 PC방에 갔었지?'라며 저를 추궁하시는 거예요. 엄마는 내 생활을 왜 이렇게 간섭하시는지 모르겠어요. 전 그날 친구가 자전거를 새로 구입해서 자전거 구경하느라 조금 늦게 학원에 갔을 뿐이에요. 그런데 엄마는 그 사실도 제대로 모르면서 저를 무조건 의심하셨어요. PC방에 갔다며 엄청 야단치셨어요. 저는 PC방에 가지 않았기 때문에 강하게 아니라고 말한 거거든요. 아니라고 말하니까 엄마는 제가 반항한다고, 버릇없는 아이라고 꾸중하셨어요. 그래서 전 그날 엄마와 심하게 다퉜어요."

우리는 지금까지 자녀와의 대화가 불편해지는 요인들에 대해 살펴봤습니다. 그것들 대부분은 부모의 언어와 태도에서 비롯된 것이라고 했습니다. 부모들이 자녀의 행동을 추측하고, 원인을 분석하고, 비난하거나, 탐문, 경고, 위협하는 말들을 했기 때문이라고 했습니다.

이런 말들은 모두 듣는 순간 사람의 기분을 상하게 만들어 대화가 어색하게 되거나 불편하게 된다고 말씀드렸습니다. 결과적으로 우리 가정에서 이루어지는 대화가 이런 화법으로 인해 잘 이루어지지 않습니다. 그리고 가정에서 일어난 불편한 일들의 다수는 부모가 그 원인을 제공한 것이라는 점도 말씀드렸습니다.

사람들은 가정에서 대화가 없거나 부족한 이유로 환경이나 시간 부족, 혹은 생활의 바쁨 등을 듭니다. 하지만 필자의 견해는 가정에서 부모와 자녀의 대화가 이루어지지 않는 가장 근본적인 원인은 바로 부모들의 언어와 태도에 있다고 봅니다. 부모들의 언어와 태도가 대화의 걸림돌이 된다는 말입니다. 어쩌다가 겨우 자녀와 대화를 시작하게 되더라도 부모들이 대화를 불편하게 만드는 말을 사용해서 대화를 망가뜨려 놓습니다. 그러니 가정에서 대화가 줄어드는 것이죠. 결국 소통의 부족은 부모들이 자초한 일이라고 할 수 있습니다.

부모들이 이런 환경을 조성하는 이유는 대화를 싫어해서가 아닙니다. 이유가 있다면 대부분 효과적인 대화 방법을 모르기 때문입니다. 그래서 여기에서부터는 자녀와 대화를 나누는 효과적인 방법을 다루고자 합니다.

대화를 불편하게 만들지 않기 위해서는 부모들이 가장 먼저 해야 할 일이 있는데, 그것은 행동을 말하는 방법을 알고 실천하는 것입니다. 앞 장에서 다루었던 자녀의 행동을 구분하는 일보다 더 기초적인 것이라 할 수 있는데요. 행동을 말하는 방법을 행동 구분과 비교하면서 설명해 보겠습니다.

행동 구분은 앞 장에서 말씀드린 것처럼 자녀의 행동을 불편을 느끼는 주체에 따라 나눠보는 일이었습니다. 이는 수용의 폭을 결정해 주었지요.

그동안 부모들이 자녀와 대화에서 어려움을 겪었던 이유는 자녀들의 행동 하나하나를 모두 같은 행동으로 보고 대응해 왔기 때문이라고 했습니다. 예를 들어 자녀가 예의에 어긋나는 행동을 했습니다. 그러면 부모는 자녀를 훈계하거나 "~해야 한다."라는 식의 지시나 명령을 합니다. 또한 자녀가 속이 상해 마음이 불편하다고 합니다. 그럴 때에도 부모는 훈계나 명령을 내리곤 합니다. 다시 말하면 자녀들끼리 다툼을 하면 "하지 말아라.", "그만해라." 등과 같은 명령이나 훈계를 하고, 자녀가 부모의 속을 썩여도 훈계하고 명령하고 하는 식입니다. 그러니까 자녀의 행동이 어떻든 간에 행동의 종류와는 상관없이 부모들은 일관되게 같은 방법으로 자녀에게 응한다는 말입니다.

이런 대응은 마치 이가 아픈데 정형외과를 찾아가 치료해 달라고 하는 것과 같고, 배가 아픈데 치과에 데리고 가는 것과 비슷합니다. 자녀와 좋은 대화를 하기 위해서는 부모들이 아이들의 행동 양상을 보고 그에 따라 알맞은 반응을 보여야 한다고 했습니다. 행동 구분을 잘 하면 자녀와 갈등이나 불편을 상당히 줄일 수 있습니다.

이어서 여기에서는 자녀와의 불편을 원초적으로 차단하는 방법으로서 행동을 말하는 방법을 소개하려고 합니다. 그것은 비교적 단순하면서도 쉬운 방법입니다. 자녀 행동을 보고 있는 그대로 단순하고 선명하게 말하는 것입니다. 자녀의 행동을 보거나 들은 대로 사진 찍듯이 있는 그대로 말하는 것입니다. 어떻게 보면 그동안 유지해온 언어습관과는 조금 다른 방법이라고 할 수 있습니다. 다음 상황을 보면서 이해할 수 있도록 설명해 보겠습니다.

어느 날 자녀가 밖에서 놀다가 집에 들어왔는데, 표정이 보통 때와 다릅니다. 그러면 엄마는 "표정이 왜 그러니? 누구와 싸웠니?"라고 물을 수 있습니다. 하지만 앞서 말한 바와 같이 이런 추궁이나 섣부른 추측은 듣는 상대로 하여금 거부반응을 일으킬 수 있습니다. 때문에 여기에서 제시하고 있는 것처럼 행동을 있는 그대로 "네 표정이 좋지 않아 보이는구나.", "네 표정이 굳어 보이는구나."라고 하는 것입니다.

위의 민석의 사례를 다시 한 번 보겠습니다. 민석은 엄마의 "너 또

PC방에 갔었지?"라는 추측하는 말을 들으면서 거친 반응을 보였습니다. 그러면 이 경우, 어떻게 말하면 좋을까요? 네, 그렇습니다. 말씀드린 것처럼 아이의 행동을 있는 그대로 "오늘 학원에서 전화가 왔었구나."라고 말하면 됩니다. 이렇게 말했다면 갈등 상황은 벌어지지 않았을 것입니다. 그래서 자녀의 행동을 있는 그대로 말하는 것은 매우 중요합니다. 이해가 조금 되었는지 모르겠습니다. 너무 쉬운 말이라, 혹은 아무 것도 아닌 것 같은 제안이라 가볍게 들릴지도 모르겠습니다. 하지만 이 간단한 언어활동을 실천하지 않으면 자녀와 갈등을 자주 겪게 될지도 모릅니다.

이와 관련하여 조금 더 설명해 보겠습니다. 필자가 학교에서 아이들을 지도하면서 경험한 일입니다. 아이들 중에는 친구들과 놀 때 유난히 욕설을 잘 사용하는 아이들이 있습니다. 한 아이가 친구에게 "×새끼"라고 욕을 했습니다. 이런 상황을 만나면 교사는 학생에게 다가가 "욕을 사용하지 말고 고운 말을 쓰면 좋겠구나."라고 지도합니다. 이때 교사의 기대는 "네, 알겠습니다."라고 하면서 자기 잘못을 반성하고 수정하는 일 정도입니다.

그런데 이 말을 들은 학생은 이렇게 반응하지 않고 "선생님, 이것은 욕이 아니에요, 장난이에요." 합니다. 아이는 "×새끼"를 '욕'으로 사용하지 않고 '장난'으로 했다는 것입니다.

교사는 욕이라 하고, 지도 받는 아이는 욕이 아니라고 합니다. 순간 참 난감해지기 십상입니다. 이런 경우 교사는 당장 "뭐야, 이것이 욕이 아니라고?" 하면서 꾸중하고 싶어집니다. 그렇지 않으면 학생과 언쟁을 벌여야 할지도 모를 일입니다.

생각해 보겠습니다. 선생님은 어떻게 해서 이런 상황을 만나게 된 걸까요? 그렇습니다. 교사가 학생의 행동을 있는 그대로 표현하지 않아서 벌어진 일입니다. 교사가 'x 새끼'라는 말을 놔두고, '욕'이라는 말을 사용했기 때문입니다. 결국 지도하는 교사가 잘못해서 벌어진 일입니다.

이 상황을 조금 더 깊게 들여다보겠습니다. 학생이 욕이 아니라고 하면 교사는 참 난감해집니다. 아이가 '욕'을 '욕'이라고 인정하지 않으니까 교사는 '욕'의 정의부터 아이에게 설명해 주어야 합니다. 그 다음, 욕의 폐단을 말하고, 그 다음, 욕 사용에 대한 부당함을 일러 주어야 합니다. 이렇게 되면 매우 비효율적인 지도가 되고 맙니다. 그래서 교사도 학생의 행동을 언급할 때 유의해야 합니다.

부모들도 자녀와 대화할 때 이 점을 염두해 두면 좋습니다. 자녀의 행동을 있는 그대로 말하는 것입니다. 행동을 있는 그대로 표현하면 대화의 내용이 선명해질 뿐 아니라 대화가 다른 곳으로 흐르지 않도록 도와줍니다. 게다가 불필요한 언쟁을 줄여주고, 무엇보다 관계를 훼손하지 않습니다. 따라서 부모들은 자녀들의 행동을 있는 그대로 말해야 한다는 점을 기억하면 좋겠습니다.

그러면 3장 처음 사례에서 만났던 세영의 이야기도 이런 관점에서 살펴보겠습니다. 세영이 저녁 식사 시간에 맞춰 집에 들어왔습니다. 그러자 엄마가 저녁밥을 먹으라고 권합니다. 이 말을 들은 세영은 "나중에 먹을게요."라고 말합니다. 엄마가 다시 "너 밖에서 뭐 먹었구나."라고 말하자, 이때 세영은 반항적인 태도를 보였습니다. 그러면서 불편한 상황이 되고 말았습니다. 이는 세영의 잘못도 있지만 역시 엄마 잘못이 크다고 할 수 있습니다.

왜 그런지 우리는 이제 알 수 있습니다. 그러면 엄마는 어떻게 말해야 할까요? 네 그렇습니다. 자녀의 행동을 있는 그대로 말하는 것입니다. "지금 밥 먹을 생각이 없고 나중에 먹겠다는 말이구나."처럼 하는 것입니다. 그러면 상대방은 자기 의도와 맞아떨어지는 말이므로 "네." 하면서 바로 수긍하게 될 것입니다. 수긍하게 되면 불편이나 다툼으로 이어지지 않습니다.

그러면 여기에서 '식사를 다시 준비해야 하는 엄마의 불편은 어떻게 해야 할까요?'라는 의문이 생깁니다. 이러한 자녀의 태도를 무조건적으로 인정하다 보면 양육자인 부모의 심정이 불편해질 수 있다는 말입니다. 어떤 부모는 "부모가 자식만을 그렇게 염려해야 하나요?" 이렇게 반문할지도 모르겠습니다. 앞으로 계속 다루겠습니다만 그런 생각은 하지 않아도 됩니다.

우선 간단하게 답해 드리면 부모 역시 자신이 처한 형편, 느끼는 마음 상태를 있는 그대로 말하면 됩니다. 위의 상황에 대입해보자면 엄마는 자녀에게 이런 말을 할 수 있을 것입니다. "네가 지금 밥을 먹으면 엄마가 다시 차리지 않아도 돼서 그래.", "엄마가 다시 차리는 불편이 없을 것 같아서 그래.", "엄마가 번거로울 것 같아서 그래." 이런 식으로 엄마가 느끼고 있는 마음 상태를 그대로 말하는 것입니다.

이처럼 자녀의 행동을 과장하거나 확대하지 않고 있는 그대로 말하는 것은 가족들의 기분을 상하지 않도록 도와주는 마법과 같은 화법입니다. 그러면 이제 그 마법의 언어를 연습해 보도록 하겠습니다. 상대의 행동을 보고 그것을 있는 그대로 말하는 연습입니다.

선생님이 건네는 마음 처방전

1) 상비약 조제 실습

※ 다음 상황을 보고 평상시 내가 할 수 있는 말을 써 보기 바랍니다.

상황 ① 아이는 평소에 공부를 열심히 하지 않았습니다. 그런데 오늘 중간고사를 치르고 온 아이가 "아이, 시험을 망쳤어."라고 합니다.

행동: _____

상황 ② 아이가 과자를 네 봉지째 먹고 있습니다. 그만 먹으면 좋겠다고 생각합니다.

행동: _____

상황 ③ 아이가 늦은 밤 10시까지 친구와 놀려고 합니다.

행동: _____

상황 ④ 엘리베이터에서 만난 이웃집 아이가 인사를 하지 않고 그냥 서 있는 모습을 봤습니다. 이 상황을 가족에게 말하려고 합니다.

행동: _____

2) 상비약 사용 설명서

약 명	부작용
추측하는 말	거의 맞출 수 없습니다. 반항심을 불러일으킵니다. 부정적 이미지를 줍니다.
짐작하는 말	불쾌감을 줍니다. 반감을 삽니다. 저항하게 합니다.
평가하는 말	기분을 상하게 합니다. 관계를 단절시킵니다. 대화를 잘할 수 없습니다.

3) 주의사항

· 관계를 해치고 싶은 사람이거나 만나고 싶지 않은 사람에게는 사용할 수 있으나 가족에게는 사용하지 마시오.

4) 상비약 복용법

① 상대의 마음이나 행동에 대한 추측이 틀릴 수도 있다는 사실을 명심하시오.

② 행동을 그대로 말하려고 하시오.

③ 짐작으로 자녀를 판단하지 마시오.

④ 아이의 태도나 반응은 내 언어의 결과임을 인정하시오.

5) 조제 실습 답

상황① 행동: 시험을 망쳤다고 생각하구나.

상황② 행동: 과자를 네 봉지째 먹고 있구나.

상황③ 행동: 네가 지금 10시까지 놀고 싶어 하는구나.

상황④ 행동: 엘리베이터에서 ~는 인사를 하지 않더라.

자녀 마음 치유
가정상비약

PART 4

사춘기의
이해

사춘기의 원인과 이해

　지수 엄마는 최근 딸의 생활 태도 문제로 고민이 많습니다. 어느 날 어머니가 필자에게 찾아와 "선생님, 우리 지수가 사춘기를 겪고 있나 봅니다. 가족을 대하는 태도가 과거와는 많이 다릅니다. 무슨 말을 해도 반응이 없고 '무슨 일이 있느냐?'고 물어도 대답을 잘 하지 않습니다. 지수가 말을 하지 않으니 제가 너무 힘듭니다."라고 하소연하셨습니다.

　그래서 필자는 어머니에게 지수의 생활을 구체적으로 설명해 달라고 부탁드렸습니다. 다음은 집에서 어머니와 지수가 나눈 대화입니다.

　엄마: 오늘 학교에서 어떻게 지냈니?
　지수: (퉁명스럽게) 별일 없어요.
　엄마: 학교에서는 요즘 무슨 활동을 해?

지수: (귀찮은 듯이) 늘 같은 거 반복해요(곧장 제 방으로 들어간다).

설명을 들은 다음, 필자는 어머니에게 지수가 언제부터 그런 행동을 했는지 물었습니다. 엄마는 "정확하진 않지만 중학교 3년 때부터 그랬던 것으로 기억합니다."라고 했습니다.

엄마는 딸을 도와주려고 나름대로 최선을 다한다고 합니다. 지수가 야간 자율학습을 마치고 늦게 집에 들어오면 지수가 좋아하는 과일을 마련해 놓고 먹으라고 권한답니다. 그래도 지수는 엄마 말을 듣고는 그저 "(성의를 무시하듯이) 됐어요, 안 먹어도 돼요."라고 한답니다. 예전과 분명히 달라졌다고 합니다. 엄마는 지수가 자기 사랑을 외면하고 무시한다는 생각이 든답니다. 그래서 너무 힘들다고 합니다.

요즘 청소년 자녀를 둔 가정에서 자주 볼 수 있는 광경입니다. 그동안 별 탈 없이 생활해 오던 아이가 어느 순간부터 갑자기 말을 하지 않고, 듣지도 않습니다. 부모의 말에 투덜대기도 하고, 짜증을 내기도 합니다. 부모를 대하는 태도가 예전과 많이 달라진 것입니다. 부모는 자녀와 사이좋게 지내고 싶은데 자녀 반응이 예전과 다르니 불편합니다. 그러다 보니 자녀를 뒷바라지하는 기쁨도 줄어들고 생활도 즐겁지 않습니다. 때로는 괜히 삶의 의욕마저 떨어집니다. 이럴 때면 부모는 '부모로서 그동안 자녀에게 들인 정성이 얼마인데~' 하는 생각이 들어 서운한 감정이 들기도 합니다.

부모들이 자녀를 양육하는 모습을 보면 그 서운함이 어느 정도 이해됩니다. 아이가 태어나면 부모들은 아이에게 제일 좋은 옷을 골라 입힙니다. 옷을 세탁할 때에도 세탁기에 돌려서 빨아도 될 것을 그리 하지 않고 정성껏 손빨래를 고집합니다. 그것도 모자라 빨래를 삶아 정성껏 햇볕에 말리는 수고를 마다하지 않습니다. 젖을 떼고 이유식을 먹일 때가 되면 손쉬운 공산품을 마다하고 온갖 좋은 재료들을 골라 손수 만들어 먹이곤 합니다.

이렇게 정성을 들이면 자녀들이 바람대로 잘 자라 줄 것 같습니다. 공부를 하더라도 어느 누구보다도 더 잘할 것 같습니다. 그런데 막상 자녀를 양육하다 보면 이런 기대가 참으로 무색하다는 것을 느낍니다. 어떤 때는 부모 자신의 고된 노력이 참으로 초라하다는 생각까지 듭니다.

아이들이 조금 더 자라면 달라질 것 같습니다. 그런데 몸은 성인 成人 같지만 생활태도는 달라지지 않습니다. 오히려 자기만의 세계가 더 굳어져 이제는 부모에게 대들기도 합니다. 부모들이 무슨 말을 해도 듣는 둥 마는 둥, 공부에 대한 의욕은 고사하고 무기력한 생활을 계속하기도 합니다. 그냥 이유 없이 노는 것만 좋아하고, 책상에 앉으면 게임만 하려고 하고, 잠만 자려고 합니다. 노력은 하지 않으면서 좋은 결과를 기대합니다. 그러다가 사고를 일으키기도 합니다. 그러니 부모의 걱정이 이만저만이 아닙니다. 어떤 부모는 그저 탈 없이 학교만 잘 다니면 좋겠다고 생각하기도 하고, 또 어떤 부모들은 자녀가 사고만 치지 않고 생활하기만 해도 행복하겠다고 말합니다. 이런 상황이 되면 부모들은 자녀에 대한 모든 기대를 내려놓고 비로소 자녀 양육에 대한 현실을 제대로 깨닫게 됩니다.

청소년기 자녀들이 이런 행동을 하다 보니, 사람들은 이 시기의 아이들을 별난 눈으로 바라보기 시작했습니다. 그러다가 그냥 일상으로 두고 볼 수 없어서 이 시기를 '사춘기'라 부르게 되었습니다.

사전에서는 '사춘기'라는 단어에 대해 "인간 발달 단계의 한 시기로, 신체적으로는 2차 성징이 나타나며 정신적으로는 자아의식이 높아지면서 심신 양면으로 성숙기에 접어드는 시기를 말한다. 이 시기에 해당하는 연령대는 개인차가 있겠지만 대개 12세에서 16세가량이고, 청년기의 앞 시기에 해당한다." 이렇게 정의하고 있습니다.

이러다 보니 사람들은 사춘기에 대하여 아이들이 거쳐야 할 성장 과정 중 하나라는 인식을 갖고 있습니다. 그래서 아이들의 행동이 예전과 조금 달라지기 시작하면 사람들은 당장 '사춘기'를 떠올립니다. 그리고 사춘기를 가볍게 여기고 넘어가려고 합니다.

어떤 사람들은 사춘기는 시간이 조금 지나면 저절로 해결될 일이라며 불편하더라도 조금만 참고 기다리라고 합니다. 또 어떤 부모는 아주 방관자적인 태도를 가지면 도움이 된다고 조언하기도 합니다. 또 어떤 사람들은 사춘기 자녀를 호되게 꾸짖어 야무지게 잡아서 기를 죽이면 도움이 된다고 제안하기도 합니다. 지수 엄마도 주변으로부터 그런 제안을 많이 들었다고 합니다. 아이들마다 그런 시기가 있으니까 조금만 지나면 괜찮아질 것이라며 위로해 주었다고 합니다. 그래도 어머니는 지수의 이런 태도가 잘 이해되지 않는다면서 "선생님, 우리 지수가 사춘기라서 그런 걸까요? 이 시기가 지나면 정말 괜찮아지기는 할까요?"라고 물었습니다.

이런 상황을 우리는 어떻게 봐야 할까요? 우선 사춘기 문제를 연구하는 전문가들의 이야기를 조금 들어보겠습니다. 우선 뇌를 연구하는 전문가들의 이야기입니다.

청소년기의 뇌는 미완未完의 상태라 행동조절과 같은 기능을 충분히 발휘할 수 없는 상태라고 합니다. 뇌는 일반적으로 크게 뇌간, 변연계, 전두엽, 이렇게 세 부분으로 나눠지는데, 이들은 한꺼번에 발달하는 것이 아니라, 성장 시기에 따라 순차적으로 발달한다는 것입니다.

생존본능을 주관하는 기본적인 뇌, '뇌간'은 엄마의 배 속에서 가장 먼저 완성됩니다. 그 다음으로 뇌간 위에 자리하고 있는 '변연계'가 발달하는데, 이는 감정을 주관하는 뇌로, 유아기부터 사춘기에 걸쳐 상당히 긴 시간 동안 발달한다고 합니다.

그 다음은 뇌를 위에서 감싸고 있는 '전두엽'인데, 이는 행동을 조절하는 뇌로, 청소년 시기에서부터 재구성을 거듭하여 20대 후반까지 꽤 오랜 기간에 걸쳐 완성된다고 합니다.

그러니까 청소년기 뇌는 감정을 조절하는 '변연계'와 행동 조절에 관여하는 '전두엽'이 모두 미완 상태라는 것입니다. 이런 미완의 뇌는 구조적으로 자기 조절을 잘 할 수 없다고 합니다. 그러니 청소년기의 행동특성은 인생의 특정 시기에 당연히 나타날 수 있는 현상이라고 설명합니다.

또 다른 전문가들은 사춘기의 특성을 호르몬 분비와 관련하여 설명하기도 합니다. 청소년기에는 호르몬의 분비량이 성년에 비해 40퍼센트가량 적게 생성된다고 합니다. 때문에 이 시기는 호르몬의 양이 부족하여 스스로 감정을 조절하거나 욕구나 행동 등을 제어하기가 곤란하다고 합니다. 그러니 청소년 문제는 난제 중, 난제라는 것입니다. 어떻게 보면 결코 해결할 수 없는 문제처럼 보입니다.

전문가들이 내놓은 이러한 이론들은 과학적 근거를 들어 설명하고 있어서 매우 설득력 있어 보입니다. 자녀들의 사춘기 행동 특성을 이해하는 데, 상당한 도움을 주기도 합니다. 그리고 사춘기 문제로 어려움을 겪고 있는 부모들에게 많은 위안을 주는 것 같습니다.

하지만 필자는 이런 방식의 진단과 해결책에 전적으로 동의하기가 어렵습니다. 여기에는 우선 이해할 수 없는 부분이 많기 때문입니다.

사춘기가 뇌 미발달에서 기인한 것이라면 모든 청소년들, 즉 사춘기를 겪고 있는 모든 청소년들이 하나같이 이런 부정적인 행동특성을 보여야 합니다. 그런데 실제로 아이들을 대상으로 사춘기에 대한 설문 조사를 해 보면 그렇지 않습니다. 아이들 가운데 다수는 사춘기를 경험했다고는 하나 의식하지 못했거나 쉽게 넘어갔다고 합니다. 사춘기의 독특한 행동 특성을 나타내지 않은 아이들의 비율이 더 많습니다.

좀 더 과장해서 말하면 대다수의 학생들은 사춘기 행동특성을 보이지 않는다는 것입니다. 그리고 부정적인 특성을 나타내더라도 다수 아이들은 일상생활 안에서, 혹은 용인될 수 있는 행동 범위 내에서 표출한다는 것입니다.

또한 호르몬 부족으로 인한 경우도 마찬가지입니다. 호르몬 부족으로 문제를 겪는다면 모든 청소년들이 유사한 행동 특성을 보여야 합니다. 그런데 이것 역시 마찬가지로 그렇지 않습니다.

또한 사춘기의 원인을 뇌 미발달이나 호르몬 부족이라고 한다면 사춘기 이전의 아이들, 그러니까 유치원생, 초등학생들의 행동은 어떻게 설명할 수가 없습니다. 이 아이들 역시 뇌가 미발달한 상태입니다. 따라서 그 이론에 따르면 이들도 사춘기 행동특성을 보여야 합니다. 그런데 뇌가 훨씬 미발달한 유년기에서는 그런 특성을 보이지 않는다는 것입니다. 그러니 이런 관점에서 사춘기를 바라보는 것은 문제가 있다고 생각합니다.

또한 이 진단의 문제점은 사춘기 아이들마다 같은 결과가 나오지 않는다는 점입니다. 다시 말하면 뇌의 미발달이나 호르몬의 부족이 원인이라면 어떤 상황에서도 같은 행동 유형이 나와야 합니다. 그러니까 학교에 있든 집에 있든, 혹은 친구들과 어울릴 때든, 선생님과 함께 있든 모두 비슷한 행동 양상을 보여야 합니다. 그런데 아이들의 행동 특성을 보면 집에서는 사춘기 증상을 보이다가도 가정이라는 울타리를 벗어나 밖에 나오면 매우 밝고 활발한 행동을 하기도 합니다. 만일 집에서 말이 없었다면 밖에서도 말이 없어야 하고, 집에서 조용했다면 학교에 와서도 조용해야 합니다. 그런데 아이들 모습을 보면 그렇지 않다는 것입니다.

그러면 의심이 생깁니다. 사춘기 시기의 뇌는 집에 들어가면 미성숙한 상태가 되었다가 집 밖으로 나오면 뇌가 갑자기 발달하게 되는 걸까요? 아니면 부모 앞에서는 호르몬 분비가 적었다가 학교에 나오면 분비물이 많아져서 달라지는 걸까요? 그렇지 않다고 생각합니다. 그래서 사춘기에 대한 이런 진단은 우리가 다시 생각해 봐야 할 점이 많다고 생각합니다.

이러한 사춘기에 대한 관점은 앞에서 열거했던 문제보다 더 큰 문제점을 갖고 있습니다. 그것은 개인에게 일어나는 생리적인 현상, 뇌가 미발달해서 벌어진 일이라 누가 어떻게 도와주거나 해결할 수 없다는 점입니다. 이런 관점에서 보면 사춘기 문제는 영원히 해결할 수 없는 미제로 남겨둘 수밖에 없는 일이 되고 맙니다.

또한 이런 진단과 해결책은 사춘기를 둘러싸고 있는 모든 구성원들, 사회, 부모, 사춘기를 겪는 자녀들 모두에게 면죄부를 주는 일이 됩니다. 뇌 미발달의 원인으로 보는 사춘기는 사회 구성원 주체나, 부모가 사춘기 자녀들을 위한 특별한 노력을 기울이지 않아도 된다는 의미를 주고 있습니다. 그래서 사춘기 문제를 방치하더라도 사회적인 책임이나 부모의 책임을 물을 수 없게 만듭니다.

또한 이런 관점은 부모에게도 면죄부를 주고 있습니다. 부모 역시 사춘기 자녀의 행동 특성을 그저 바라만 보고 지나가기를 기다려주거나 자녀의 뇌가 발달하도록 기다려 주면 되기 때문입니다.

그리고 이런 관점은 사춘기 아이들에게도 면죄부를 주는 일이 됩니다. 자녀들 또한 신체 기관이나 호르몬이 부족해서 벌어진 일인지라 개인에게 책임을 지울 수 없습니다. 생리적인 현상을 개인의 책임으로 돌릴 수 없기 때문입니다. 따라서 사춘기에 대한 이런 관점은 이를 둘러싸고 있는 모든 주체들에게 면책을 주고 있는 진단이라고 할 수 있습니다. 따라서 이런 접근은 사춘기 문제 해결을 어렵게 만들고 있습니다.

그래서 필자는 이런 관점에서 사춘기 문제를 접근하는 것은 곤란하다고 생각합니다. 또한 이러한 이론에 근거하여 사춘기 문제를 어쩔 수 없이 겪어야 하는 통과의례쯤으로 여기고 방치하거나 손 놓아서도 안 된다고 생각합니다. 그리고 사춘기는 시간이 해결해 주는 일이라며 그냥 기다리거나 방치하는 일은 너무 무기력하고 무책임하다는 생각이 듭니다.

그래서 조심스럽게 제안해 봅니다. '사춘기'를 성장 발달의 측면에서 다루는 전문가들의 이야기는 우리의 이해 폭을 넓혀주는 정보

정도로 이해해 달라는 것입니다. 필자가 전문가들의 지고한 견해를 반박하거나 무시하려고 그런 것은 아닙니다.

필자는 오랜 기간 청소년들을 지도하고 상담하면서 사춘기의 특징들을 관찰해 왔습니다. 그러면서 사춘기를 신체 발달 과정이나 호르몬의 영향으로 이해하고 설명하기에는 너무 부족한 점이 많다는 것을 알게 되었습니다. 그래서 필자 나름대로 공부하고 고민하면서 얻은 결과는 다른 방향에서 접근하는 것이 옳다는 결론에 도달했습니다.

사춘기는 부모들이 자녀들의 성장 과정에서 어떻게 관여했느냐에 따라 달라질 수 있다는 것입니다. 이러한 관점에서 사춘기 문제를 적용하고 도움을 주었더니, 문제 해결에 많은 도움이 되었습니다. 그래서 힘들여 제안하게 되었습니다.

우선 사춘기에 대해 한번 생각해 보겠습니다. 사춘기라는 말은 우리 어른들이 자라던 세대에는 잘 사용되지 않았던 말입니다. 그래서 예전에는 비교적 낯선 단어였습니다. 그런데 오늘날에는 이런 말들이 너무 흔하게 사용되고 있습니다. 이런 현상을 놓고 봤을 때, 사춘기는 시대의 변화에서 나타나는 시대의 결과물 가운데 하나라는 생각이 듭니다. 현재 우리 사회나 가정이 청소년들로 하여금 사춘기의 특징을 발현하도록 환경을 조성했다는 말입니다. 그래서 사춘기 문제는 사춘기를 겪고 있는 개인의 문제가 아니라 넓게는 사회, 좁게는 가정의 문제라는 것입니다. 사춘기를 이 영역으로 제한해서 살펴보면 사춘기 문제는 가정에서도 가정의 중심인 부모의 문제라는 것입니다.

자녀의 사춘기 문제는 자녀들이 어느 시기가 되어 저절로 표출하는 것이 아니라 부모가 자녀를 양육하는 과정에서 마련한 토양에, 부모가 뿌린 씨앗이, 부모가 제공한 거름으로 성장하게 된다는 것입니다. 필자는 사춘기의 문제를 이런 관점에서 보고, 해결책을 제시하고, 적용했습니다. 그랬더니 매우 좋은 결과를 얻을 수 있었습니다.

필자의 해결책에 많은 아이들이 동의했고, 여러 부모들이 동참했습니다. 그러는 도중에 알게 된 사실은 부모들 양육태도가 달라지면 아이들 행동도 달라진다는 점이었습니다. 아이들 행동에 변화가 생기면 생활이 달라진다는 사실을 알게 되었습니다. 그래서 필자는 이 진단과 처방에 대해 상당히 자신하게 되었습니다.

이 책에서 제시하고 안내하고 있는 내용은 모두 필자가 학생들을 지도하면서 그대로 적용했던 내용들입니다. 우리 부모들이 사춘기 자녀를 양육할 때 이 내용을 꼭 참고했으면 하는 바람입니다. 그래서 기꺼이 제안하는 바입니다.

선생님이 건네는 마음 처방전

1) 상비약 조제 실습

※ 사춘기를 짐작하게 하는 우리 집 자녀의 증상들에 대해 써 보겠습니다.

① 자녀 행동: _____

② 자녀 행동: _____

③ 자녀 행동: _____

2) 상비약 사용 설명서

약 명	부작용
사춘기는 뇌의 미발달에서 나타난다.	· 발달할 때까지 기다리는 방법 외 다른 해결 방법이 없다고 할 수 있습니다. · 원인과 해결을 뇌 발달에만 의존하게 합니다.
사춘기는 호르몬의 분비가 적어서 일어난다.	· 자녀를 이해하는 데 너무 불충분합니다. · 잘못에 대한 면죄부를 주는 꼴이 됩니다.
사춘기는 누구나 거쳐야 할 통과의례에 해당된다.	· 그렇지 않다고 생각합니다. · 자녀의 사춘기는 부모에게 원인이 있다고 생각합니다.

3) 주의사항

> · 사춘기는 가정에서 부모들이 만들어 낸다고 볼 수 있습니다. 무엇이 자녀의 사춘기를 만들어내는지 곰곰이 생각해 볼 일입니다.

4) 상비약 복용법

① 내 마음에 들지 않는 자녀의 행동에 어떤 특징이 있는지 살펴보시오.

② 어떤 때에 아이의 반응이 달라지는지 생각해 보시오.

③ 자녀의 부정적인 행동에 대해 부부가 같은 시각으로 보고 있는지 의논해 보시오.

④ 자녀의 부정적인 행동의 원인에 대해 진지하게 생각해 보시오.

사춘기의 씨앗,
지시·명령

　희숙의 부모님은 담임선생님 요청으로 학교에 나오셨습니다. 희숙이 최근 들어 무단결석, 무단지각, 무단조퇴 등을 수시로 하고 있어서 문제가 되었기 때문입니다. 담임선생님은 희숙을 잘 지도해 보려고 달래고, 사정해 봤습니다. 하지만 희숙의 생활은 변화될 기미가 보이지 않습니다. 그래서 담임 선생님은 부모에게 학교에 나오시도록 안내하신 것입니다.

　담임선생님 설명을 들은 부모님은 딸의 사정을 짐작이라도 하셨는지, 상기된 표정으로 아무런 말씀도 하지 않았습니다. 그저 선생님의 지도만 바란다고 하셨습니다. 어머니는 "희숙이 제 딸이지만 제가 어떻게 할 수 없어요. 저런 아이는 처음이에요." 하면서 한숨만 쉬셨습니다. 부모님이 나서서 타이르고, 혼내고, 윽박질러도 희숙의 생활태도는 달라지지 않는다는 것입니다. 그러니 부모라도 어떻게 해 볼 도리가 없다는 것입니다. 선생님도 어렵다고 하시고, 부모도 힘들다고 하시니, 참 난감한 일입니다.

부모님은 담임선생님과 충분한 대화를 나눈 다음 필자에게 찾아왔습니다. 어머니는 "선생님, 우리 희숙과는 대화를 할 수 없어요. 집에서 도무지 말을 하지 않으니 말입니다. 요즘은 아예 얼굴조차 보기 어렵습니다."라고 하셨습니다.

어머니의 하소연을 듣다 보니 필자 역시 막막했습니다. 필자의 한두 마디 말로 희숙이 변화될 수 없다는 사실을 잘 알고 있었기 때문입니다. 그렇다고 해서 어머니의 힘든 일을 그냥 곁에서 두고만 볼 수 없었습니다. 그래서 희숙을 불렀습니다.

필자가 희숙과 대화를 나눠보니, 희숙은 엄마 말과는 다르게 나름대로 의도를 가지고 있었습니다. 희숙이는 엄마와 싸우려고 일부러 그러고 있었습니다. 대화를 거부하고 학교생활을 함부로 하는 것으로 엄마에게 저항하느라 그런 것입니다. 달리 말하면 엄마를 골탕먹이고 싶은 마음에서 그냥 현재 생활을 즐기고 있는 것이었습니다.

필자가 희숙에게 "요즘 무슨 힘든 일이라도 있니?"라고 물었습니다. 그러자 희숙은 대답했습니다. "우리 부모님은 저를 종으로 아시나 봐요. 아침에 일어나라는 것부터 시작해서, 학교에 가라, 이것 해라. 저것 해라 등 저를 하인 부리듯이 해요. 학교를 마치고 집에 들어가면 '공부해라', '컴퓨터는 그만해라' 등 잔소리가 끝이 없어요. 그래서 저는 집에 가면 그냥 로봇이에요." 그동안 막혀있던 물꼬가 막터진 것처럼 희숙의 불평은 계속되었습니다. "제가 무엇을 하면 '거봐 엄마가 뭐라 했니?' 하시면서 엄마 말을 따르지 않는다는 것을 늘 지적하세요. 그러니 제가 집에서 무엇을 할 수 있겠어요? 그래서 자꾸 밖에 나와요. 밖에서는 내 마음대로 생활할 수 있잖아요. 그래서 집에 들어가지 않는 것이 더 좋아요."

희숙은 엄마의 사랑과 관심을 간섭과 강요로 받아들이고 있었습니다. 요즘은 물질적으로 풍요로워 살기 좋은 세상입니다. 그래서 자녀들은 마음껏 학교에 다니며 배움을 누릴 수 있게 되었습니다. 이것만으로도 행복한 일입니다. 그럼에도 요즘 아이들은 뭐가 그리 마음에 들지 않는지 불만스러운 얼굴로 살아갑니다.

요즘 청소년들 중에는 희숙처럼 부모와 대항하느라 의도적으로 불편을 야기한 아이들이 많습니다. 이것은 단순히 아이들의 뇌가 미성숙하기 때문이라거나 호르몬의 분비가 부족하기 때문만은 아닙니다. 물리적인 현상의 한 결과로 치부하기엔 아이들의 정신과 마음은 너무나 성숙한 것입니다. 부모에게 자기 의사를 분명하게 표현하고 있는 것을 보면 오히려 뇌 미성숙이 아니라 더 성숙해서 벌어진 일이라고 생각됩니다.

필자는 앞에서 사춘기란 부모들이 자녀 양육 과정에서 만들어 놓은 토양에 사춘기 씨를 뿌리고, 거기에 더해진 거름의 결과라고 했습니다. 자녀 양육에 최선을 다한 부모들이라면 얼른 납득하기 어려운 이야기로 들릴지도 모르겠습니다. 하지만 이것은 부모들이 인정하기 싫은 불편한 진실입니다. 다음은 희숙이네 가정에서 나눈 대화의 한 부분입니다.

"어디 다녀왔니?"
"밖에요."

"뭐 하고 놀았니?"

"그냥 놀았어요."

"뭐 하고 놀았냐니까?"

"그냥 놀았어요. 뭘 알려고 그러세요."

대화가 싸늘하고 형식적입니다. 어떤 형태로든 부모들은 자녀와 대화하기를 원하지만 자녀들의 반응은 언제나 이렇게 싸늘한 경우가 많습니다. 그러다 보니 대화가 길게 이어지지 못하고 그냥 짧게 끝나고 맙니다. 그러면 부모들은 속으로 '못된 녀석들, 건방진 녀석이라고, 이러니까 대화를 못 하겠어'라고 생각합니다. 혹은 "대화가 없거나, 하지 않는 것은 저 녀석 때문이라니까."라고 말합니다. 부모의 입장에서 보면 그럴 수 있겠다는 생각이 듭니다.

하지만 자녀들의 이야기를 들어보면 마냥 부모 편만 들 수 없습니다. 다음 자녀들의 말을 들어보겠습니다.

"부모님과 대화요? 우리 부모님과는 말이 안 통해요."

"세대 차가 나요."

"무슨 말만 하면 이거 해라, 저거 해라 하시니까요."

부모와 자녀 사이는 본래 친밀한 관계입니다. 그런데 기대와 달리 부모와 자녀 사이가 이렇게 울퉁불퉁한 경우가 많습니다. 그런 원인을 부모는 자녀들이 대화에 응하지 않아서, 혹은 자녀가 못돼서 그렇다고 합니다. 한편 자녀들은 부모들이 자기들의 기호에 맞춰주지 않는다고 야단입니다. 양측의 입장이 상당히 팽팽합니다. 이런 상황이라면 어른들은 모두 부모 편을 들면서 자녀들의 시건방진 태도를 문제 삼습니다. 하지만 필자의 생각은 조금 다릅니다. 아니 그 반대라고 생각합니다. 그 원인을 부모가 제공했기 때문입니다.

그 원인이라고 하면 부모가 자녀들이 말을 할 수 없도록 그런 상황이나 환경을 만들었다는 말입니다. 그 상황이라 함은 우선 부모들이 대화할 때 '지시'하고 '명령'한 것들입니다. 희숙이 어릴 때부터 부모님에게 들었던 "일찍 일어나라.", "양치질해라.", "공부해라.", "친구들과 잘 어울려라.", "늦게 들어오지 말아라.", "그만 해라."와 같은 말들입니다.

이런 말들은 모두 듣는 사람의 마음을 불편하게 만듭니다. 더 지속되면 대화를 할 수 없게 만듭니다. 이런 말을 해 놓고 부모들은 자녀들에게 대화하자고 제안합니다. 그러니 대화가 잘 될 리가 없습니다. 더구나 더 가관인 것은 부모들은 이런 말들이 대화를 가로막는 걸림돌이 된다는 사실조차 모른다는 점입니다. 그러니 자녀들이 부모와 대화를 하지 않으려고 합니다.

대화란 기본적으로 상호 교감을 바탕으로 이루어집니다. 하지만 희숙의 부모처럼 지시와 명령하는 말들은 교감을 위한 것이라기보다는 일방적인 전달에 불과합니다. 이런 말의 단점은 명령을 받은 사람, 즉 청자 입장에서 다른 의사를 표현하지 못하도록 만든다는 것입니다.

이 말이 공감되지 않는다면 당장 입장을 바꿔보면 금세 알 수 있습니다. 어떤 사람이, 혹은 아내나 남편이 내게 "이것 하라.", "저것 하라."라고 명령합니다. 이 말을 들은 나는 어떤 기분이 들까요? 한두 번은 그냥 넘어갈 수 있습니다. 하지만 이런 일이 반복되면 당장 불편하거나 괴로움을 느끼게 됩니다.

이런 말의 또 다른 부작용은 청자로 하여금 수동적인 모습을 유발시킨다는 점입니다. 이 말의 소통 과정을 보면 화자는 청자의 감정에 별 관심이 없습니다. 오직 화자 중심, 지시하고 명령하는, 즉 부모의 생각이나 말에만 관심이 있습니다. 그저 부모의 말이니까 오류가 있으나 없으나 무조건 따라야 한다는 의미를 담고 있습니다. 그래서 청자는 부모의 말을 듣고 응하는 역할을 해야 합니다.

또한 그 말에 대한 책임도 져야 합니다. 그러니 수동적으로 움직일 수밖에 없습니다. 결과적으로 이런 말에 익숙한 자녀들은 자기 생각보다는 부모의 생각이나 관점에 의지하게 됩니다. 따라서 이런 말을 들으며 성장하는 아이들은 대개 수동적인 태도를 갖게 됩니다.

그리고 자녀들에게 '명령'하는 부모의 의식을 들여다보면 그 말의 저변에 '너는 어리니까 아직 뭘 잘 몰라, 그러니 내 말을 들어야 해!'라는, 무시하는 생각이 깔려 있습니다. '너는 나보다는 열등하니 내 말을 들어야 해'라는 생각이 담겨 있는 것입니다. 그리고 여기에는 '너는 네 감정을 드러내서는 안 돼'라는 의도도 담겨있습니다. 이는 모두 자녀를 가볍고 쉬운 상대로 알기 때문에 할 수 있는 말입니다. 그래서 부작용을 낳게 됩니다.

부모들 중에는 종종 부모 말에 무조건 순종하는 아이가 곧 좋은 아이라는 생각을 가진 분들이 있습니다. 엄격한 분들은 그런 자녀가 곧 성공한다고 생각하기도 하죠. 그러나 사실은 그렇지 않습니다.

우선 부모 말을 잘 듣고 순종하며 자란 아이는 어떤 상황을 만나면 부모의 눈치를 보게 됩니다. 물건을 고르거나 옷을 살 때에도 자기 생각보다는 부모의 의견을 먼저 물어봅니다. 결과적으로 부모의 생각만 있고 자기 생각은 없습니다. 그래서 부모가 골라준 옷을 입고, 부모가 골라준 음식을 먹고, 부모가 제시한 물건을 사려고 합니다. 이런 아이는 몸만 자라지 자기 생각이나 주관은 자라지 않습니다. 명령대로만 자라다 보니 자기주장을 드러낼 줄 모르게 됩니다. 결과적으로 의존적인 사람이 되기가 쉽습니다. 결국 창의적이고 자주적인 사람이 아닌 부모의 명령에 의해 조종되는 로봇과 같은 존재가 될 수 있습니다. 따라서 자녀가 부모의 말에 무조건 순종적이기를 바라는 양육태도는 좋은 방법이라고 할 수 없습니다.

또한 어렸을 때부터 성장 과정에서 명령과 지시조의 말을 자주 들었던 아이들은 내면에 불평불만이 많이 쌓여 있습니다. 그리고 이런 아이들일수록 청소년기가 되면 사춘기 특성을 강하게 드러내는 것을 봤습니다. 결과적으로 '명령'이나 '지시'는 사춘기의 씨앗이라고 할 수 있습니다.

1) 상비약 조제 실습

※ 부모인 내가 자녀에게 자주 사용한 사춘기의 씨앗(명령, 지시)은 어떤 것들
이 있는지 써 보겠습니다.

① 부모: _____

_____

② 부모: _____

_____

③ 부모: _____

_____

2) 상비약 사용 설명서

약 명	부작용
"공부 좀 해라."	· 마음에 부담을 줍니다. · 자존감에 상처를 줍니다.
"휴대폰 좀 그만 봐라."	· 감추게 됩니다. · 거짓 행동을 하게 만듭니다.
"부모 말 좀 잘 들어라."	· 부모에게 의존하는 심성을 심어 줍니다. · 자기 결정 장애를 지니게 됩니다.

3) 주의사항

· 부모들은 하루에도 수없는 사춘기 씨앗들을 자녀들의 가슴에 심고 있습니다. 그러면 머잖아 자녀의 가슴은 사춘기 잡초들로 무성하게 될 것입니다.

4) 상비약 복용법

① 내가 자녀에게 하는 명령이나 지시는 어떤 것들이 있는지 생각해 보시오.
② 내가 사용한 명령이나 지시 가운데 가장 빈번하게 사용한 것이 무엇인지 생각해 보시오.
③ 이러한 명령이나 지시가 자녀에게 미치는 영향이 무엇인지 생각해 보시오.
④ 이러한 언어들이 자녀에게 어떤 영향을 미치는지 자녀와 대화를 나누시오.

사춘기의 싹,
강요

필자가 학교에서 상담할 때에는 예약을 받아 실시합니다. 대략 2주 전, 학생이 원하는 시간과 필자의 빈 시간에 맞춰 예약합니다. 그런데 어느 날 지선은 예약도 하지 않고 상담실에 불쑥 찾아왔습니다.

1학년인 지선은 자리에 앉는가 싶더니, 곧장 다른 말을 하지 않고 다짜고짜 자기 꿈에 대해 상담하고 싶다고 했습니다. 그래서 얼떨결에 필자도 상담에 임하게 되었습니다. 지선은 자기 꿈을 조금 말하는가 싶더니 이내 눈물을 글썽였습니다.

"우리 엄마 아빠는 제 의견을 도무지 들어주지 않아요."

"엄마 아빠가 네 의견을 안 들어주셔? 그래서 속이 많이 상했나 보구나. 천천히 네 이야기를 자세히 말해주면 좋겠구나."

"저는 대학에 갈 때 반려동물 관련 학과로 가고 싶어요. 그래서 졸업하면 나중에 애견숍을 운영하면서 강아지 돌보는 일을 하고

싶어요. 그게 너무 재미있거든요. 그런데 부모님은 쓸데없는 생각
이라며 난리세요."

"네가 이렇게 진실되게 말한 것을 보니, 너는 정말 그것을 하고
싶어 하는구나?"

"예."

"너 그럼 애견숍에서는 무슨 일을 하는지 아니?"

"예, 반려견 다루는 일이에요. 그래서 저는 강아지 종류와 특성,
질병, 관리법, 훈련법 등 다양한 정보를 공부해 왔어요. 그동안 애
견과 관련된 책도 많이 봤거든요. 그리고 반려견 정보를 얻으려고
인터넷을 뒤져서 반려견에 대한 정보를 많이 알고 있어요."

"그랬구나. 상당히 많은 준비와 노력을 했구나."

"그런데 부모님은 '그런 생각을 하려면 집에서 나가라.'라고 하
세요."

"그래? 부모님이 그러셨다니 네 고민이 크겠구나."

"그래요, 부모님이 제 의견을 무시하니까 공부도 하기 싫어요.
그냥 내 맘대로 놀면서 공부하는 시늉만 하고 싶어요."

지선은 선생님과 상담할 때 미리 예약해야 된다는 사실을 알고 있
었습니다. 그런데 어느 날 예약을 하지도 않았으면서 상담실에 불쑥
나타난 것입니다. 자기 일이 상당히 급하다고 생각되었나 봅니다.
말을 시작하더니 당장 자기 편이 되어달라는 눈치입니다.

자기 진로를 놓고 고민하면서 눈물을 흘리고 있는 것을 보니, 지
선은 자기 일에 상당한 열정을 가지고 있는 아이로 보였습니다. 이

런 의지를 가진 사람이라면 앞으로 이 분야에서 반드시 자기 몫을 충분히 잘할 것 같다는 느낌이 들었습니다. 그런데 부모님은 "그런 생각을 하려면 집을 나가."라고 하셨다는 것입니다. 부모님은 지선의 진로를 마뜩잖게 여기시나 봅니다. 그래서 지선은 속이 몹시 상한 모양입니다.

지선과 대화를 나누다 보니 지선은 여러 동물에 대해 관심이 많았습니다. 뿐만 아니라, 유독 반려견에 대해 많은 애착을 갖고 있었습니다. 그래서 필자가 물었습니다.

"그러면 부모님은 지선이가 무슨 일 하길 원하시는데?"

"공무원이요."

"그렇구나. 부모님이 왜 공무원을 하라고 하셨을까?"

"생활이 안정적이고 노후까지 보장된다나 어쩐다나. 그리고 애견 관리하는 일은 돈을 못 번다는 거예요. 그러면서 제 의견을 무시하고 안 들어요." 지선은 이렇게 말하며 눈물을 흘렸습니다.

지선과 이야기를 어느 정도 마무리한 다음, 필자는 지선에게 다시 물었습니다. "선생님이 부모님을 만나서 네 생각을 한번 말씀드려 보면 어떨까?" 그러자 지선은 "선생님이 우리 엄마 아빠를 만나 봐도 소용 없을걸요?" 했습니다.

상담을 마치고 나가면서 지선은 필자에게 엄마 전화번호를 건네주고 갔습니다. 부모님을 설득해 달라는 눈치였습니다.

필자는 지선 부모님의 생각을 듣고 싶어서 지선의 부모님께 전화를 드렸습니다. 다행히도 부모님은 적당한 날에 학교에 나오시겠다고 하셨습니다. 그래서 부모님과 지선의 장래에 대해 진지하게 이야기를 나눌 수 있었습니다.

부모들은 대개 자녀들의 일상에 관심이 많습니다. 공부하는 일, 노는 일, 친구 사귀는 일, 대학이나 학과 등 자녀의 일이라면 만사를 제쳐두고 발 벗고 나서는 편입니다. 그러다 보니 자녀 직업 고르는 일에도 적극 관여하려고 합니다. 부모의 이런 노력이 자녀들에게 큰 도움이 되면 더없이 좋을 일입니다. 하지만 현실에서는 그렇지 않은 경우가 더 많습니다.

오래전 교육방송 EBS에서는 직업선택에 관한 설문조사를 한 적이 있습니다. 전국에 있는 성인 남녀를 대상으로 자기 직업과 적성, 그리고 그 만족도에 대한 설문이었습니다.

그 내용은 대략 이랬습니다. "자기 직업과 적성이 맞다고 생각하는가?" 그 결과를 보니 응답자 중 51%가 그렇지 않다고 대답했습니다. 그리고 "자기 직업을 바꿔 볼 생각은 있는가?"라는 질문도 있었습니다. 여기에는 54%의 사람들이 '그렇다'고 대답했습니다.

설문을 마친 다음, 이들 가운데 자기 직업에 대한 불만도가 비교적 높은 사람들을 불러 그 원인을 알아봤습니다. 그들이 갖고 있는 직업은 영어교사, 도정책연구원, 의과대학생, 인터넷쇼핑몰 운영자 등이었습니다.

이들은 누가 봐도 남들이 부러워할만한 직업을 가진 사람들이었습니다. 하지만 이들은 정작 자기 직업에 대해 불만을 가지고 있었습니다. 이들에게 다시 물었습니다. "이렇게 불편한 일을 어떻게 시작하게 되었느냐?" 그러자 이들은 한결같이 부모님의 권유라고 대답했습니다.

다음은 또 다른 기관의 조사결과입니다. 이번에는 대학생들을 대상으로 한 자기학과에 대한 만족도 조사였습니다. 여기에서도 많은 학생들은 "자기학과에 불만을 가지고 있다."라고 답했습니다. 이들에게도 "어떻게 이 학과에 진학하게 되었느냐?"고 물어봤습니다. 그러자 어떤 학생들은 수능 성적에 따라 입학했다고 했고, 나머지 상당수 학생들은 부모님 권유에 따라 선택하게 되었다고 답했습니다. 학생들 대부분은 자기 적성이나 특성과 거리가 먼 요소를 가지고 학과를 선택했던 것입니다. 그러니 자기학과에 대한 불만이 높을 수밖에 없었습니다. 여기에서도 EBS에서 조사했던 결과와 거의 비슷했습니다.

학과나 직업을 선택할 때 가장 중요하게 고려할 것은 각자가 지니고 있는 적성과 흥미입니다. 그런데 사람들은 이런 점은 도외시하고, 학과를 선택하고 직업을 고릅니다. 그러다 보니 자기학과나 직업에 불만이 많습니다.

그 이유는 부모들이 자녀의 삶에 강하게 개입했기 때문입니다. 부모들은 대학의 서열을 생각하고, 사회적으로 그럴듯한 일, 인정받거나 안정적인 직업을 권합니다. 어쩌면 지극히 당연하고 바람직한 일일는지 모릅니다. 하지만 부모들이 이렇게 자녀 장래에 개입하는 일은 자녀 삶에 많은 부작용을 만들어냅니다.

우선 자녀의 성격적 특성이 살아나지 못한다는 점입니다. 사람은 각자 자기가 좋아하는 성향과 특성이 있습니다. 그래서 자기가 잘할 수 있는 고유한 자기 영역과 일이 있습니다. 그런데 부모들은 이런 점을 무시하고, 자기 관점에서 유리하다고 생각되는 학과나 직업을 선택하도록 권유합니다. 그러다 보니 자녀들이 대학에 가서 어려움을 겪습니다. 대학을 마치고 직장에 가서도 어려움을 겪고 힘들어서 이직을 생각하게 됩니다.

필자가 만난 지선이도 인생의 진로를 결정해야 하는 출발점에서 부모의 강요를 만나 어려움을 겪고 있습니다. 부모가 바라는 바에 응하자니, 자기 적성과 특성이 사장되는 것 같고, 자기 생각을 따르자니 부모가 불편해 하시니 괴로움이 되었습니다. 그래서 지금 공부하는 것도 힘들고, 학교 생활하는 것도 어렵습니다. 그런데도 부모는 지선의 괴로움과는 상관없이 지선의 삶에 적극 개입하고 있었습니다.

자녀의 장래 일은 부모와 견해차가 크면 클수록 그 부작용이 심각합니다. 부모가 자녀 일에 관여하기 시작하면 자녀들은 부모라는 존재를 자신에게 불편을 주는 존재로 인식하기 시작합니다. 이런 인식이 생기면 자식들은 부모와 서서히 거리를 두게 됩니다. 그러다가 갈등이 벌어지면 가슴에 깊은 상처를 입게 됩니다. 이런 상처가 굳어지면 자녀의 삶 전반에 영향을 미치게 됩니다. 청소년기에는 사춘기의 부정적인 특성을 강하게 만들어내고, 성인이 되어서는 자기 삶에 불만을 지닌 사람이 되게 합니다.

부모라면 누구든 자녀들이 마음 아파하고 우는 것을 원하지 않습니다. 더욱이 자녀와 관계가 불편해지는 것을 바라지 않습니다. 그러면서도 실제 삶을 들여다보면 자녀와 좋은 관계를 지향하기보다는 미움이나 상처를 주는 일이 많은 것을 봅니다.

그것들 중에 대표적인 것이 바로 자녀의 장래를 가로막는 이런 '강요'입니다. 부모들은 자녀와 대화를 나눈다는 이유로 자녀에게 다가가지만 궁극에 가서는 자녀에게 자기 생각을 주입하고 강요하는 것으로 마무리하는 경우가 많습니다.

부모들은 자녀의 장래를 염려해서, 혹은 사랑한다는 명분하에 이런 일을 합니다. 하지만 이런 일은 어떤 형태로든 자녀에게 불편이 되고 맙니다. 위에서 만난 지선은 괴로움을 스스로 이기지 못하고 울면서 "부모님은 제 말을 무시하고 안 들으세요."라며 하소연합니다. 마음이 많이 아프다는 말입니다.

필자는 지선의 부모님께 학교방문을 부탁드렸습니다. 부모님께서는 흔쾌히 학교에 나오셨습니다. 부모님께 지선의 희망사항을 설명해 드리고 지선의 성격적 특성에 대해 말씀드렸습니다. 다행히 부모님은 필자의 의견과 지선의 생각을 수용해 주셨습니다. 그리고 지선의 꿈이 이루어지도록 지원하고 돕기로 약속하셨습니다. 지선 역시 부모님의 말씀을 듣고 열심히 공부하기로 약속했습니다.

지금 지선은 아주 밝고 활기찬 모습으로 학교생활을 잘하고 있습니다. 부모님에게 자기 생각을 주장할 수 있는 자신감도 얻게 되었습니다. 그리고 부모님의 마음도 어느 정도 이해하게 되었습니다. 다행스런 일입니다. 지선은 이런 과정을 통해서 자기 문제를 스스로 해결해 나가고 있으니 말입니다.

문제는 이런 아픔을 지니고 살아가는 아이들이 우리 주변에 생각보다 많다는 것입니다. 그런 아이들이 자기 생각을 말해 보지도 못하고 자기 바람을 억누르고 아파하는 가운데 살아간다는 것입니다. 그래서 필자의 마음이 급하고 아픕니다. 자녀를 잘 양육하겠다고 벼르고 있는 부모들이라면 기억해두어야 할 것입니다. 자녀에게 부모 생각을 지나치게 강요하는 일은 자녀의 사춘기의 튼실한 싹이 된다는 사실을 말입니다.

선생님이 건네는 마음 처방전

1) 상비약 조제 실습

※ 부모로서 자녀의 삶에 강요의 싹을 키운 나의 언어들은 어떤 것들이 있는지 써 보겠습니다.

① 강요 · 관여의 싹: _____

② 강요 · 관여의 싹: _____

③ 강요 · 관여의 싹: _____

2) 상비약 사용 설명서

약 명	부작용
"너는 ~직업을 가져라."	· 자녀의 능력이나 성격적 특성을 부인하는 일이 됩니다. · 자녀 스스로가 자신의 일을 결정하는 데 어려움을 겪게 됩니다. · 자기 능력에 자신감을 잃게 됩니다.
"너는 시간을 잘 지켜라."	· 부담감을 줍니다. · 사춘기의 튼실한 싹이 됩니다.
"하라는 공부나 해라."	· 저항을 불러옵니다. · 다른 능력을 개발하는 데 소홀하게 됩니다.

3) 주의사항

> · 자녀의 마음에서 사춘기의 싹이 자라기를 바라지 않은 부모는 복용하지 마시오.

4) 상비약 복용법

① 자녀의 진로에 대해 강요하지 마시오.

② 기회가 될 때마다 자녀가 지닌 장점들을 말해 주시오.

③ 자녀가 장점을 잘 실현할 수 있는 진로를 찾도록 도와주십시오.

④ 자녀가 현재 지니고 있는 불편을 물어보십시오.

사춘기의 양분,
논리

고등학교 2학년인 민영은 공부를 잘하는 편입니다. 그래서 주변 친구들이 민영을 부러워합니다. 하지만 민영은 자기 성적에 대해 늘 불만입니다. 불만족을 지나 늘 불안을 느끼면서 생활합니다. 얼른 납득이 되지 않을 일입니다. 공부를 잘하는 아이가 뭐가 아쉽다며 이런 생활을 할까요?

간혹 공부를 잘하는 아이들이 성적에 불안을 느끼는 경우가 있습니다. 매우 치열한 경쟁상대가 있어서 부담스럽거나, 혹은 스스로 공부에 대한 압박이 심한 경우 그렇습니다. 그런데 민영은 그런 유가 아닙니다. 그런데도 불안하다고 합니다. 공부를 열심히 하고도 자신이 없고, 늘 풀이 죽어 지냅니다. 그래서 민영과 상담하게 되었습니다.

민영은 나름대로 공부에 최선을 다한다고 합니다. 하지만 부모님이 바라는 성적에는 늘 모자라 고민이라고 합니다.

민영은 상담 중에 아빠께서 하신 말씀을 들려주었습니다. "조금만 더 노력하면 모든 과목에서 1등급 받을 수 있을 텐데, 그 조금이 어렵구나." 여기에 엄마는 한술 더 떠서 "엄마가 밀어주는 과외가 모자라니? 더 필요한 것이 있으면 말을 해라 응, 그래 조금만 더 힘을 내자."라고 하신답니다.

최근 들어서는 엄마 성화가 더 심해졌다고 합니다. 엄마가 민영을 부르시더니, "네 성적이 부족한 것은 네가 미세한 부분에서 조금씩 모자라기 때문이야. 네 계획이 조금 더 구체적이고 실천 가능한 것이면 좋겠어. 그리고 시간 관리가 안 된 것 같아. 늘 잘 안 되는 수학만 그렇게 잡고 있지 말고, 공부가 안 될 때는 다른 과목을 하고 머리가 제일 맑은 시간에 화끈하게 수학을 하면 좋겠구나."

민영은 스스로 능력껏 최선을 다한다고 생각합니다. 그런데 부모님 기대에 늘 미치지 못하니 염려된다고 합니다. 요즘에는 속이 쓰리고 몸이 아프기까지 한다고 합니다. 엄마 말씀을 들어보면 틀린 데가 하나도 없는 것 같은데, 그래서 어떻게 반박할 수도 없다고 합니다. 그러니 민영은 엄마 앞에만 서면 늘 고양이 앞에 쥐처럼 기를 펴지 못한다고 합니다. 그래서 더 힘들고 괴롭다고 합니다.

보통 사람들은 학교 성적이 우수한 아이를 둔 가정에서는 걱정할 것이 하나도 없는 줄로 압니다. 그런데 상담하다 보면 의외로 성적이 우수한 자녀를 둔 부모들도 걱정이 많은 것을 봅니다. 더구나 부모들이 명문 대학을 졸업했거나 사회적으로 인정받을 만한 지위에 있는 경우, 더욱 그러는 경향이 있습니다. 그리고 아버지는 사회적으로 인정받은 전문 직업을 가지고 있는데, 엄마는 사회활동을 하지 않고 주부로 살아가는 경우, 엄마의 성화가 더 대단한 것을 봅니다. 만일 아이 성적이 나쁘면 사회적으로 인정받고 있는 아빠의 책임이라기보다는 주부로 살아가는 엄마의 책임이 크다고 느끼기 때문에 그러지 않는가 생각해 봅니다. 아무튼 성적이 우수한 자녀를 둔 부모들도 염려가 많다는 것입니다.

우리들이 거의 해마다 접하는 불편한 뉴스 가운데 하나는 우수한 학생들이 막다른 선택을 한다는 것입니다. 뛰어난 아이들이 왜 이런 험한 선택을 하게 된 걸까요? 대부분 성적에 대한 지나친 부담감 때문입니다. 지금 필자가 만나고 있는 민영도 성적에 대한 부담을 지나치게 안고 힘겹게 생활하고 있습니다.

필자가 부모들을 만나보면 자신들은 자녀 성적에 그렇게 신경 쓰는 사람이 아니라고 말합니다. 더구나 남의 자녀 성적을 말할 때면 더 그런 편입니다. 하지만 그 관점이 자기 자녀에게로 돌아오면 상당히 달라지는 것을 봅니다. 자녀에게 무한한 자유를 준다고 하면서도 내적으로 엄격하게 관리하고 구속하기도 합니다. 그래서 공부를 잘하는 아이들 가운데는 민영처럼 큰 부담을 안고 힘겹게 살아가는 아이들이 많습니다.

일반적으로 가정이나 집을 떠올리면, 엄마 아빠가 계셔서 늘 든든하고 편안하고 즐거운 곳이라고 생각하게 됩니다. 그래서 언제나 쉴 수 있는 곳이라서 가고 싶고 머물고 싶은 곳이라고 생각하게 됩니다. 그런데 생각과 달리 우리나라 아이들 가운데는 집을 불편하게 여기는 아이들이 많습니다. 그래서 집에 들어가는 일을 괴로움으로 여기는 아이들도 많습니다. 어떤 아이들은 집이나 부모를 생각하면 성적이 먼저 떠올라 당장 힘들어진다고 합니다. 또 어떤 아이들은 집을 수련원이나 훈련소처럼 여기는 아이들도 있습니다. 집에 가면 부모의 명령에 따라야 하고, 부모 생각에 맞춰 생활해야 하기 때문이랍니다. 이거 해라, 저거 해라, 공부해라, 컴퓨터는 그만 해라, 그만 놀아라 등 온갖 강요에 시달리기 때문이라고 합니다. 그러니 자녀들이 집에 들어가는 것을 꺼리게 됩니다.

이런 말들은 부모라면 당연히 할 수 있는 말이라고 할는지 모르겠습니다. 아이들은 배워야 하고, 성공을 위해 달려가야 하니까 부모가 독려하는 일은 당연한 것으로 여길 수 있습니다. 그런데 아이들은 이 당연한 말에 괴로움을 호소합니다. 민영의 부모가 사용했던 말처럼 "조금만 더 노력하면 모두 1등급 받을 수 있을 텐데~", "시간 관리만 잘 하면 성적이 향상될 수 있을 텐데~" 이런 논리적인 말들입니다. 얼른 보기에는 매우 당연하고 합리적인 말처럼 보입니다.

사람들은 대화할 때에 일반적으로 일정한 논리가 있어야 된다고 생각합니다. 논리가 없으면 대화의 핵심이 없는 것처럼 보이기도 하고, 질서가 없는 것처럼 보이기 때문입니다. 하지만 논리가 대화에서 항상 좋은 기능만 하는 것은 아닙니다. 지나치게 논리를 내세우다간 자칫 상대방의 마음이나 정서에 둔감해질 수 있기 때문입니다. 그리고 논리는 이기고 지는 결과를 만들어 순종과 복종을 만들어 냅니다. 그래서 대화 끝이 좋지 않게 됩니다.

여기에서 다시 앞 절 사례에서 만났던 지선의 이야기를 상기해 보겠습니다. 지선은 반려견에 관심이 많았습니다. 그래서 먼 훗날 애견숍을 운영하고 싶어 합니다. 그런데 부모님은 지선에게 안정적이고, 장래가 보장되는 공무원이 되라고 요구하십니다. 부모님 말은 매우 논리적이고 타당한 말입니다. 지극히 합당한 말을 들었는데, 지선은 힘들어하고 괴로워하고 있습니다. 왜 그럴까요? 논리를 내세운 말은 듣는 상대방으로 하여금 자신의 감정과 정서가 외면당하고 있다는 느낌을 줍니다. 그래서 대화를 꺼리게 만들거나 중단하게 만듭니다. 논리가 주는 폐단이라 할 수 있습니다.

부모들은 자녀에게 말을 하거나 자기 견해를 전할 때에는 말의 선명성을 부각하기 위해 논리적인 말을 선호합니다. 당연한 말이기 때문에 당당하고 자신 있게 말합니다. 하지만 이런 말은 전달 기능은 잘 될지 모르지만 상대의 가슴을 울려주지는 못합니다.

부모가 논리적인 설명을 하면 자녀들은 겉으로는 잘 듣고 있는 것처럼 합니다. 하지만 속으로는 '그래 나는 아빠보다 경험이나 설명 능력이 떨어지니 반박할 수 없거든, 하지만 나는 아니야'라는 생각을 가지게 됩니다. 부모 말을 듣는 시늉만 할 뿐 진정한 마음으로 수용하지 않는다는 말입니다.

필자가 만났던 또 다른 아이 민지 이야기를 들어봅니다. 민지 꿈은 헤어디자이너입니다. 아름다운 머리스타일만 보면 눈이 번쩍 뜨입니다. 머리스타일 유형별로 사진을 찍어 비교하기도 하고 유형에 따른 장단점을 잘 설명합니다. 누가 시키지도 않아도 시내 미용실에 나가 예술성이 높은 미용실이 어디인지, 교과서대로만 표현하는 미용실은 어디인지, 독창적인 디자인을 잘하는 곳은 어디인지 분류하기도 합니다. 정규 수업을 마치면 헤어디자인 관련 일을 찾아보기도 합니다. 머리 유형이 얼굴에 따라 달라져야 하는데 기계적으로 찍어내듯이 한다고 평가하기도 합니다. 이렇게 머리 스타일에 대해 이야기할 때면 어디에서 생겨났는지 힘이 있고 용기가 넘칩니다.

그런데 부모님은 민지의 이런 노력을 달갑게 여기지 않습니다. 그러면서 "헤어디자인 기술은 대학에 진학한 다음, 천천히 배워도 늦지 않으니까 지금은 공부만 해라.", "네 생각으로는 그것이 맞는 것 같지만, 대학에 가서 해도 늦지 않는단다.", "공부를 하면 성적이 좋아지고 그러면 좋은 대학에 갈 수 있다.", "대학을 마치면 더 수준 높은 디자인 공부를 할 수 있으니 좋다."라고 하십니다. 매우 논리적이고 합리적인 말입니다.

그런데 이런 말을 들은 민지는 눈물을 흘리고 있습니다. 마음의 문을 닫고 대화를 거부하고, 부모를 원망하며 지냅니다. 그래서 민지는 학교에 오면 공부와 상관없는 스마트폰만 들여다봅니다.

여기에서 만난 세 명의 아이들은 모두 논리적인 설명을 들었습니다. 그래서 그 합리성은 인정하겠는데, 눈물을 흘리고 있습니다. 학교가 싫고, 괴롭고, 성적 나오는 것을 두렵게 여깁니다.

논리는 이렇게 말 자체가 정확한 말이라 겉으로는 매우 단정하고 좋은 말처럼 보입니다. 하지만 상대의 공감을 얻는 대화법은 되지 못합니다. 듣는 사람에게 부담을 주고, 대화를 불편하게 만들거나 관계를 훼손하게 만듭니다. 그래서 부모들이 논리를 들어 말하면 자녀들은 부모와 대화를 주저하거나 끊게 됩니다.

논리가 필요한 자리가 있다면 그것은 토론하는 자리거나 학문을 논하는 자리일 것입니다. 또는 언쟁하는 자리일 것입니다. 하지만 자녀와 대화할 때에 사용하는 논리는 사춘기의 양분이 될 뿐입니다. 더구나 자녀의 잘못이나 조언을 하는 자리에서 사용하는 논리는 좋은 대화법이라 할 수 없습니다.

선생님이 건네는 마음 처방전

1) 상비약 조제 실습

※ 최근에 자녀와 대화하면서 논리적으로 설득했던 일이 있는지 생각하고, 그것을 기록해 보겠습니다.

① 부모가 전개한 논리: _____

② 부모가 전개한 논리: _____

2) 상비약 사용 설명서

약 명	부작용
"이것은 ~해서 잘못된 것이다."	· 반항심을 불러일으킵니다. · 기분을 나쁘게 만듭니다.
"~하려면 ~해야 한다."	· 조건에 부담을 갖게 만듭니다. · 열등감을 키우게 됩니다.
"그런 점에서 네 생각은 잘못되었구나."	· 지적받는다는 느낌이 들어 불편하게 만듭니다. · 다른 논리를 들어 대꾸하게 만듭니다.

3) 주의사항

· 자녀와 편하고 즐거운 대화를 원하는 부모라면 이 약은 복용하지 마시오.

4) 상비약 복용법

① '논리'가 주는 부담감에 대해 생각해 보십시오.

② '논리'는 상대를 불편하게 만드는 말임을 기억하십시오.

③ 자녀들에게 '논리'는 사춘기의 양분이 됩니다.

④ '논리'로 자녀를 설득할 수 있다고 생각하지 마시오.

사춘기의 성장,
설교 · 훈화 · 충고

　　재한이는 고등학교에 입학한 지 얼마 되지 않아 학생지도부 선생님의 지도를 받기 시작했습니다. 학기가 시작되고 한 달 남짓, 새 학년의 다짐이 아직 사라지기도 전에 주민들이 재한을 경찰에 신고하면서 재한의 지도는 시작되었습니다.

　　재한은 점심시간이 되면 식사를 마치고, 남들 몰래 학교 근처 주택가 골목으로 가서 친구들과 함께 담배를 피웠습니다. 주민들이 집 앞에서 담배를 피우지 말라고 당부했는데도 계속 피웠습니다. 급기야 '안 되겠다' 싶은 주민들이 파출소에 신고하면서 재한과 친구들은 경찰에 붙들려 갔습니다. 경찰 측에서 이 사실을 학교에 알리면서 선생님들의 지도가 시작되었습니다.

　　재한이는 초등학교 6학년 때 처음으로 담배를 시작했다고 합니다. 지금 고등학교 1학년이니까 벌써 4년이 넘는 기간 동안 담배를 피워온 셈입니다. 선생님의 지도를 받으면서도 재한은 담배 피는 것을 스스로는 어떻게 제어하지 못하겠다고 합니다. 재한에게 특별한 계기가 없다면 앞으로 평생 담배와 함께 생활해야 할는지 모를 일입니다. 재한이가 담배를 일찍 피우게 된 사연을 들어봤습니다.

재한과 긴 시간 동안 상담하면서 재한의 변명을 들을 수 있었습니다. 재한은 담배 피우게 된 계기를 가정환경 탓으로 돌리고 있었습니다. 그의 이야기는 핑계 같은 말이지만 어른들이 마음에 새겨둘만한 내용이라서 소개해 봅니다.

재한의 아버지는 술을 좋아하셨답니다. 술을 드시고 집에 들어오시는 날이면 재한에게 무릎을 꿇게 한 다음, 훈계를 즐겨 하셨답니다. 재한은 아버지의 이런 모습이 너무 밉고 싫었지만 나이가 어리고, 힘이 약한지라 어찌 하지 못하고 그냥 무릎을 꿇고 아버지 말씀을 들었다고 합니다.

이럴 때마다 재한은 속으로 '나도 어른이 되면 내 마음대로 하고 살 수 있겠구나'라는 생각을 하게 되었답니다. 그래서 재한은 얼른 어른이 되고 싶은 마음에서 어른 모습을 흉내 내기도 하고 상상하기도 했다고 합니다. 그러다가 어른들이라면 마음대로 할 수 있는 담배를 생각하게 되었답니다. 어른들 흉내를 낸다고 시작한 것이 흡연의 출발이었다고 합니다.

부모라면 누구나 자녀들이 잘되기를 소망합니다. 그래서 충고나 설교를 하기도 합니다. 성공하는 방법을 일러주거나 혹은 바른 인생길에 대해 자기 경험을 바탕으로 자녀들에게 말해 주기도 합니다. 어떤 부모는 자기 일을 스스로 기특하게 생각한 나머지 과장해서 말하기도 하고, 자랑삼아 말하기도 합니다. 어떤 분들은 자기 이야기를 마치 영웅처럼 미화시켜 말하기도 합니다. 이렇게 말하면 자녀들이 매우 흥미롭고 귀하게 여길 줄로 알고 말입니다.

그러나 생각과 달리 자녀들은 부모의 이런 영웅담을 그렇게 좋아하지 않습니다. 더구나 재한의 아버지처럼 술을 드시고 들어와서 반복적으로 하는 이야기는 더욱 그렇습니다. 부모들은 그것도 모르고 좋은 이야기라며 반복해서 하곤 합니다.

"내가 너만 했을 때~"

"내가 그런 일을 할 때에는~"

"내가 어려움을 만났을 때는~"

이런 형태로 시작되는 훈화나 훈계는 겉으로 얼핏 보기에는 매우 좋은 말처럼 보입니다. 그런데 그 가치와 의미를 생각해 보면 그것이 얼마나 가벼운지 모릅니다. 어른들은 경험을 통해 잘 알고 있습니다.

부모들은 학교에 다니면서 수도 없는 훈화나 훈계를 들었습니다. 매일 아침 조회나 종례시간이면 담임선생님의 훈화를 들어야 했습니다. 또 일주일에 한 번 정도 애국조회라는 것이 있어서 교장선생님의 훈화까지 들어야 했습니다. 그래서 얼마나 많은 금언과 교훈과 잠언들을 들어왔는지 모릅니다. 하지만 그것들을 기억하는 사람들은 별로 없습니다. 필자가 그동안 만난 사람 중에서 학창시절의 훈화가 삶에 도움이 되었다고 말하는 사람은 거의 보지 못했습니다. 그만큼 훈화나 교훈이 학생들에게 도움을 주지 못했다는 증거일 것입니다.

만일 제자들을 향한 훈화가 삶에 많은 영향을 미쳤다면 사람들의 삶은 상당히 달라졌을지도 모릅니다. 생을 후회하는 사람들 또한 그리 많지 않을 것입니다. 하지만 주변을 둘러보면 그렇지 않습니다. 재한의 흡연처럼 오히려 부작용으로 돌아온 경우가 많습니다. 아버지는 당신의 말과 방법이 재한에게 유익할 것이라고 생각한 것입니다. 아버지는 아마 이러한 말들이 재한에게 든든한 자양분이 되어 성공의 디딤돌이 될 것이라고 생각했을 것입니다. 그런데 아버지의 훈화는 그 의도와 달리, 도리어 재한이 담배를 시작하게 되는 계기가 되고 말았습니다.

"네가 꼭 해야 할 것은~"

"너는 자식으로서~ 해야 한다."

"너의 책임은~ 매우 중요하단다."

사람들은 이런 말들이 듣는 사람에게 좋은 영향을 미칠 것으로 생각합니다. 그런데 이런 말은 의외로 부작용이 많습니다. 훈화나 충고는 우선 청자에게 구속감이나 죄책감, 그리고 부담을 줍니다. 그래서 듣는 사람의 마음을 불편하게 만듭니다. 이런 말을 들으면 사람들은 보통 '내가 ~을 해야 하는가?' 하는 고민을 하게 됩니다. 또한 '내가 무엇을 못해서 ~을 제시하는가?' 하는 생각을 하게 만듭니다. 따라서 상당한 부담을 안게 됩니다.

이런 훈계가 불편을 만든다는 사실을 아는 사람들은 이런 권유 형태의 말을 쓰기도 합니다.

　이런 말은 청유 형태의 말로, 선택의 권한이나 자율을 청자에게 주고 있습니다. 그래서 얼른 보기에 훈화보다 더 좋은 화법처럼 보입니다. 하지만 여기에도 부정적인 면이 있습니다. 이런 말은 화자가 청자에게 어떤 해결책을 제시해 주는 형태입니다. 듣는 사람은 당장 '그렇게 해야 하는가?' 혹은 '그렇게 하지 못하면 어떻게 하지?'라는 생각을 갖게 됩니다. 그러다가 나 자신이 스스로 할 수 없는 일이라고 판단되면 내 능력에 대한 부정적인 인식을 갖게 됩니다. 그래서 이런 제안은 청자 스스로 어떤 일의 해결 방법을 생각해 낼 수 없도록 만듭니다. 그래서 결국 이런 형태의 말은 아이의 창의성을 무디게 만듭니다.

　그러면 설교나 훈화, 충고는 필요 없는 말일까요? 그렇지 않습니다. 필요한 경우는 청자가 훈화나 충고를 요구한 경우입니다. 그러면 이런 말은 큰 효과를 발휘하게 됩니다. 이런 경우 훈화나 충고는 상당히 유용합니다. 하지만 그렇지 않고 듣는 사람이 원하지 않는데 이런 말을 하는 것은 자녀들에게 부담만 줄 뿐만 아니라 도움도 되지 않습니다. 부모들이 흔히 하는 이런 말들을 생각해 보기 바랍니다.

"네가 할 것은 돈 버는 일이 아니라 공부야.

공부하지 않고서 네가 뭘 하겠다고 그래?"

"네 나이 때 공부 안 하면 평생 후회한다."

"어른들도 어린 시절로 돌아가면
공부 한번 해보고 싶다는 사람들이 많단다."

　이런 말을 들으면 어떤 감정이 생길까요? 아직 잘 모르시겠다면 다시 어른들 버전으로 각색해 보겠습니다.

"당신이 할 것은 돈을 많이 벌어 가족들이 풍족하게
쓰도록 하는 일이에요. 그러지 않고 어디를 맨날 돌아다녀요?"
"지금 당신 나이가 몇인데, 그렇게 하고 다녀요?
더 나이 들어 후회하게 될 거예요."
"어른들도 어린 시절로 돌아가면 공부 한번
잘해보고 싶다는 사람들이 많다면서 아빠는 왜 공부 안 해요?"

　이런 말을 들어보니 어떤 기분이 드나요? 두말할 것도 없이 당장 불쾌한 기분이 듭니다. 그런데 부모들은 이런 유형의 말을 자녀들에게 함부로 사용하곤 합니다. 이런 말로 자녀의 기분을 몹시 나쁘게 만들어 놓은 다음, '그래 이 정도면 아이들이 충분히 알아들을 거야'라고 생각하면서 스스로 위안을 삼기도 합니다. 하지만 자녀들 역시 이런 말을 들으면 당장 불편을 느끼고, 거부감을 가지게 됩니다. 그래서 부모에게 반항하기도 하고, 대드는 일을 하기도 합니다.

　부모들이라면 꼭 알아야 할 내용이 있습니다. 자녀에게 훈화나 훈계를 하면 할수록 자녀들은 그 반대를 떠올리게 된다는 사실입니다. 부모들이 공부하라고 강조하면 '세상에 공부를 안 하고도 성공한 사람들이 얼마나 많은데 뭐~'라는 생각을 합니다. 더 반항적인 아이들은 '엄마(아빠)는 학교에 다닐 때 공부를 얼마나 잘했남?' 하고 대꾸하기도 합니다. 누구나 얼핏 듣기엔 좋아 보이는 훈화나 설득하는 말은 자녀의 사춘기 특성이 잘 발달하도록 돕는 말이라는 사실을 기억하면 좋겠습니다. 그러면 이런 말은 어떨까요?

> "너는 잘할 수 있어, 이 정도야 뭐 거뜬히 잘할 수 있지."
>
> "성적은 차차 올리면 되, 뭐 그런 거 가지고 난리야, 괜찮아."
>
> "힘을 내자, 힘을 내자구."

이 말들은 모두 듣는 사람에게 도움을 줄 것 같고, 격려하고 위로하는 말처럼 들립니다. 하지만 이러한 말 역시 아이들에게 별다른 도움을 주지 못합니다. 또한 부모들은 자녀들과 대화를 나누다가 자녀의 요구가 강해지거나 들어주기 불편하다고 여겨지면 이렇게 대꾸합니다. "그런 이야기라면 다음에 하자. 헛소리 그만하고~", "또 생각해 보자.", "그건 나중에 하고 다른 이야기나 해 보자." 등과 같이 하여 화제를 바꾸려고 시도합니다. 이런 말들 역시, 자녀의 사춘기 부정적 특성이 매우 잘 자라도록 돕는 자양분이 된다는 사실입니다.

우리는 지금까지 훈화나 훈계, 설교, 충고 등이 자녀에게 미치는 영향에 대해 알아봤습니다. 이런 말들은 자녀의 기분을 상하게 만들어 사춘기가 성장하도록 돕는 튼실한 자양분이 된다는 사실입니다. 자녀를 곱고 건실하게 양육하기를 바라는 부모들이라면 이 사실들을 꼭 기억하면 좋겠습니다.

선생님이 건네는 마음 처방전

1) 상비약 조제 실습

※ 자녀와의 대화 가운데 부모가 했던 충고나, 설교, 제안했던 말들이 있었는지 생각해 보고 그것들을 써 보시오. 그것들을 들은 자녀의 마음도 물어봐 주십시오.

① 충고했던 말: _____

② 설교했던 말: _____

③ 훈화했던 말: _____

2) 상비약 사용 설명서

약 명	부작용
"내가 너만 했을 때~"	· 자녀들은 별로 관심이 없습니다. · "그때와 지금이 같아요?"라는 핀잔을 들을 수 있습니다.
"이렇게 하는 게 어때?"	· 자녀가 창의적인 생각을 발휘할 수 없게 만듭니다. · 열등감을 느끼게 됩니다.
"이 정도야 뭐 잘할 수 있지."	· 지나친 부담감을 갖게 됩니다. · 결과에 대한 두려움을 갖게 됩니다.

3) 주의사항

> · 자녀와 대화가 자칫 설교로 이어지기 쉽다는 사실을 기억하십시오.
> · 이런 언어들이 있다면 자녀의 사춘기를 튼튼하게 만든다는 사실을 기억하시오.
> · 자녀의 사춘기가 왕성해지면 부모인 내가 힘들고 괴롭게 됩니다. 뿐만 아니라 자녀의 삶도 힘들 수 있습니다.

4) 상비약 복용법

① 자녀에게 설교나 훈화가 효험이 없다는 것을 명심하십시오.

② 설교는 지루함을 주어 불편이나 회피를 가져옵니다.

③ 설교나 훈화는 도리어 사춘기의 분명한 특성을 자라게 합니다.

④ 충고나 설교, 훈화는 같은 역기능을 지닌 말임을 명심하십시오.

사춘기의 발현,
비난 · 비판 · 비웃음

　고등학교 1학년인 진선은 학생지도부 선생님의 지도를 받고 있습니다. 오래전부터 갖고 있던 습관이 문제가 되었습니다. 진선은 지금 고등학생이니까 사리 분별이 어느 정도 되는 나이입니다. 그럼에도 불구하고 양심의 가책 없이 남의 물건에 손을 댄 것입니다.

　진선의 학년에서는 학기 초부터 교실에서 분실물 사고가 자주 있었습니다. 아이들이 사용하는 지우개, 샤프펜슬, 바람막이 외투, 체육복, 돈 등 종류를 가리지 않고 거의 매주 물건들이 사라졌습니다. 이 일에 관여한 아이들이 누구인지 몇몇 정도 짐작은 되었습니다. 하지만 증거가 없어서 가려낼 수 없었습니다.

　그러다가 학급에서 한 아이의 값비싼 전자사전이 사라진 일이 있었습니다. 그런데 그 사전이 진선의 가방에서 발견된 것입니다. 우연히 사전을 발견한 아이가 선생님에게 알리면서 사전을 가져간 사람이 진선이라는 사실이 드러나게 되었습니다.

학교에서 분실 사고가 나면 선생님들이나 학급 구성원들은 당황하게 됩니다. 잃어버린 물건도 물건이거니와 선생님들이 수사관처럼 조사할 수도 없는 노릇이고, 또 누구의 잘못이라고 단정지어 말할 수도 없기 때문입니다. 더 큰 어려움은 학급 아이들 간에 서로 불신하게 된다는 것입니다. 그런데 학교에서 분실 사고가 잦으니, 고민이 이만저만이 아니었습니다. 한동안 고민이 되었던 문제가 이번 일로 드러나게 되었습니다.

진선을 지도하는 과정에서 드러난 사실은 그동안 학급에서 일어난 도난 사건 대부분은 진선을 비롯한 몇몇 친구들이 함께한 일이었다는 것입니다. 아이들이 오랫동안 짐작하고 예상한 대로였습니다.

그동안 이들의 행위가 드러나지 않았던 것은 함께한 아이들이 매우 효과적으로 일을 협력해 왔기 때문입니다. 진선이를 비롯한 2~3명의 친구들은 아이들이 교실을 비워야 하는 체육시간이나 이동수업시간이 되면 교실에 늦게까지 남아있다가 아이들이 모두가 빠져나가고 나면 한 사람이 망을 보고 남은 아이들이 물건을 가지고 나왔습니다.

학급에서 분실물 사고가 나면 담임선생님은 교실에서 가장 늦게 나간 세 사람을 불러 "너희들이 체육시간에 늦게 나갔다면서? 그때 무슨 일이 있었느냐?"라고 물었습니다. 그러면 3명의 아이들은 "제가 봤는데요, 진선은 그런 일을 할 친구가 아닙니다. 결코 그런 일을 하지 않았습니다. 제가 봤거든요." 하면서 서로에게 증인이 돼 주었습니다. 이렇게 해서 매번 위기를 넘겼습니다.

아이들은 자기 반 친구 물건만 가져온 것이 아니었습니다. 다른 빈 교실에도 들어가서 필요한 물건이라면 거리낌 없이 가져왔습니다. 그럴 때도 역시 한 사람이 망을 보면 나머지 두 사람이 물건을 가져오는 식이었습니다. 그리고 문제가 되면 늘 그래왔던 것처럼 서로에게 증인이 되어 줌으로써 발각의 위기를 넘기곤 했습니다.

그러다가 전자사전 사건을 계기로 그간의 일들이 밝혀지게 되었습니다. 진선의 지도가 마무리될 무렵, 필자는 진선을 만날 수 있었습니다. 여러 시간 동안 상담하면서 진선으로부터 이런 습관이 몸에 배게 된 사연을 들을 수 있었습니다. 진선의 습관은 초등학교 4학년 때부터 시작되었다고 합니다.

초등학교 3학년 때, 진선은 부모님이 이혼하면서 할머니와 아버지, 남동생, 이렇게 네 식구가 생활하게 되었답니다. 진선은 할머니의 사랑을 듬뿍 받긴 했지만 엄마에 대한 그리움을 지울 수 없어 늘 허전한 마음을 느꼈다고 합니다. 엄마가 있는 친구들이 그렇게 부러울 수 없었다고 합니다. 마음에 쌓인 외로움은 진선에게 알 수 없는 불평불만을 만들어 냈다고 합니다. 그래서 할머니에게 불평을 늘어놓기도 하고 거칠게 반항하기도 했다고 합니다. 그럴 때마다 진선은 할머니로부터 이런 꾸지람을 들었다고 합니다.

"꼭 지 엄마를 닮아서~"

"미친0, 그래 가지고 잘~ 하겠다."

"네가 그러니 네 엄마가 너를 두고 가지."

이런 말을 들을 때면 진선은 못된 마음이 들어 더 어긋난 행동을 했다고 합니다. 그러면 할머니의 비난과 꾸지람은 더 늘어났다고 합니다. 그때마다 진선은 '나는 할머니나 아빠에게 사랑을 받지 못한 사람이구나.'라는 생각을 하게 되었다고 합니다. 그래서 아빠가 무슨 말을 하더라도 모두 거부하고, 거칠게 반항했다고 합니다.

한번은 진선이 갖고 싶은 물건이 생겨서 할머니께 사 달라고 말씀드리려 했답니다. 하지만 할머니의 야단과 비난이 생각나서 접었다고 합니다. 그러던 차에 친구가 그 물건을 가지고 있는 것을 보게 되었답니다. 당장 갖고 싶은 마음이 들어 그 물건을 몰래 가져왔답니다. 집에 돌아와서는 친구가 줬다며 할머니에게 자랑했답니다. 할머니는 "그런 좋은 친구 있구나." 하시면서 칭찬해 주셨다고 합니다.

할머니가 몹시 흡족해하는 모습을 보니, 진선은 은근히 자부심이 생겼다고 합니다. 그래서 갖고 싶은 물건이 있으면 할머니에게 사 달라고 말씀드리지 않고, 그냥 가져오게 되었다고 합니다. 처음에는 할머니의 비난이 싫고, 칭찬해 주는 것이 좋아서 시작하게 되었는데, 나중에는 별 죄의식 없이 자연스럽게 가져오는 습관이 되었다고 합니다. 결과적으로 진선을 향한 할머니의 비난은 진선의 못된 습관을 태동시켰다고 할 수 있습니다.

진선이 할머니로부터 종종 들었던 말은 이렇습니다. "꼭 지 엄마를 닮아서~", "미친○, 그래 가지고 잘~ 하겠다.", "네가 그러니 네 엄마가 너를 두고 가지." 이런 비난하거나 비웃는 말들은 듣는 사람 마음에 큰 상처를 줍니다. 특별히 가족들의 이런 '비난'은 자녀 성장에 큰 영향을 미칩니다. 진선 역시 아빠나 할머니가 사용했던 비난이나 빈정대는 말에 영향을 받은 것입니다.

빈정댐, 비웃음, 비난, 비판 등은 사람을 아프게 만듭니다. 상처를 만들고 괴로움을 만들어냅니다. 이런 말들 속에서 자란 자녀들은 정서적으로 건강하지 못합니다. 이런 빈정거림은 어른인 우리들이 들어도 상처가 되는 것은 마찬가지입니다.

"헛똑똑이."

"넌, 누구를 닮아서~"

"잘 한다, 잘 해~"

"미친놈."

"정신 나간 녀석."

"네가 하는 짓이라고는~"

"너는 왜 맨날 그 모양이니?"

"잘하는 것이라고는~"

이런 말들은 모두 비웃음, 비난, 혹은 욕들입니다. 어떻습니까? 당
장 기분이 나빠지지요? 남으로부터 부정적인 평가, 비난, 비웃음, 욕
설 등을 들으면 어른들도 기분이 나빠집니다. 이런 말을 하는 사람
들과는 가까이하고 싶지 않습니다. 자녀들도 마찬가지입니다.

그런데 부모들은 이런 불편한 말들을 아이들에게 너무나 쉽게, 자
주 구사하는 경향이 있습니다. 자기 기분에 따라 내키는 대로 자녀
에게 이런 말들을 사용합니다. 그러면 아이들은 이런 말을 듣고 스
스로 무능하고, 못나고, 쓸데없는 바보 같다는 생각을 갖게 됩니다.
또한 아이는 자신의 능력이나 재능에 상관없이 자기도 모르는 사이
에 부모가 내린 이런 비난에 젖어들게 됩니다.

데일 카네기는 『인간관계론』에서 우리에게 이렇게 조언하고 있습
니다. "사람들을 비난하는 대신 그들을 이해하려고 노력하자. 그들
이 왜 그러는지 이해하려고 노력해 보자. 그러는 편이 비난하는 것

보다 훨씬 유익하고 흥미롭다. 그러면 공감과 관용, 친절이 생겨난다.”

또한 영국의 시인 새뮤얼 존슨은 “하나님도 사람의 생이 다하기 전까지는 심판하지 않는다.”라는 말을 했습니다. 성서에서도 이렇게 말하고 있습니다. “비판을 받지 아니하려거든 비판을 하지 말라. 너희가 비판하는 그 비판으로 너희가 비판을 받을 것이요. 너희가 헤아리는 그 헤아림으로 너희가 헤아림을 받을 것이니라.”*

비난·비판·비웃음 등은 사춘기 자녀의 부정적인 행동특성을 만드는 매우 좋은 양분이 됩니다. 만일 청소년기 자녀의 행동이 어느날 거칠어진다면 자녀를 탓하기보다는 먼저 부모 자기 모습을 돌아보는 것이 현명한 일입니다. 문제의 원인을 자녀에게서 찾는 것보다는 부모 자신에게서 찾는 것이 해결에 더 도움이 되기 때문입니다. 자녀들이 행복하고 아름다운 삶을 살기를 바라는 부모들이라면, 자녀에게 빈정·비난·비판·비웃음 등과 같은 말들은 사용하지 않아야 합니다. 이것을 꼭 명심하면 좋겠습니다.

* 마태복음 7장 1~2절

1) 상비약 조제 실습

※ 자녀와 생활하면서 비난, 비판, 비웃는 형태의 말이 있었는지 생각해 보고 아래에 써 보겠습니다.

① 비난했던 말: _____

_____

② 비판했던 말: _____

_____

③ 비웃었던 말: _____

_____

※ 생활 속에서 이런 말들을 제거하도록 노력하면 좋겠습니다.

2) 상비약 사용 설명서

약 명	부작용
"잘한다 잘해."	· 행동을 자신 없게 만듭니다. · 기분을 몹시 상하게 만듭니다. · 부정적인 의식을 자라게 합니다.
"그래 가지고 네가 뭐 하겠니?"	· 발전할 가능성을 뭉개는 일이 됩니다. · 부정적인 의식을 자라게 합니다.
"무슨 그리 정신 나간 소리를 하니?"	· 기분을 매우 나쁘게 만듭니다. · 다른 말을 할 수 없게 만듭니다.

3) 주의사항

· 자녀가 도전적이고 용감한 사람이 되기를 바라고 또한 자신감 넘치고 발전적인 자녀로 성장하기를 바라는 부모는 복용하지 마시오.

4) 상비약 복용법

① 생활 속에서 비난, 비판, 비웃음의 언어를 제거하십시오.

② 이 언어들의 부정적인 면을 기억하시오.

③ 이런 언어들은 사람을 매우 기분 나쁘게 만든다는 사실을 기억하십시오.

④ 날마다 나의 언어 형태를 점검하십시오..

사춘기 예방법

이 장을 처음 시작하면서 사춘기에 대한 이야기를 했습니다. 그리고 사춘기를 심하게 겪고 있는 우리 아이들의 배경 이야기를 했습니다. 아울러 이런 결과를 만들어낸 여러 요소들에 대해서도 알아봤습니다.

이제 우리는 청소년들이 사춘기를 경험하게 되는 이유를 어느 정도 알게 되었습니다. 그래서 지수 엄마가 고민했던 "요즘 아이들은 왜 이렇게 반항적이고 전투적인지 모르겠어요."에 대한 답과 대안을 어느 정도 얻을 수 있게 되었습니다. 여기에서는 종합적으로 사춘기 예방법을 정리하려고 합니다.

사람들은 '사춘기의 특성'을 이야기할 때, 보통 두 가지 측면을 생각합니다. 하나는 성장과정에서 일어나는 '신체적인 특징'이고, 다른 하나는 '행동적인 특성'입니다.

신체적 특징은 우리들이 잘 아는 것처럼 아이들의 체격이 커지고 목소리가 두꺼워지고 성(性)적인 특징이 나타나는 것입니다. 그래서 사춘기가 되면 아이들은 외형적으로 어른 모습과 비슷해집니다.

반면 행동 특성으로는 그동안 부모 말에 고분고분하던 아이가 어느 순간부터인가 부모 말을 잘 듣지 않는다거나, 자기 생각을 강하게 말하기 시작합니다. 때로는 부모와 대화를 거부하고 부모 생각이 잘못되었다고 지적하기도 합니다. 어떤 경우에는 도를 넘어 심한 저항을 하기도 합니다.

사춘기의 심각성을 얘기할 때면 사람들은 신체적인 변화보다는 행동특성에 관심을 가집니다. 사춘기에 접어든 아이들은 이전에 보여준 행동 양상과 조금 다른 모습을 보이기 때문입니다.

오늘날 청소년의 사춘기 문제는 가정에만 머무르는 것이 아니라 가정을 넘어 사회에 영향을 미치고 있습니다.

그래서 사춘기 문제가 매우 어려운 양상을 보이고 있기는 합니다. 하지만 어떤 관점을 갖느냐에 따라 생각보다 쉽게 풀릴 수 있는 문제라는 생각도 듭니다. 그 방법을 간단하게 말씀드리면 가정에서 부모들이 사용하는 언어습관을 조금 수정하는 것입니다. 사춘기 문제는 자녀 문제가 아니라 부모 문제이기 때문입니다.

부모 문제라고 함은 부모들이 평상시 자녀에게 사용하는 언어에 문제가 있다는 말입니다. 부모들이 자녀를 가졌을 때부터 양육 전(全) 과정, 그러니까 사춘기가 일어나기 전(前)까지 자녀 생애 기간 내내 부모들이 사용한 언어가 자녀 삶에 영향을 미쳤다는 말입니다. 따라서 사춘기 청소년들의 문제 행동 즉 - 반항, 침묵, 거부, 괴롭힘, 가출 등은 아이들 스스로 만들어내는 것이 아니라 부모의 양육태도에 따른 결과라는 것입니다.

다르게 표현하면 부모들이 자녀들에게 준 자극이 자녀의 사춘기를 만들어 낸다는 말입니다. 즉 사춘기는 부모가 양육과정에 보여준 자극에 자녀들 스스로 적응하고 보호하려는 과정에서 만들어지게 된다는 말입니다. 그러니 사춘기의 행동특성은 자녀들이 자기역할이나, 자기 자리를 찾아가기 위한 본능적인 행동이라 할 수 있습니다.

부모의 자극이라는 것은 앞에서 말씀드린 것처럼 부모들이 자녀에게 지시, 명령, 충고, 훈계, 추측, 단정, 비난하는 말 등입니다. 이런 말들은 자녀의 마음을 불편하게 만들거나 아프게 만듭니다. 이런 환경에서 자란 자녀는 마치 나쁜 공기 속에서 생활하면 여러 호흡기 질환에 노출되거나, 불치병에 걸리는 것과 마찬가지로 마음이 병들게 됩니다. 아이들이 심리적으로 나쁜 환경에서 생활하는데, 자녀들의 마음이 아프지 않으면 도리어 그것이 이상한 일입니다. 이런 환경에서 성장한 아이들은 당연히 불평하고, 반항하고, 대화를 꺼리는 사춘기를 만들어낼 수밖에 없다고 생각합니다. 이런 관점으로 사춘기 청소년에게 접근하면 사춘기 문제는 상당히 쉽게 풀어낼 수 있다는 생각입니다.

그러면 우리 가정환경을 보면서 문제에 접근해 보도록 하겠습니다. 어쩌면 우리나라 가정환경은 자녀 양육의 악조건을 지니고 있다고 해야 할는지 모르겠습니다. 부부들은 직장생활 하느라 바쁩니다. 아침이면 모두 출근 준비하느라 바빠서 마음이 조급하다 보니 아이에게 "얼른 일어나!"라는 말을 여러 번 반복하고 목소리를 높이기도 합니다. 아이가 일어나면 이제는 밥을 먹여야 합니다. 여러 번 독촉

해도 먹지 않고 아이는 미적거립니다. 마음이 점점 급해 오는데, 이런 모습을 보면 정말 화가 치밀어 오릅니다. 자녀가 더 밉게 느껴집니다. 조바심이 난 부모는 아이를 향해 "서둘러", "빨리", "이 다음에 커서 너는 뭐가 될래?", "옆집 ○○는 잘 먹는데 너는 왜 이 모양이니?"와 같은 유의 말들을 늘어놓게 됩니다.

자녀가 더 자라면 이제는 학업을 위한 환경을 조성해주어야 합니다. 숙제를 하고 학습지도 풀어야 합니다. 그래서 매일 공부해야 할 양을 정해 주기도 합니다. 그러면 아이가 부모 마음처럼 공부를 열심히 잘해주면 얼마나 좋을까요? 그런데 자녀는 그렇게 하지 않습니다. 해야 할 양이 많아서 그런가 보다 해서 이번에는 양을 줄여줘 봅니다. 그래도 마찬가지입니다. 그러면 부모들은 또 혼을 내기 시작합니다.

자녀들의 이런 모습은 조금 더 성장해도 비슷합니다. 아이의 행동이 형태만 달라질 뿐, 눈에 거슬리기는 마찬가지입니다. 하루 종일 컴퓨터 앞에 앉아서 게임을 하거나 인터넷 구경을 합니다. 성인군자가 아니라면 아이들의 이런 태도를 수용하기가 정말 어렵습니다. 화가 날 수밖에 없습니다. 이때에도 부모들은 아이를 향해 비난, 비교, 평가하는 온갖 불편한 말들을 사용하게 됩니다.

그러니 오늘날의 가정환경은 자녀 양육에 매우 열악한 조건을 지녔다고 할 수 있습니다. 어쩌면 우리 현실은 부모가 자녀에게 좋은 말을 해줄 수 없는 극한의 환경인지도 모릅니다. 부모들 입장과 처지가 충분히 이해됩니다.

그렇다고 해서 자녀 양육의 문제를 소홀히 할 수 없는 노릇입니다. 한 가정의 일은 그저 한 개인의 일로만 그치지 않고, 가정을 넘어 사회에 영향을 미치고 있기 때문입니다. 가정의 일은 사회의 일이고, 사회의 일은 곧 가정의 일이 됩니다.

그래서 필자는 우리의 행복한 삶과 사회를 위해서는 가정의 문제를 이대로 방관해서는 안 된다고 생각합니다. 우리 모두의 삶이 행복해야 하기 때문입니다. 그러기 위해서는 어느 정도 우리 노력이 필요하다고 생각합니다. 우선 한 살이라도 더 많고, 경험이 더 많은 어른들이 먼저 생각해 봐야 합니다. 그리고 할 수 있는 일이라면 부모들이 나서서 먼저 실천하는 일이 필요합니다.

가장 먼저 해야 할 일은 부모의 말을 점검하는 일입니다. 앞에서 언급했던 대화 요소들, 부정하기, 지시하기, 비난하기, 지나치게 논리적인 잣대만을 들이대기 등등의 요소들을 제거하는 일입니다. 그래서 부모들이 나서서 자녀들의 마음을 편하게 해 주어야 합니다. 너무 어렵고 복잡하게 느껴질는지 모르겠습니다. 만일 이것이 어렵게 느껴지면 이렇게 생각해 보면 조금 위안을 얻을 수 있을 것입니다.

부모들은 자녀들이 아침에 스스로 일어나서, 알아서 등교하고, 알아서 자기 일을 하기를 바랍니다. 하지만 이런 일들은 부모들도 하기 어려운 일입니다. 자녀들이 알아서 공부하고, 알아서 정리하는 일 등은 부모도 싫어서 잘 안 되는 일입니다. 그런데 자녀에게만은 그렇게 하기를 바랍니다. 자녀를 바르게 양육하려면 이제 이런 기대를 조금 내려놓는 것이 좋겠습니다. 만일 이것이 어렵다면 내가 살면서 경험했던 일들을 아래처럼 상기하면서 자녀에게 적용해 보는 일입니다.

우리가 직장에 나가 일을 하거나 손님을 만나서 대화할 때 장면을 떠올려 보십시오. 직장 동료나 상사 사이에서 불편한 일이 일어났습니다. 그렇다고 우리는 그것을 당장 말하지 않습니다. 상대의 기분을 생각해서 조금 참습니다. 그리고 말을 하더라도 수위를 조절합니다. 그러면서 좋은 관계를 훼손하지 않으려고 노력합니다.

마찬가지로 내 환경이 아무리 어렵고 힘든 상황이라고 하더라도 자녀에게 함부로 명령하고, 지시하고, 판단하고 비난하고 빈정거리는 말을 해서는 안 됩니다. 이런 환경에서 자란 자녀들은 청소년기가 되면 부모에게 마음이 눌려 지칠 대로 지치고 상할 대로 상한 상태가 됩니다. 그러면 이제 자기 아픈 마음을 참지 않고 드러내기 시작합니다.

어떤 아이들은 부모의 물음에 무반응으로 대하고, 또 어떤 아이는 부모에게 무뚝뚝하고 차갑게 대꾸하기도 합니다. 어떤 아이들은 부모에게 거칠게 저항하기도 하고, 심지어 직접 싸우기도 합니다. 자신감을 일찍 얻은 아이들은 초등학교 5~6학년 때부터 이런 행동을 보이기 시작합니다. 그런 것이 중학교 3년 전후가 되면 매우 강하게 나타납니다. 소위 말하는 사춘기의 시작이라고 할 수 있습니다. 어른들이 보기에는 모두 이상하고 못된 행동들이라 할 수 있습니다.

사춘기는 이런 과정을 거쳐 나타나게 됩니다. 자녀들의 불편한 행동은 어느 날 하루아침에 갑자기 만들어진 것이 아닙니다. 그동안 가정에서 부모와 자녀 사이에 쌓인 불평, 불만들이 축적되어 있다가 이제 표출된 것뿐입니다. 필자는 이것이 사춘기 특징으로 자리매김하게 되었다고 생각합니다. 그러니까 사춘기 부정적인 행동특성은 과거에 부모가 자녀 양육과정에서 행했던 부정적인 말이나 태도들이 자녀의 내면에 부정적인 요소로 쌓여 있다가 어느 날부터 표출된 것이라고 보는 것입니다.

그러니 이제 우리 사회나 어른들은 자녀 사춘기에 대한 인식을 조금 바꿔야 할 필요가 있다고 생각합니다. 그래서 만일 자녀가 사춘기 특성을 보이면 꾸중하거나 야단하기보다는 먼저 부모 자신의 양육 방법이나 태도를 점검해 보는 것입니다.

자녀의 사춘기는 자녀가 부모에게 보내는 일종의 양육 미숙에 대한 경고성 옐로카드라고 할 수 있습니다. 그러니 부모가 자녀를 양육하는 과정 가운데 특별히 언어와 태도 문제를 중심으로 살펴보는 것이 좋습니다. 자녀가 사춘기 증상을 보이면 '그동안 내가 너에게 상처를 많이 주었구나, 미안하구나.' 같은 생각과 반성을 하는 것이 좋습니다. 사춘기는 자녀들의 문제가 아니라 부모의 문제이기 때문입니다.

필자는 사춘기를 겪고 있는 아이를 만나면 이런 관점에서 상담하고 지도해 주었습니다. 그랬더니 많은 아이들이 긍정적으로 변화되는 모습을 보였습니다. 부모들이 자녀를 양육하는 과정에서 부모 자신의 언어나 태도에 조금 더 주의를 기울이면 자녀 사춘기는 충분히 예방할 수 있다고 생각합니다.

필자가 이 책을 쓰게 된 이유도 여기에 있습니다. 첫 번째, 사춘기를 겪고 있는 아이들의 상처를 해소해 주고 싶은 마음에서. 둘째, 사춘기 자녀를 양육하고 있는 부모들에게 도움을 드리고 싶어서. 셋째, 또한 사춘기에 벌어질 일을 미리 전하면서 사춘기를 예방하고 싶은 마음에서 집필하게 되었습니다.

그래서 이 책은 단순히 이론을 전달하는 내용에서 그치지 않기 위해 '조제 실습'이라는 연습 공간을 따로 마련해 두었습니다. 잘 활용하면 자녀 사춘기에 대한 효과적인 대처법이 될 것입니다.

1) 상비약 조제 실습

※ 내 자녀의 행동 가운데 사춘기라고 생각된 행동들에는 어떤 것들이 있는지 적어보고 그것들의 원인은 어디에서 비롯되었는지 찾아보겠습니다. 사춘기의 원인은 부모의 언어나 태도에 달려 있습니다.

① 행동: _____

　원인 : _____

② 행동: _____

　원인 : _____

③ 행동: _____

　원인 : _____

2) 상비약 사용 설명서

약 명	부작용
사춘기의 원인은 자녀에게 있다.	· 문제를 해결할 수 없습니다. · 신체적 결함이라고 생각하여 면죄부를 주는 꼴이 됩니다.
"너는 왜 그 모양이니?"	· 자녀에게 사춘기의 증상이 강하게 나타나게 합니다. · 자신감을 꺾는 일이 됩니다.
자녀의 욕구 좌절 경험	· 자신감을 상실하게 됩니다. · 사춘기를 힘겹게 보내게 됩니다.

3) 주의사항

> · 자녀가 도전적이고 용감한 사람이 되기를 바라고 또한 자신감 넘치고 발전적인 자녀로 성장하기를 바라는 부모는 복용하지 마시오.

4) 상비약 복용법

① 사춘기의 원인이 자녀에게 있다고 생각해서는 안 됩니다.

② 사춘기는 가정에서 자라고 성장하게 된다는 점을 기억하십시오.

③ 사춘기는 부모들이 만든다는 사실을 기억하십시오.

④ 자녀가 사춘기로 고민하면 부모의 행적을 돌아보십시오.

자녀 마음 치유
가정상비약

PART 5

대화의
기술

좋은 대화를 위한 제언

　공부에 흥미가 없는 아이들은 학교 생활을 대충 하는 경우가 많습니다. 지각과 조퇴가 잦고, 핑계거리를 찾아 학교 밖으로 나가려고 합니다. 하지만 민아는 학교 출석과 하교는 시간에 맞춰 잘합니다. 다만 공부에 재미를 느끼지 못해 수업시간이면 주로 책상에 엎드려 지냅니다.

　공부를 싫어하는 아이들 중에는 학업에는 관심이 없지만 친구들과 어울리는 일이나 특별활동, 학교 밖 생활에 대해서는 관심을 가지고 활발하게 생활하고 있는 아이들도 많습니다. 하지만 민아는 그마저도 하지 않습니다. 친구들과 어울리는 일이나 학교 밖 생활에도 관심이 없습니다.

　선생님들은 민아처럼 공부에 관심이 없는 아이들을 위해 수업 형태를 다양하게 바꿔서, 관심을 유도하기도 합니다. 모둠 수업을 하거나 개인 발표수업, 토론수업 등을 진행합니다. 하지만 민아는 이런 활동에도 관심을 보이거나 흥미를 갖지 않습니다.

그러니 민아의 학교생활은 출석에 의미를 둔다면 모르지만 공부를 위해서는 별 의미가 없다고 해야 할 것입니다.

필자는 이렇게 생활하고 있는 민아의 생각이 궁금해졌습니다. 민아에게 반드시 무슨 사연이 있을 것 같다는 느낌이 들었습니다. 그래서 민아에게 상담실에 들러줄 것을 부탁했습니다. 그랬더니 얼마 지나지 않아 민아가 상담실을 찾아왔습니다.

하지만 민아는 선생님이 오라고 하니까 억지로 끌려온다는 느낌이 들었는지 표정이 밝지 않았습니다. 그저 몸만 왔을 뿐, 대화를 하고 싶어 하는 의지가 별로 없어 보였습니다.

그래서 필자는 민아가 앉아서 쉴 수 있도록 차를 타 주고, 별다른 말을 건네지 않았습니다. 민아가 상담실에 오고 나서 제법 시간이 흘렀습니다.

필자는 민아에게 물었습니다. "민아는 공부에 별 흥미가 없나 봐?" 그러자 민아는 자기 생활을 설명하기 시작했습니다. 그제야 민아의 현재 생활이 조금씩 이해되기 시작했습니다.

민아는 원래 그렇게 무기력하고 공부를 거부하는 학생이 아니었습니다. 사정을 들여다봤더니, 민아는 부모님이 자기 처지와 마음을 한번 알아봐달라는 취지로 이렇게 하고 있었습니다. 다시 말하면 부모에게 반항, 내지 저항하느라 일부러 공부를 하지 않고 있었습니다. 민아는 자신을 망가뜨림으로써 부모에게 항의하고 있는 것입니다. 민아는 지금 오기를 부리고 있습니다.

이런 모습은 청소년들이 부모에게 불만이 있을 때, 혹은 자기 의사 표현이 부모에게 무시당할 때, 아니면 자기 욕구실현이 좌절되었을 때, 혹은 부모의 오해로 인해 억울하다는 판단이 들었을 때 부모에게 저항 도구로 쓰는 방법입니다.

본서의 내용을 쭉 읽어온 독자라면 민아가 이런 태도를 보인 이유를 대강 알 수 있을 것입니다. 본서에서 계속 다루고 있는 내용처럼 민아는 그동안 부모로부터 사춘기의 양분을 충분히 공급받으며 자랐습니다. 다시 말해 부모로부터 여러 유형의 억압이나 욕구 좌절 등의 스트레스를 많이 받아 왔다는 말입니다. 그래서 민아의 사춘기는 영글 대로 영글었습니다.

민아는 지금 자신의 스트레스를 부모님이 알아달라고 외치는 일종의 몸부림을 치고 있는 중입니다. 그간 부모가 준 스트레스로 인해 자신이 힘든 상황에 처했으니, 이제 그것을 한번 알아봐 달라는 신호를 보내고 있는 것이죠. 그렇다면 민아는 그간 어떤 일로 그렇게 힘들었던 것일까요? 민아의 사연은 대충 이러했습니다.

민아는 어렸을 때부터 성격이 활발하고 말을 잘했다고 합니다. 그래서 부모님은 민아의 학업성적이 우수할 것으로 기대하셨다고 합니다. 초등학교에 들어가면서 민아는 부모의 기대에 어느 정도 부응해서 선생님이나 부모로부터 인정받고 칭찬을 자주 들었다고 합니다.

그런데 학년이 올라갈수록, 성적이 향상되지 않고 뒤처지기 시작했다고 합니다. 중학교에 가서는 성적이 더 떨어져 자신감마저 잃게 되었다고 합니다. 이렇게 되자 부모님은 민아의 성적을 간섭하기 시작했다고 합니다. 부모님은 민아 성적표를 두고 이게 성적이냐며 야단하고, 비난하셨답니다. 비난 수위는 해가 갈수록 더해졌고, 나중에는 사촌 동생의 성적과 비교하면서 민아에게 좋은 성적을 요구하셨다고 합니다.

민아에게는 한 살 어린 사촌 동생 현서가 있다고 합니다. 현서 성적은 상위권인데, 민아 성적은 중간 정도였다고 합니다. 이를 두고 부모님은 현서만큼만 잘해 달라고 요구하신 것입니다. 그럴 때마다 민아는 기분이 몹시 상해서 집에 들어가고 싶지 않았다고 합니다. 민아는 나름대로 열심히 노력했지만 사촌 동생처럼 좋은 성적을 얻을 수 없었다고 합니다.

중학교 3학년 때에 엄마는 "그 성적으로 무엇을 하겠니?", "그런 정신으로 어떻게 살겠어?"라는 말씀을 자주 하셨다고 합니다. 이런 말을 들을 때면 민아는 자신이 부모의 욕구를 채워주는 노리개나 부속품처럼 느껴졌다고 합니다. 그러다가 어느 순간 민아는 자신이 아무리 노력해도 부모님의 기대에 미칠 수 없다는 현실을 알게 되었답니다.

중학교를 마치고 고등학생이 되고 보니 민아는 부모님의 기대에 더 이상 맞춰 줄 자신이 완전히 사라졌다는 것입니다. 그러다가 급기야 민아는 공부를 아예 포기하기로 마음먹고 지금 현재와 같은 태도를 취하게 되었다고 합니다.

민아는 자기가 애당초 공부에 소질이 없는 사람이라는 사실을 부모에게 보여주면 부모님 기대가 줄어들 것 같았기 때문이라고 합니다. 부모님이 기대를 접어야 자신이 편해질 수 있을 것 같다는 생각을 한 것입니다. 그래서 민아는 지금처럼 학교에 나오기는 하지만 그냥 무기력하게 지내고 있습니다.

우리는 앞에서 사춘기를 만들어 내는 양분들에 대해 다루었습니다. 사춘기가 만들어지는 원리를 보면 마치 여름철에 발생하는 태풍 모습과 흡사하다는 사실을 알 수 있습니다. 태풍의 성장과정을 보면 처음에는 힘이 약하다가 주변으로부터 높은 온도와 습한 공기를 지원받으면서 그 세력이 점점 강해집니다. 그러다가 나중에는 엄청난 파괴력을 갖게 됩니다.

사춘기 역시 이와 비슷합니다. 자녀들이 성장하면서 부정적인 요인을 만나면 그 힘이 점점 강해져 아주 강한 파괴력을 갖게 됩니다. 여기서 말하는 부정적인 요인이란 명령, 지시, 판단, 평가, 논리, 경고, 위협, 원인분석, 진단, 훈화 등을 말합니다. 이러한 요인들이 사춘기에 영향을 미쳐 아주 강력한 사춘기를 만들어 낸다는 것입니다.

민아는 부모로부터 사춘기 형성에 필요한 여러 에너지들을 충분히 공급받았습니다. 그래서 민아는 지금 사춘기의 모습을 강하게 표출하고 있는 것입니다. 따라서 민아의 사춘기는 민아 개인의 잘못으로만 치부할 수 없습니다. 그래서 민아 문제를 해결하려면 민아를 둘러싼 환경, 특히 가정에서 벌어진 부모들의 양육방법을 점검해 보는 것이 그 출발이라 하겠습니다.

그러면 민아의 문제를 어떻게 하면 좋을까요? 문제를 해결하기 위해서는 먼저 부모들의 언어를 바꾸는 것이 중요합니다. 이제 그 방법들을 알아보려고 합니다.

이 장에서는 사춘기의 영양소가 아닌 행복의 영양소가 되는 소통 기술들을 소개하려고 합니다. 그러기에 앞서 여기에서는 부모들이 자녀를 양육하면서 가져야 할 기본적인 생각 몇 가지를 제언하려고 합니다. 이 말들이 워낙 기본적인 내용들이라 부모들이 모두 다 익히 잘 알고 있는 내용입니다. 그래서 어떻게 보면 유치하고 우스운 이야기로 들릴 수도 있습니다.

하지만 아무리 좋은 대화 방법을 알고 또 그것을 구사하는 기술을 가지고 있다 하더라도 마음이 다른 곳으로 향하고 있으면 우리들이 바라는 좋은 결과에 이를 수 없습니다. 따라서 이 장을 통해 부모들이 일반적으로 가지고 있는 자녀에 대한 생각이나 관점을 다시 점검해 보면 좋겠다고 생각합니다.

그 첫 번째는 부모가 자녀들의 상황이나 입장을 있는 그대로 인정해 주는 것입니다. 여기에서 말하는 '인정'이란 행동뿐만 아니라 자녀의 마음 상태까지 그대로 인정해 주는 것을 말합니다.

매우 단순한 내용이지만 실천하기에는 쉽지 않은 일입니다. 더구나 부모들은 자녀들을 어릴 때부터 양육해 온 터라 아이들을 언제나 어리고 나약한 존재로 인식하고 있습니다. 그래서 부지불식간에 자녀들의 입장을 무시해도 괜찮다는 생각을 가지고 있습니다. 그래서 이 일상으로부터 개선이 필요하다는 사실을 말씀드리고 있습니다.

자녀들의 일상을 보면 이 제안이 얼마나 어려운 일인지 짐작이 됩니다. 하라는 공부는 하지 않고, 하루 종일 컴퓨터 앞에 앉아 게임만 합니다. 게으르기는 일상이 되다시피 했습니다. 혹은 친구들과 어울려 못된 일을 저지르곤 합니다. 이런 아이들의 행동을 보면 부모가 인정하기란 정말 어려운 일입니다.

그래도 필자는 부모들이 자녀의 행동을 인정해 주어야 한다고 생각합니다. 인정해야 한다는 말은 소극적으로는 아이의 마음을 불편하게 만들어서는 안 된다는 말이자, 적극적으로 자녀의 행동 전체를 인정해야 한다는 말입니다. 그래서 만일 자녀가 못된 행동을 하면 그 자리에서 즉시 자녀를 야단하기보다는 일단 자녀의 행동을 인정하고, 받아들여야 한다는 말입니다.

　그러면 인정해 준다는 것이란 구체적으로 어떤 것을 말할까요? 생활 속으로 들어가 보겠습니다. 자녀가 게임을 계속하고 있습니다. 그러면 "너는 맨날 게임만 하는구나."처럼 비난할 것이 아니라 "게임을 그렇게 많이 하고 싶나 보구나."처럼 말하는 것입니다. 또 자녀가 연락 없이 늦게 귀가하면 "연락도 없이 왜 이렇게 늦게 들어오니?"라고 꾸중할 것이 아니라 "연락할 수 없을 만큼 바빴나 보구나." 하는 것입니다. 또 만일 자녀가 좋지 않은 사건에 연루된 경우, "그런 일에 참여할 수밖에 없었나 보구나."라고 말하는 것입니다.

　필자의 바람은 이렇게 인정하는 말로부터 조금 더 나아가 자녀의 마음 상태까지 인정하는 것입니다. 자녀가 시험을 망쳐 속이 상하다고 합니다. 그러면 대부분의 부모는 그 원인을 분석하면서 "늘 컴퓨터 게임을 하더니, 내가 그럴 줄 알았다."와 같이 비웃을 것이 아니라 "그래서 속이 많이 상하겠구나." 하고 반응해 주는 것입니다. 자녀의 속상한 마음을 받아들이고 인정해 주는 것이지요. 컴퓨터 게임을 하고 있는 자녀에게 다가가 "그렇게 게임이 즐거운 모양이구나.", "게임을 오래 하고 싶은가 보구나." 하고 말하는 것입니다.

　이렇게 말하면 부모들은 당장 "게임만 하고 있는 아이에게 어떻게 그런 점잖은 말을 할 수 있어요?"라고 항의할는지 모르겠습니다. 이런 상황에 대처하는 방법에 대해서는 다음에서 계속 다루겠습니다만 여기에서는 자녀의 행동이나 마음을 있는 그대로 인정해야 한다는 점만 기억하고 넘어가면 좋겠습니다.

　두 번째, 부모들이 사용하는 말 가운데 '언제나', '늘', '항상'과 같은 빈도부사 사용을 자제해 달라는 부탁입니다. 이런 말들은 자칫 잘못하면 듣는 이의 기분을 매우 나쁘게 만듭니다.

만약 이 말이 공감되지 않는다면 내가 상대방에게 이런 말을 직접 들었다고 생각해 보면 좋습니다. "너는 언제나 그러더라.", "당신은 항상 그렇게 다그치는 사람이에요.", "아빠는 늘 그러세요.", "선생님은 늘 그런 말을 하시더라고요." 들어보니 어떤 기분이 드나요? 이런 말들은 듣는 사람의 기분을 상하게 만듭니다.

그런데 부모들은 이런 말들을 자녀들에게 거리낌 없이 사용합니다. "너는 항상 그러더라.", "너는 맨날 놀기만 하더라.", "너는 맨날 컴퓨터만 하더라."합니다. 자녀들이 이런 말을 들으면 어떤 마음을 갖게 될까요?

부모 입장에서 생각해 보면 자녀들은 늘 그런 행동을 하는 것 같습니다. '늘 컴퓨터를 하고', '늘 학원에 지각하고', '늘 약속을 어기는' 것 같습니다. '항상 놀고', '항상 잘못'을 하는 것 같습니다. 하지만 돌이켜 생각해 보면 자녀들이 꼭 그렇지만도 않습니다. 아이들이 부모의 기대와 다른 행동을 하는 것도 사실입니다. 하지만 그렇다고 '늘', '항상' 그런 것은 아닙니다.

그런데 부모들은 모두를 싸잡아 '늘' 그런다고 말합니다. 그래서 자녀와 언쟁의 불씨를 지피고, 이내 내 마음도 불편하게 만듭니다. 다음 말들을 한번 살펴보겠습니다.

"너는 항상 ~하는구나."

"너는 늘 말대꾸를 하는구나."

"너는 언제나 너만 생각하는구나."

"너는 늘 방을 지저분하게 사용하는구나."

이런 말을 들은 자녀들은 어떤 기분이 들까요? 아마 기쁘게 받아들일 자녀는 없을 것입니다. 더구나 이런 말들은 아이의 행동을 정확하게 규정하는 말도 아닙니다. 듣는 사람으로 하여금 당장 대꾸하고 싶게 만들거나 입을 삐쭉거리게 만듭니다.

이 사실을 확인하고 싶다면 자녀에게 직접 "너는 늘 학원에 빠지더라(늦더라)."라는 말을 해 보십시오. 그러면 아이는 당장 "늘 그렇지 않거든요."라는 반응을 보일 것입니다. 그러면서 속으로는 '아이참, 나는 늘 그러지 않는데~', '지난번에 한 번밖에 안 했는데~' 하는 생각을 하게 됩니다. 자녀들에게 이런 말을 하면 아이는 억울하다는 마음이 들 것입니다. 또한 부모 말에 대한 거부감을 가지게 될 것입니다.

이렇게 말하면 어떤 분은 "그러면 어떻게 말하란 말이오?"라고 반문하는지 모르겠습니다. 그렇습니다. 충분히 그럴 수 있습니다. 그래서 이제 그 방법들을 알아보려고 합니다. 생활 속으로 들어가 보겠습니다.

자녀의 어떤 행동이 부모 마음에 들지 않습니다. 그러면 어떻게 말해야 할까요? 그렇습니다. "너는 늘 왜 그래?"처럼 빈도부사를 사용하지 않고 대신에 자녀 행동을 구체적으로 있는 그대로 말하는 것입니다. 앞의 3장 '행동을 말하는 방법'에서 다루었던 것처럼 가능한 한 언제, 어떻게, 몇 번 그랬는지 정확한 날과 횟수를 언급하는 것입니다. 그러면 상태나 상황이 분명해져서 다른 불평이나 반항을 만들어내지 않게 됩니다.

세 번째, "안 돼.", "~하지 말아라."와 같은 부정적인 언어 사용을 줄여달라는 부탁입니다.

"네가 하고 싶은 대로 해서는 안 돼."

"그건 안 돼."

"그건 만지지 말라고."

"너는 할 수 없어."

"그것만 해서는 안 돼, 넌 뭘 할 수 없어."

"그러면 성공할 것 같니?"

"그래 가지고 뭘 하겠어."

이런 말에는 폐단이 많습니다. 그 폐단은 먼저 듣는 자녀로 하여금 부정적인 사고를 지니게 만듭니다. "네가 무엇을 하겠어?" 이런 말들에 노출된 아이들은 '내가 ~를 할 수 있을까?(나는 할 수 없다)' 하는 부정적인 인식을 가지게 됩니다. 이런 말들에 둘러싸여 성장한 아이일수록 자신감이 부족하여 새로운 일을 만나면 '어렵겠는데, 할 수 없겠는데.'와 같은 부정적인 생각을 하게 됩니다. 그래서 어떤 일을 시작하기도 전에 지레 두려움을 갖고, 어려움을 호소하게 됩니다.

또 다른 폐단이라고 하면 자녀들의 행동을 규제하고 얽매고, 통제하는 틀을 제공한다는 점입니다. 청소년기의 아이들을 지도하다 보면 아이들에게서 이런 부작용의 흔적을 쉽게 발견할 수 있습니다. 대표적인 모습으로는 수업시간에 그냥 엎드려 잠을 자는 아이들, 아무 것도 하기 싫어하는 아이들, 극도의 무기력증을 보이는 아이들

등이 그들입니다. 어떤 아이는 그냥 특별한 이유 없이 삶 자체를 힘들어하며 괴로운 것으로 여깁니다. 이런 삶을 살고 있는 아이들을 보면 대개 부정적인 언어에 익숙합니다. "할 수 없다.", "못 하겠다.", "해서 무엇 하느냐?", "꼭 이것을 해야 해요?"라는 말들을 자주 합니다. 또한 자신감이 낮고, 무언가에 도전하려고도 하지 않습니다. 따라서 이런 아이들의 모습은 부모의 부정적인 언어습관이 빚어낸 결과라고 할 수 있습니다.

또 다른 폐단은 "~하지 말아라."와 같은 부모의 통제된 언어에 갇혀서 그 아이만이 가지고 있는 독특한 행동을 할 수 없게 됩니다. 규제와 통제 속에서 제약을 받으며 자란 아이들은 자기 자신만의 개성 있는 삶을 살지 못하게 될 가능성이 높습니다.

자녀와 좋은 대화를 원하는 부모라면 생활 속에서 자녀의 행동과 마음 상태를 인정해 주고, 빈도부사를 줄이고, 부정적인 언어 사용을 줄이는 것이 좋습니다. 이런 마음가짐은 자녀와 좋은 대화를 할 수 있는 든든한 바탕이 됩니다. 그리고 자녀들이 행복한 삶을 살 수 있도록 돕는 일이 됩니다.

선생님이 건네는 마음 처방전

1) 상비약 조제 실습
※ 자녀의 행동 중 인정할 수 없는 부분을 적어보십시오. 그리고 그런 이유를 적어보겠습니다.

① 행동이나 상황 _____

　　이유: _____

② 행동이나 상황 _____

　　이유: _____

③ 행동이나 상황 _____

　　이유: _____

2) 상비약 사용 설명서

약 명	부작용
'늘', '항상', '언제나'	· 사실을 부인하게 만듭니다. · 반항을 유발합니다. · 마음을 불편하게 만듭니다.
"~하지 마라"	· 부정적인 인식을 갖게 합니다. · 새로운 통제와 규제를 만들어 냅니다.
"인정할 수 없다."	· 사랑을 사랑으로 느낄 수 없습니다. · 부모에게 미움을 받는다고 느낍니다.

3) 주의사항

- 자녀에게 다가가기 위해서는 자녀의 행동을 인정해 주어야 합니다.
- 자녀의 행동을 말할 때에 '늘', '항상', '언제나' 등 말을 사용하지 마시오.
- 부정적인 말 사용을 줄이십시오.

4) 상비약 복용법

① 자녀에게 사용한 내 언어습관을 점검하시오.

② 자녀의 행동 중 인정할 수 없는 것조차 인정하려고 노력하시오.

③ 내가 자주 사용한 빈도부사는 어떤 것들이 있는지 생각해 보시오.

④ 내게 남아 있는 좋지 못한 언어습관을 제거하시오.

좋은 대화의 시작,
듣기

　　인간관계를 연구하고 있는 미국 데일카네기 연구소에서는 성공한 사람들의 삶을 분석한 적이 있습니다. 성공한 사람들의 성공 요인에 대해 알아본 것입니다. 이 중에서 우리의 관심을 끄는 것은 성공에 영향을 미친 요인들의 비중입니다.

　　그들의 연구에 따르면 성공에 관여한 여러 요인들 중 '기술'이나 '실력'은 15%의 영향을 미친 반면, 인간관계와 공감 능력은 85%나 영향을 준다는 것입니다.

　　'성공'에 영향을 미치는 요인들이라고 하면 우리는 먼저 지식, 능력, 기술 등과 같은 요소들을 떠올립니다. 그래서 사람들은 이것들을 얻기 위해 젊은 시절은 물론 전 생애를 다 보내다시피 합니다.

　　이런 생각은 부모들이 자녀를 양육할 때에도 그대로 적용됩니다. 자녀가 태어나면 곧장 교육을 시작합니다. 조금 자라면 여러 학원을 전전하게 만들고, 학교 교육은 물론 예능교육까지 열심히 시킵니다. 이러한 노력이 우리 아이들을 성공으로 안내할 것이리라 믿고 말입니다.

그런데 연구결과는 부모들의 이러한 노력과는 조금 다른 내용을 일러 줍니다. 성공에 가장 큰 영향을 미치는 것은 '인간관계 능력'과 '공감 능력'이라는 겁니다.

성공에 관한 한 우리는 대개 전통적인 가치관에 사로잡혀 있는 것 같습니다. 그래서 이런 이야기를 들으면 당장 의심부터 하게 됩니다. '아니, 그럴 리 있나? 뭔가 잘못된 것 아니야? 누가 뭐래도 공부가 제일이지……' 하는 생각을 하게 됩니다. 일생 동안 공부만 강조하는 문화 속에서 생활하다 보니, 그럴 수밖에 없다는 생각을 하게 됩니다.

하지만 곰곰이 생각해 보면 카네기 연구소 연구 결과에 전적으로 동의하게 됩니다. 인생 경험이 늘어가면 늘어갈수록 공감하게 됩니다. 우리 주변을 둘러보고 성공한 사람들의 삶을 들여다보면 더욱 그런 확신이 듭니다.

성공한 사람들의 면면을 살펴보면 대부분 지식이 많은 사람들이 아닙니다. 학교 성적으로 말하면 일류대학을 나왔거나 1, 2등을 했던 사람들만이 아니라는 말입니다. 그들 대부분은 인간관계가 좋고, 공감능력이 좋은 사람들입니다.

만일 지식이 그렇게 중요한 요소라면 일류대학을 졸업한 사람들이 대통령을 하고, 국회의원이나 시장을 하고, CEO가 되어야 할 것입니다. 그런데 현실을 보면 꼭 그렇지만도 않습니다. 소위 말하는 좋은 학벌 출신의 사람들도 이런저런 이유로 사회에서 낙오되는 경우도 많습니다. 그리고 보면 데일카네기 연구소의 연구결과가 매우 의미 있다는 것을 알 수 있습니다.

그럼에도 불구하고 아직도 많은 사람들은 '성공'이라고 하면 여전히 공부를 먼저 떠올립니다. 그래서 성공을 위해 인간관계를 뭉개면서까지 남보다 앞서기를 원합니다. 또 상대를 업신여기고 무시하고 관계를 훼손해 가면서라도 나만 잘되기를 바라기도 합니다. 그러다 보니 학교에서는 성공에 많은 영향을 미치는 인간관계 교육은 비교적 소홀히 다룹니다.

학교에서 하는 인간관계 교육이라고 해 봐야 겨우 교장 선생님의 말씀을 듣거나 훈화 시간에 선생님이 해주시는 금언이나 격언 정도입니다. 그러다 보니 공교육을 받은 아이들은 모두 인간관계에는 별 관심이 없습니다. 오직 공부만을 제일로 여깁니다.

그러니 사람들은 인간관계에 대한 내용이나 방법을 잘 알지 못합니다. 그렇다고 부모들이 이런 데 관심을 갖고 있는 것도 아닙니다. 심지어 부모들은 자녀 교육에 관한 공부나 책을 보려고 하지도 않습니다. 그러니 공부 말고 성공에 영향을 미치는 다른 어떤 요인들이 있는 것조차 모릅니다. 상황이 이렇다 보니 우리 자녀들은 성공과는 거리가 먼 방법을 익히고 배우느라 모든 시간을 낭비하고 있습니다.

필자는 우리 교육이 이래서는 안 된다고 생각합니다. 학교 교육이 현실을 따라오지 못하더라도 우리 가정에서만큼이라도 학교 교육의 결함을 만회해야 한다고 생각합니다. 비록 사회나 학교는 지식만 가르치고, 성적만 중요하게 여기더라도 부모들이 나서서 인간관계

방법을 배우고 실천해야 한다고 생각합니다. 내 자녀에게만이라도 성공의 중요한 요소를 가르치고 안내해야 하기 때문입니다.

그래서 여기에서는 좋은 인간관계를 위한 작은 팁들을 기술하고 있습니다. 그 팁들의 근간은 부모의 말과 태도입니다. 그중에서 필자는 부모들이 사용하는 '언어'에 중심을 두고 제언하고 있습니다.

사람 관계라는 것은 말에 따라 좋아지기도 하고, 훼손되기도 하기 때문입니다. "말 한마디에 천 냥 빚도 갚는다.", "가는 말이 고와야 오는 말이 곱다."라는 속담이 모두 말의 중요성을 일깨워주고 있습니다.

말을 잘하기 위해서는 말하는 방법을 알아야 합니다.

말하는 방법의 첫 번째 요소는 듣기를 잘 하는 것입니다. 사람들은 보통 생각할 때 의사소통의 매개가 말이다 보니, 의사소통을 잘 하려면 먼저 말을 잘해야 할 것으로 생각하기 쉽습니다. 하지만 의사소통의 시작은 듣기부터라는 것입니다. 이는 아이들이 말을 배우는 과정만 보더라도 쉽게 알 수 있습니다.

아이들이 어렸을 때 말을 하기까지는 상당한 시간이 걸리는데, 한번 말을 하기 시작하면 금세 늘어갑니다. 아이들의 말하기 능력이 빠른 시일 내에 금세 늘 수 있는 것은 말하기에 앞서 누군가의 말을 오랫동안 들어왔기 때문입니다. 처음에는 겨우 옹알거리는 수준의 소리만 하던 아이가 어느 순간 '엄마', '아빠'와 같은 말을 하기 시작합니다. 그러다가 단어를 말하고, 그 다음에는 짧은 문장을 말하게 됩니다. 이런 일은 모두 아이가 말하기 이전에 잘 들었기 때문에 가능한 일입니다.

듣기의 중요성은 우리 감각기관의 구성만 보더라도 쉽게 알 수 있습니다. 말하는 입은 하나이지만, 듣는 귀는 두 개입니다. 그만큼 듣는 일이 중요하다는 의미입니다.

그리고 대화가 진행되는 원리를 살펴봐도 그렇습니다. 대화라는 것은 결국 듣는 사람이 있어야 성립됩니다. 들어주는 사람이 없으면 말을 해 봐야 겨우 독백에 지나지 않습니다. 따라서 대화란 듣기에서 출발한다고 해도 과언이 아닙니다.

듣기가 잘 이루어지려면 하나의 조건이 필요합니다. 그것은 들어주는 사람, 즉 듣는 사람의 마음이 편해야 한다는 것입니다. 듣는 사람 마음이 불편하면 듣기를 외면하게 되고 그 자리를 피하려고 합니다. 그러면 말이 대화가 되지 못하고 금방 끝나고 맙니다. 따라서 대화는 듣는 사람이 있어야 가능하고, 또한 듣는 사람의 마음이 편해야 대화를 나눌 수 있게 됩니다.

이 원리는 가정에서 자녀와 사이에서도 마찬가지로 그대로 적용됩니다. 부모들이 자녀와 대화를 잘하고 싶습니다. 그러면 먼저 부모가 자녀의 마음이 편할 수 있도록 환경이나 상황을 만들어줘야 합니다. 그런 다음 자녀가 말을 할 수 있도록 듣는 자세를 취해야 합니다.

그런데 부모들이 자녀와 대화하는 모습을 보면 이러한 기본이 잘 지켜지지 않는 것을 봅니다. 부모들은 자녀의 말을 들어주기보다는 자기가 말을 먼저 하려고 합니다. 그것도 듣는 자녀의 마음을 생각하지 않고, 주로 부모 자신이 하고 싶은 말만 합니다. 게다가 말을 할 때에 앞에서 다루었던 것처럼 대화의 장애물들을 자주 사용합니다. 대화의 환경인 듣기를 실천하지 않고 자녀의 마음을 불편하게 만들어 놓습니다. 그러니 자녀들은 부모와 대화를 하려고 하지 않습니다.

결과적으로 대화가 짧아지고, 불편하게 되고, 대화가 쉽게 끝나게 되는 원인이 됩니다. 그리고 대화를 마치고 난 다음에도 뒷맛이 개운하지 않습니다. 그러면서 부모들은 자기 잘못은 생각하지도 않고 자녀들이 대화에 응하지 않는다고 불평합니다. 그러니 가정에서 대화 부재의 원인과 책임을 짐작할 수 있겠지요?

아쉬운 점은 많은 부모들이 이러한 방법을 모르기도 하거니와 알고 있으면서도 실천하지 않는다는 점입니다. 이런 방법을 실천하더라도 그 방법을 거꾸로 취하기도 합니다. 그러다 보니 부모의 말은 대화가 아니라 일방적으로 전해지는 지시가 되고 훈계에 머무르게 됩니다.

자녀의 말을 잘 듣는다고 자처하는 부모들도 대화 나누는 모습을 보면 어색하기 일쑤입니다. 처음에는 자녀의 말을 조금 듣는 것 같습니다. 그러다가 상황이 조금만 달라지면 금세 자기 말을 늘어놓는 식입니다. 이렇게 해 놓고 부모는 자기는 대화를 잘하는 사람이라고 생각합니다.

필자는 꼭 부탁드리고 싶습니다. 자녀와 대화를 할 때에는 부모가 자기 말을 하기보다는 먼저 자녀의 말에 귀 기울이고 잘 들어주라는 것입니다. 대화의 시작은 듣기에서 비롯되기 때문입니다. 그리고 자녀의 마음을 편하게 해 주어야 합니다. 그래야 자녀가 내 말을 잘 들어줄 수 있기 때문입니다. 다음에서는 듣기를 잘 할 수 있는 구체적인 방법을 다루려고 합니다.

선생님이 건네는 마음 처방전

1) 상비약 조제 실습

※ 다음과 같은 상황에서 부모가 할 수 있는 반응을 써 보겠습니다.

① 자녀 행동: 학교에서 돌아온 자녀가 오늘 받아쓰기에서 100점을 맞았다고
　　　　　　합니다.

　　부모 반응: _____

② 자녀 행동: 학교에서 줄넘기를 잘해서 선생님께 칭찬을 들었다고 합니다.

　　부모 반응: _____

③ 자녀 행동: 영어 학원에서 단어를 잘 외웠다며 칭찬을 들었다고 합니다.

　　부모 반응: _____

2) 상비약 사용 설명서

약 명	효 능
인간관계가 중요하다.	· 공부 외의 것도 중요하다는 것을 알게 됩니다. · 자녀에게 삶을 가르치는 일입니다. · 좋은 인간관계 방법을 배울 수 있습니다.
대화는 듣는 것이다.	· 대화를 편안하게 만들어 줍니다. · 대화를 오래 할 수 있도록 도와줍니다. · 자녀가 말을 많이 하게 됩니다.
부모의 언어습관이 중요하다.	· 자녀에게 엄청난 재산을 물려주는 것과 다를 바 없습니다. · 자녀를 성공으로 안내합니다. · 가정이 행복해집니다.

3) 주의사항

> · 자녀와 대화 시작은 듣기에 있다는 것을 명심하고 자녀들이 말을 많이 하도록 도
> 와주십시오.

4) 상비약 복용법

① 자녀와 대화를 잘 하고 있는지 점검하시오.

② 자녀가 말을 많이 하도록 도와주십시오.

③ 자녀가 말을 하면 '듣겠다'고 다짐하십시오.

좋은 대화를 위한 환경, 기다리기

　필자가 어느 수업시간에 아이들에게 실제 생활 속에 있을 법한 일을 소개하면서 그 상황에 맞는 대응 방법을 이야기해 보자고 했습니다.

　"자, 여러분이 학교 수업을 마치고 집에 들어갔습니다. 그런데 오늘따라 집안 분위기가 예전과 다르게 어색하고, 엄마 표정이 보통 때와 다름을 느꼈습니다. 그래서 엄마에게 무슨 말을 해야 할 것 같다는 느낌이 들었습니다. 이럴 때, 우리는 무슨 말로, 어떻게 대화를 시작하면 좋을까요?"라고 물었습니다. 그러자 아이들은 이렇게 말했습니다.

　"'학교에 다녀왔습니다.' 하고 제 방으로 들어가면 돼요."
　"물어볼 필요가 뭐 있어요. 그냥 제 방으로 들어갑니다."
　"눈치를 살펴 아빠에게 조심스럽게 물어봐요."

"엄마에게 직접 물어봐요. '엄마, 무슨 일 있어요? 왜 그러세요?' 해야지요."

아이들이 각자 자기 생각을 말하고 있는데, 여명이라는 아이가 유독 큰 소리로 "말할 게 뭐 있어요? 엄마에게 말 걸 필요 없어요. 그냥 방으로 들어가면 돼요. 평소에도 말을 하지 않는데, 무슨 말을 해요?"라고 대꾸합니다. 여명의 행동이 다른 아이들과 좀 다르다는 생각이 들어서 다시 물었습니다.

"분위기가 심상찮은데, 그냥 자기 방으로 직행하는 거야? 무슨 말을 하고 들어가야 할 것 같지 않니?" 했더니 여명이는 "우리 엄마, 아빠에게 함부로 말을 걸면 안 돼요. 말이 너무 길어져요." 합니다.

"말이 어떻게 길어지는데?" 물었더니 "제가 한 마디 하면 엄마는 열 마디를 하세요. 자기 어린시절 이야기부터 시작해요. 아예 설교를 하시거든요. 아마 한 시간은 들어야 할 거예요."라고 하면서 굳은 표정을 지었습니다.

우리는 앞에서 대화를 불편하게 만드는 요소들을 다루었습니다. 그리고 대화의 출발이자 기본이 되는 '듣기'의 중요성에 대해 살펴보았습니다. 그래서 우리는 이제 좋은 대화를 위한 조건과 그 태도들에 대해 어느 정도 알게 되었습니다. 그러니 자녀와 대화에도 상당한 자신감이 생겼을 것입니다.

이런 대화방법과 지식을 얻었다고 하더라도 실제 자녀와 대화를 나누다 보면 생각처럼 그렇게 쉽게 되지 않는다는 것을 경험하기도 합니다. 그렇다고 해도 크게 상심할 필요는 없습니다. 이제는 대화가 불편해지는 원인들을 점검해 그 원리를 알 수 있기 때문입니다.

대화할 때에 걸림돌을 사용하지 않았는가? 혹은 대화를 위한 '듣기'를 잘 실천했는가? 이런 질문들에 대한 대답을 찾아 보면 그 원인을 금방 알아낼 수 있을 것입니다. 원인을 찾아내면 보다 현명하게 대처할 수 있습니다.

앞에서 언급했던 것처럼 듣기는 대화의 시작이자 끝이라 할 수 있습니다. 그런데 막상 현실에서 실천하려고 하면 쉽지 않습니다. 대화를 하다 보면 어느새 초심을 잊어버리고, 듣기보다는 말하는 일에 열중하기 때문입니다. 그래서 여기에서는 듣기를 잘 실천할 수 있는 구체적인 '듣기 방법'을 설명하려고 합니다.

여기에서 말하는 듣는 행위란 단순히 상대방의 육성을 듣는 일만을 말하지 않습니다. 대화가 진행될 수 있도록 돕는 분위기까지를 포함합니다. 보통 듣기라고 하면 그저 단순히 말을 하지 않는다는 것으로 생각하기 쉽습니다. 하지만 막상 대화 속으로 들어가게 되면 듣는 행위가 그리 쉽지만은 않다는 걸 깨닫게 됩니다.

듣는 행위가 쉽지 않은 이유 중 하나는, 우선 들어야 할 분량을 가늠하기 어렵습니다. 상대방의 말을 얼마나 들어야 할지, 도통 그 감을 잡는 것이 쉽지 않기 때문입니다. 상대방이 하는 말을 어느 지점까지 들어야 하는지, 그리고 내 생각은 어느 시점에 말해야 하는지, 그 적절한 타이밍을 포착하기가 쉽지 않다는 말입니다. 사람들은 이 타이밍을 잘못 짚는 바람에 실수하기도 합니다. 상대가 말을 하고 있는 동안 아무 데나 끼어들어 남의 말을 방해하거나, 또 듣기를 잘 못해서 화제의 내용이 무엇인지 몰라 주제와 다른 방향의 말을 하기도 합니다. 그래서 대화의 방향이 엉뚱한 데로 가도록 만들기도 합니다. 또 어떤 사람은 상대의 말은 조금만 듣고, 자기 말만 늘어놓아 대화를 망가뜨려 놓기도 합니다. 모두 듣기를 할 줄 몰라 벌어진 일입니다.

때문에 듣는 일 역시 약간의 훈련이 필요합니다. 훈련의 출발은 '대화를 할 때에 남의 말을 잘 듣겠다.'는 다짐에서부터 시작하는 것이 좋습니다. 왜냐하면 처음에는 이런 다짐을 하더라도 대화를 하다 보면 어느 순간, 듣지 않고 내가 말을 하고 있는 것을 발견할 수 있기 때문입니다. 이제 다짐을 했다면 듣기의 실제로 들어가 보겠습니다.

듣기의 구체적인 요령에는 '관심 갖기'라는 것이 있습니다. 이는 자녀 말을 듣는 부모 태도를 말합니다. 자녀가 말을 시작하면 부모는 몸과 마음, 시선 등을 자녀에게 집중하는 것입니다. 자녀에게 '제가 듣겠습니다'라는 태도를 분명하게 취하는 것입니다. 만일 자녀가 어리다면 자녀의 눈높이에 맞도록 자세를 낮추는 것도 좋겠습니다. 이런 태도는 자녀로 하여금 '부모가 내 말을 듣고 있구나'라는 느낌을 주어 안정감을 갖도록 도와줍니다.

그런데 부모들이 자녀와 대화 나누는 모습을 보면 이 간단한 태도를 소홀히 여긴다는 것을 알 수 있습니다. 예를 들어보겠습니다. 엄마와 아이가 함께 마트에 갔습니다. 물건을 고르는 중간에 아이도 엄마 장보는 일에 동참하고 싶어서 "엄마, 이건 비싸지요?"라는 형태의 말을 걸어옵니다. 그러면 어떤 부모는 아이의 물음과 상관없이 자기가 관심 둔 물건을 살피거나 자기가 하던 일을 계속합니다. 그러면 아이는 부모의 관심을 얻으려고 더 큰소리로 말하거나 짜증을 내기도 합니다. 심한 경우 아주 노골적으로 성질을 내기도 합니다. 이러한 현상은 모두 부모가 자녀에게 '관심 갖기'를 실천하지 않아서 벌어진 일입니다.

생활하다 보면 자녀들은 부모에게 수시로 말을 걸어옵니다. 부모들이 일을 하고 있는 동안, 혹은 청소를 하고 있을 때, 아니면 설거지를 하고 있을 때, 혹은 TV를 보거나 신문을 보고 있을 때에도 말을 걸어옵니다. 그러면 부모들은 일이 바쁘다는 핑계로 혹은 자기 일에 방해가 된다는 이유로 자녀에게 '관심갖기'를 소홀히 하거나 실천하지 않는 경우가 있습니다. 어떤 부모들은 자녀들의 말에 냉정하리만큼 눈길조차 주지 않고 자기 일을 계속하는 분들도 있습니다.

또 어떤 부모들은 자녀의 말에 응하기는 하더라도 자기 하던 일을 계속하면서 동시에 마지못해 "응, 다 듣고 있으니까 말해봐."라는 정도 태도를 취하기도 합니다. 그러면 아이들은 자기 의사를 꼭 표현하고 싶은 마음에서 엄마·아빠를 반복해서 크게 부르기도 합니다. 그렇게 불러도 부모 반응이 시원찮으면 "엄마~ 아빠~" 하고 큰소리로 불러놓고 짜증을 내기도 합니다. 어떤 아이는 "제발 제 말 좀 들어보세요."라고 응석을 부리기도 합니다. 모두 관심 갖기를 실천하지 않아서 벌어진 불편한 일들입니다.

상황에 따라 자녀들이 하는 말에 부모들이 언제나 빠르게 반응할 수 없는 경우도 있습니다. 만일 그러면 그렇게 된 사정을 자녀에게 말하는 것이 좋습니다. "엄마가 지금 당장 이 일을 해야 하는구나. 일을 하면서 들어도 되겠니?" 혹은 "잠시만! 지금 엄마 일이 급하구나, 얼른 마칠게, 그러면 말해 줄래?"처럼 자녀에게 양해를 구하는 것이 좋습니다. 그런 다음, 아이의 반응에 따라 적절한 태도를 취하는 것입니다.

두 번째 듣기 방법은 '기다려주기'입니다. 이는 자녀가 자기 말을 충분히 하도록 부모가 아무런 말을 하지 않고, 그냥 침묵하고 기다려주는 것입니다. 자녀가 부모에게 말을 걸어옵니다. 그러면 부모는 여기에서 배운 대로 '관심 갖기'로 반응합니다. 그러면 자녀는 부모의 반응에 자신감을 얻어 기꺼이 말을 하기 시작합니다. 이때에 자녀가 말을 잘 할 수 있도록 기다려주는 것입니다.

혹자는 "말을 하지 않고 기다려주는 것이 무슨 대화냐?"라고 의문을 가질 수도 있습니다. 하지만 이를 실천하지 않으면 대화가 중단되거나 다른 방향으로 흐르게 됩니다. 자녀가 말을 하고 있는 동안 부모가 끼어들지 않고 침묵하면, 자녀는 자기 생각을 충분히 말하게 됩니다. 만일 자녀의 말에 개입하고 싶다면 자녀의 말이 일단락된 다음에 하는 것이 좋습니다. 부모들이 이를 실천하지 않아서 자녀들과 대화 나눌 때, 대화가 짧아지게 되거나 단절되게 됩니다.

예를 들어보겠습니다. 어느 날 자녀가 "엄마, 있잖아, 우리 반 친구 현아는 남자친구하고 밤늦도록 데이트 한대."라는 말을 합니다. 그러면 부모는 자녀가 말을 계속할 수 있도록 조용히 기다려주어야 합니다. 그러면 자녀는 이와 관련된 말을 더 많이 하게 됩니다. 그런데 여기에서 부모가 더 기다리지 못하고 끼어들게 됩니다. "여학생이 어떻게 남학생하고 늦게까지 데이트를 한다니, 학생으로서 그게 될 일이니?"라고 한다든지, 아니면 "그래도 현아네 부모는 아무 말씀도 안 하신다니?"와 같은 말을 합니다. 그러면 상황이 전혀 달라지고 맙니다. 엄마의 물음에 응하기 위해 자녀는 여학생의 데이트 가부를 말하게 되거나, 아니면 그 행위의 옳고 그름에 대해 말하게 될 것입니다. 그러면 대화가 엉뚱한 방향으로 옮겨가고 맙니다. 더 나아가 현아 부모의 자녀 교육에 대한 가치관까지 판단하게 되는 상황으로까지 흘러갈 수도 있습니다. 이야기가 전혀 엉뚱한 데로 흘러가게 되는 것이죠. 그래서 자녀가 말을 시작하면 부모는 관심 갖기 반응을 보이고 그런 다음은 자녀가 충분히 말할 수 있도록 '기다려주기'를 실천해야 합니다.

부모가 이런 대화 태도를 보여주면 자녀는 '내 이야기를 들어주는 사람이 있구나'라고 편안한 생각을 갖게 됩니다. 그래서 자기가 하고 싶은 말을 충분히 하게 됩니다. 만일 자녀가 흥분상태에 있거나 심리적으로 불편한 상태에서 말을 한다면 이 '기다려주기'는 더 큰 효과를 발휘하게 됩니다. 자녀는 자기 내면의 불편한 이야기를 말하면서 자기 감정을 조절할 수 있게 되고, 또한 자기 불편한 감정을 스스로 알아서 잘 처리할 수 있는 방법도 찾아내게 됩니다.

또한 이 '기다려주기'는 자녀들이 자기 존중감을 갖도록 도와줍니다. 자녀들은 부모들이 자신의 말을 들어주고 기다려준다는 느낌을 받게 되면 부모에게 존중받고 있다는 것을 느끼게 됩니다. 이런 느낌은 곧 부모에게 사랑받고 있다는 확신으로 이어져 자녀들에게 든든한 안전망이 됩니다.

따라서 자녀를 양육하는 부모들이라면 이 대화법 기초에 관심을 가질 필요가 있습니다. 자녀들이 말을 시작합니다. 그러면 부모는 '듣기'를 실천하고, '관심 보이기'를 실행하고 '기다려주기'를 해야 한다는 사실을 꼭 기억하면 좋겠습니다.

선생님이 건네는 마음 처방전

1) 상비약 조제 실습

① 나는 자녀와 대화를 얼마나 하고 있는지 써 보겠습니다. (적은 편이다. 적당하다. 많이 한다) 그리고 그 느낌도 써 보세요. 그런 다음, 자녀도 그렇게 생각하는지 물어보세요.

---

② 최근에 자녀가 들려주었던 이야기가 있으면 대강의 내용을 적어보십시오.

---

③ 자녀와의 대화를 떠올린 다음, 누가 더 말을 많이 했는지 생각해 보고, 왜 그렇게 되었는지 아래에 써 보십시오.

---

2) 상비약 사용 설명서

약 명	효능
관심 갖기	· 대화를 편하게 시작하게 도와줍니다. · 마음을 편하게 만들어 줍니다.
기다려주기	· 자녀의 마음을 충분히 열게 만듭니다. · 자녀로 하여금 사랑을 받고 있다는 느낌을 갖게 만듭니다.

3) 주의사항

> · 자녀가 한번 말을 시작하면 자기 생각을 충분히 말할 수 있도록 부모는 관심을 가
> 져주고, 기다려주십시오.

4) 상비약 복용법

① 자녀와 대화를 나누려고 노력하십시오.

② 자녀와 대화를 하려고 하면 무엇이 장애물이 되는지 생각해 보십시오.

③ 자녀가 어떤 대화 여건이나 환경을 선호하는지 생각해 보십시오.

좋은 대화의 도구
'수용과 추임새, 도랑치기'

다음 이야기들을 살펴보겠습니다.

장면 하나, 어느 날 학교에 다녀온 아이가 "우리 선생님 나빠요." 하며 화난 표정으로 들어옵니다. 아이의 표정을 보니 부모의 마음이 불편해졌습니다. 아이에게 다가가 당장 무슨 말로 위로를 해 주어야 할 것 같습니다. 이런 경우에 부모는 아이에게 어떻게 다가가는 것이 좋을까요? 또 무슨 말을 해주면 좋을까요?

장면 둘, 아침에 출근을 하려고 합니다. 그런데 아이가 학교에 가지 않겠다고 떼를 씁니다. 출근시간은 촉박한데 아이가 이러니 엄마는 참 난감해졌습니다. 당장 짜증이 나 화가 치밀어 오릅니다. 이런 상황이라면 어떻게 대응하는 것이 좋을까요?

장면 셋, 어느 날 우리 아이가 남의 물건을 훔쳐왔다고 합니다.

아직까지 그런 적이 없었는데, 뜻밖의 행동을 한 것입니다. 아이에게 무슨 말을 해주어야 할 것 같은데, 어떤 식으로 하면 좋을까요? 무슨 말로 어떻게 일러주면 좋은 지도가 될까요?

우리는 지금 자녀와 좋은 대화, 좋은 관계를 위한 기초적인 기술들을 다루고 있습니다. 앞에서는 사소하지만 가볍게 여겨서는 안 될 것들, 즉 '듣기', '관심 갖기', '기다려주기' 등을 다루었습니다. 여기에서는 이러한 기술 외에 더 필요한 대화 방법들을 다루려고 합니다. 좋은 대화를 위한 또 다른 방법 '수용하기'입니다. '수용하기'는 자녀의 말과 행동을 전적으로 인정하고 받아들이는 것을 말합니다.

부모 입장에서 보면 자녀들의 행동은 늘 부족하고 어설프게 보입니다. 부모 마음에 드는 경우도 있지만, 비중으로 따져보자면 부족한 면이 훨씬 더 많아 보입니다. 그럼에도 불구하고 여기에서 말하는 수용하기는 그냥 그대로 받아들이는 것을 말합니다. 자녀의 말이나 행동의 옳고 그름을 떠나, 그 모두를 전적으로 받아들이라는 것입니다.

자녀의 행동이나 말의 수용 범위와 방법에 대해서는 앞 장에서 말씀드렸습니다. 이번 장은 그것의 실제라고 할 수 있습니다.

좋은 대화를 위한 여러 방법들이 있지만 그중에서 '수용하기'는 부모들이 실천하기 가장 어렵게 느껴지는 대화 기술 가운데 하나입니다. 왜냐하면 부모들은 나름대로 삶에 대한 기준과 가치를 가지고 있기 때문입니다. 그래서 자녀들이 하는 행동을 보거나 말을 들으면 그것의 오류나, 비논리성, 혹은 옳고 그름을 금세 찾아냅니다. 그리고 그것을 지적하거나 보완, 수정해 주고 싶은 마음이 일어납니다. 자녀의 행동의 좋고 나쁜 것을 얼른 가린 다음, 나쁜 것을 고쳐주고, 좋은 것을 실천하도록 교육하려고 합니다. 그래서 부모들이 자녀의 말이나 행동을 있는 그대로 수용하는 것은 매우 어렵다는 말입니다.

위에서 언급했던 사례 하나를 가지고 구체적으로 살펴보겠습니다. 어느 날 자녀가 친구의 물건을 몰래 가져왔다고 합니다. 여러분이 부모라면 어떤 반응을 보이겠습니까? 그 반응을 아래 여백에 연습 삼아 적어보겠습니다.

· 나(부모)의 반응과 말 ·

기록해 보셨는지요? 적은 내용을 가지고 다음 이야기를 생각해 보겠습니다. 만일 적는 일이 번거롭다면 다음 보기를 참조해서 선택이라도 한번 해 보겠습니다.

① 어떻게 몰래 가져왔어?
② 그거 나쁜 행동인데~
③ 내일 가져다주어라.
④ 나쁜 짓인데, 어찌 그럴 수 있어?
⑤ 그런 짓은 안 되지.

선택해 보셨는지요? 여기에 고를 만한 대답이 없으면 별도로 작성해 보길 바랍니다. 대개 부모들은 이런 반응 가운데 하나를 선택할 것입니다. 이런 상황에서 "그래 잘 가져왔구나."라고 말할 부모는 없을 것입니다.

이런 일을 만나면 부모는 자녀의 일에 당장 개입하고 싶은 마음이 들 것입니다. 그래서 윤리나 도덕적인 면에서 그 부당함을 들어 충분히 설명하려고 합니다. 그렇더라도 자녀에게 이렇게 말해서는 안 됩니다. 왜냐하면 이는 본서에서 계속 말씀드렸던 것처럼 대화의 걸림돌인 훈화가 되기 때문입니다. 따라서 이런 반응은 자녀에게 대화를 하지 말자고 선언하는 것과 다름없습니다.

그러면 이제 우리는 어떻게 대화하는 것이 좋을까요? 이때에 부모의 가치관을 말할 것이 아니라 '수용하기'를 실천하는 것입니다. 자녀의 말이나 행동을 평가나 조언 없이 있는 그대로 그냥 인정하고 받아들이는 것입니다. 그러면 대화가 윤리나 도덕 문제로 옮겨가지 않게 됩니다. 또한 훈계로 이어지지도 않습니다.

이렇게 말씀드리면 "부당한 일을 두고 어떻게 성자聖者 같은 소리를 하라는 말인가요?" 하실 수도 있습니다. 그래서 수용하는 일이 어렵다는 말입니다. 이런 어려움을 극복하기 위해서는 전문 상담가들의 상담 방법을 참고할 필요가 있습니다.

상담전문가들의 상담 태도를 보면 내담자의 말과 행동, 태도 등 여러 가지 요소를 거의 100% 수용하려고 합니다. 이들은 내담자의 말이나 행동을 이성이나 논리적으로 따지지 않습니다. 그저 조건 없이, 이유 없이 수용하면서 대화를 이끌어 갑니다.

그러면 놀라운 일이 벌어집니다. 상담자가 말할 것을 권유하지 않아도 내담자는 자연스레 자기 이야기를 시작합니다. 또 평소라면 말하기 곤란했을 법한 비밀스러운 이야기도 술술 잘 꺼냅니다. 대화가 거침없이 진행된다는 것입니다. 참 놀라운 일입니다.

이 경이로운 일에 상담자가 하는 일이라고는 내담자의 감정이나 태도를 그저 있는 그대로 수용하는 것뿐입니다. 그런데 내담자는 자신이 스스로 풀기 어려운 문제라고 하는 난제들을 스스로 정의하고, 풀어내기도 합니다. 모두 '수용하기'의 위력이자 효과라 할 수 있습니다.

가정에서 부모들이 자녀와 대화할 때에도 이런 접근법이 필요합니다. 자녀와 대화를 이어가기 위해서 자녀의 삶과 행동, 언어를 무조건 받아들이는 것입니다. 여기에서 수용하라는 말은 자녀의 잘못을 부추기고, 방관하라는 말이 아닙니다. 본서에서 안내하고 제시하고 있는 방법에 따라 수용하고 응대하라는 말입니다.

예를 들어보겠습니다. 어느 날 자녀가 다른 아이를 괴롭혔다고 말합니다. 그러면 많은 부모들은 아이의 말이 끝나기도 전에 "사람이 그러면 된다니? 남을 괴롭히는 일은 나쁜 행동이야."라고 하면서 대화를 진행하려고 합니다. 그러면 효과적인 대화를 할 수 없습니다. 자녀는 부모로부터 자기 행동의 부당함을 지적받았기 때문에 더 이상 말을 하려 들지 않을 것입니다. 마음이 불편해져서 금방 대화를 마무리하려고 합니다.

그러면 부모들이 어떻게 반응하는 것이 좋을까요? 수용하는 과정을 들여다보겠습니다. "그래, 그 물건을 갖고 싶었구나." 혹은 "그 물건이 필요했나 보구나."처럼 말하는 것입니다. 대화를 더 나누고 싶다면 "그 물건을 어떻게 가져오게 되었는지 듣고 싶구나." 정도로 말하면 좋습니다. 그러면 아이가 자기 생각을 말하게 될 것입니다.

다음으로 자녀가 남을 괴롭혔다는 말을 들은 경우입니다. 이 경우에도 먼저 수용하기를 해 주면 좋습니다. "그런 일이 있었구나. 처음 어떻게 그런 일이 시작되었는지 듣고 싶구나."처럼 대응하면 좋습니다. 그러면 아이는 조금 더 편한 상태에서 자기가 하고 싶은 말을 계속하게 될 것입니다.

만일 부모들이 자녀의 옳지 못한 행동을 지적하거나 충고하고 싶다면 아이의 형편과 상황, 그리고 그런 이유나 마음 상태 등 그와 관련된 여러 사연을 충분히 들어본 다음에 말해도 됩니다.

그렇지 않고 처음부터, 혹은 자녀가 말을 하고 있는 중간에 끼어들어 가르침을 늘어놓으면 대화는 금방 중단되고 맙니다. 그렇지 않으면 아이들은 거짓말을 하거나 말수를 줄이게 됩니다. 아니면 부모의 반응이 어떠하리라고 지레짐작하고 마음의 문을 닫거나 자기 마음을 완전히 숨기게 될 것입니다.

이렇게 자녀들은 부모의 '수용하기' 태도에 따라 전혀 다른 행동을 취하게 됩니다. 따라서 '수용하기'는 부모들이 자녀와 대화를 잘하게 만드는 혹은 지속 가능하게 만들어 주는 좋은 에너지라 할 수 있습니다.

다음은 '추임새'를 소개해 드리려고 합니다. '추임새'는 '수용하기'가 더 잘 진행되도록 돕는 대화 방법입니다. 이를 어떤 사람들은 '긍정적 반응'이라고 말하기도 합니다.

'추임새'는 판소리에서 창자가 노래를 더 잘할 수 있도록 흥을 돋우는 행동이나 말을 말합니다. 판소리 마당에서 창자가 창을 하면 옆에 있는 고수鼓手는 창에 맞춰 북을 치면서 "얼쑤", "허이", "좋다"와 같은 말로써 창을 돕습니다. 이것을 추임새라고 합니다.

마찬가지로 대화할 때에도 대화가 잘 진행되도록 돕는 말이 필요합니다. 상대 말을 듣고 있다가 화자가 말을 더 잘할 수 있도록 돕는 언어적, 행동적 반응을 말합니다. 예를 들어 "흠~", "아~", "저런", "그렇구나.", "그랬구나.", "좋았겠다.", "그런 일이 있었구나.", "참 좋은 생각이구나." 등과 같은 말들입니다. 그러니까 화자가 말을 잘할 수 있도록 응원하는 말이라고도 할 수 있습니다. 자녀가 자기 얘기를 계속해서 하고 싶도록 돕는 말이지요. 부모들이 자녀와 대화를 할 때에 이런 추임새를 잘 넣어주면 자녀들은 힘을 얻어, 자랑삼아, 혹은 신이 나서 말을 더 잘하게 됩니다.

예를 들어 자녀가 "선생님이 칭찬해 주셨어요."라고 합니다. 그러면 부모는 "그래? 기분이 좋았겠구나.", "그런 기분 좋은 일이 있었구나."처럼 반응한 것입니다. 화자의 말에 에너지를 공급해 주는 것입니다. 부모의 추임새 구사 능력에 따라 자녀와 나누는 대화는 그 내용이나 양이 결정된다고 해도 과언이 아닙니다. 그러니 부모들은 자녀가 말을 하면 무심히 듣고 있을 것이 아니라 필요에 따라 이런 추임새를 사용하는 것이 좋습니다.

다섯 번째 대화 기술은 '도랑치기'입니다. 도랑은 매우 좁고 작은 개울을 말합니다. 개울에 아무것도 없을 때에는 물이 잘 흐릅니다. 그러다가 도랑에 돌멩이나 막대기 같은 장애물이 생기면 그로 인해 물이 잘 흐르지 못합니다. 이때에 돌멩이나 막대기를 치워주면 물이 잘 흐릅니다.

마찬가지로 대화할 때에도 이런 작업이 필요합니다. 대화를 가로막는 장애물을 제거해 주거나 대화가 잘 진행되도록 돕는 말을 해주는 것입니다. 자녀가 말을 할 때에 말이 제 방향으로 흘러갈 수 있도록 돕는 방법이라 할 수 있습니다. 자녀가 자기 얘기를 시작합니다. 그러면 가만히 듣고 있다가 확인하거나 궁금한 사항이 있으면 물어보는 것입니다. 예를 들면 부모는 다음과 같은 말로 도랑치기를 할 수 있습니다.

> "그 말에 대해 좀 더 자세히 말해 주면 좋겠다."
>
> "그 이야기는 더 듣고 싶구나."
>
> "어떻게 그런 생각을 하게 되었는지 듣고 싶구나."
>
> "그래서 어떻게 되었니?"
>
> "그 일이 궁금한데~?"
>
> "그때 기분이 어땠어?"

혹자는 이를 '말문열기', '반응하기' 등으로 말하는데, 필자는 여기에서 '도랑치기'라고 명명하겠습니다. 그러면 실제 대화에서 '도랑치기'가 어떻게 적용되는지 살펴보겠습니다.

앞에서 예로 들었던 자녀가 친구 물건을 몰래 가져온 일을 적용해 보겠습니다. 그러면 대부분 부모는 "왜 가져왔어?"라는 반응을 보이기 쉽습니다. 이렇게 추궁할 것이 아니라 이때 도랑치기를 하는 것이 좋습니다. "어떻게 그런 생각을 하게 되었는지 듣고 싶구나.", 아니면 "어떻게 해서 가져오게 되었는지 듣고 싶어."처럼 말하는 것입니다. 이렇게 '도랑치기'를 하면 자녀는 그렇게 된 사정을 말할 것입니다. 그러면 부모는 그 일의 전말을 알 수 있게 되고, 이어서 더 많은 대화를 나눌 수 있게 됩니다.

매일 아침 가정에서 벌어지고 있는 출근 상황을 통해 '도랑치기'

가 어떻게 적용되는지 보겠습니다. 출근하려고 하는데, 아이가 학교에 가지 않겠다고 투정을 부립니다. 이런 경우, 부모들은 대부분 "왜 그래? 무슨 일 있어?", "왜 안 가?" 같은 반응을 보이기 쉽습니다. 이런 말은 책임을 추궁하고 있는 말들이라 대화를 불편하게 만듭니다. 부모가 이런 추궁하는 말을 하면 자녀는 대답 거리를 찾지 못해서 머뭇거리며 망설이게 됩니다. 그래서 도랑치기가 필요합니다.

"무슨 일로 학교에 가기 싫은지 듣고 싶구나." 혹은 "언제부터 그런 마음이 들었는지 알고 싶구나.", "네가 지금 그런 태도를 보인 이유를 알고 싶구나."처럼 말하는 것입니다. 그러면 아이는 불편한 마음을 말할 수도 있고, 만일 말을 하지 않으면 야단할 것이 아니라 그냥 침묵으로 기다려주기를 실천하는 것이 좋습니다.

또 다른 상황을 보겠습니다. 자녀가 이제 막 하교하고 집에 돌아왔습니다. 학교에 다녀온 아이에게 말을 걸려고 합니다. 독자께서는 어떤 말을 하겠습니까? 아마 대부분 부모들은 "오늘 학교에서 뭐 했니?", "학교에서 무슨 일 있었니?"처럼 탐문하는 말로 시작할 것입니다.

부모들이 이런 추궁하는 말을 사용하면 자녀는 당장 거부감을 갖게 됩니다. 자녀들은 부모들이 학교에서 무슨 일을 하면 좋아하는지를 잘 알고 있습니다. 그래서 공부와 상관없는 일을 말해야 할 경우 꺼리게 됩니다. 때문에 공부가 아닌 다른 일인 경우, 자녀들은 곧이곧대로 말하지 않거나 거짓말로 둘러댈 것입니다. 그렇지 않으면 "그냥 뭐 그것이 그것이에요."와 같은 차가운 반응을 보이게 됩니다. 그래서 탐문보다는 '도랑치기' 같은 대화 도구가 필요합니다. "오늘 학교에서 있었던 일을 듣고 싶구나.", "오늘 학교에서 무슨 일이 있었는지 듣고 싶어."처럼 말하는 것입니다.

이는 자녀가 대화를 제안 받는다는 느낌을 가지게 됩니다. 그래서 아이 마음이 편안한 상태에서 자기 얘기를 잘 꺼낼 수 있도록 도와줍니다. 또 이런 경우를 보겠습니다. 학교에서 수업을 마치고 온 아이가 이런 말을 합니다.

"우리 반 미혜가 미워요."

"우리 담임선생님이 싫어요."

"숙제를 못 하겠어요."

이런 말을 들으면 부모들은 당장 "친구가 왜 미워?"라는 탐문 형태 대화를 하기 쉽습니다. 그렇지 않으면 "친구를 미워하면 되니?", "선생님을 미워하면 어떻게 해?"처럼 훈계하는 말을 하기 쉽습니다. 이런 말을 사용하면 그 일의 원인을 알 수 있고, 해결방법 또한 금방 찾아낼 수 있을 것 같아서 좋은 방법처럼 보입니다. 그리고 이런 말을 들으면 자녀들이 마음을 열고 그 상황을 쉽게 말해 줄 것 같습니다. 그런데 실제는 그렇지 않고, 오히려 반대로 흘러가게 됩니다. 이런 추궁하는 말을 하면 아이는 말을 가려서 하거나, 대충 얼버무리면서 대화를 줄이려고 합니다. 때문에 이 경우에도 '도랑치기'를 하는 것이 좋습니다.

자녀가 미혜가 미워졌다고 말합니다. 그러면 "무슨 일로 미혜가 미워졌는지 말해 주면 좋겠구나."라고 하면 됩니다. 자녀가 선생님이 싫어졌다고 하면 "선생님이 싫어진 이유를 듣고 싶구나."처럼 말하는 것입니다. 그러면 자녀는 안정감을 얻어 자기 생각을 차분하게 말할 수 있게 됩니다.

'도랑치기'에는 또한 이런 장점도 있습니다. 우선 자녀 내면에 잔재해 있는 불편한 감정이나 원인들을 자녀 스스로 찾아낼 수 있도록 도와줍니다. "네가 그렇게 생각한 배경을 더 자세히 말해주면 좋겠구나.", "네가 한 그 말에 대해 더 구체적으로 듣고 싶구나."와 같이 '도랑치기'를 하면 아이는 편안한 가운데 반응을 하게 됩니다.

이런 과정을 통해 아이는 언제부터 그런 마음이 들었는지, 그때 어떤 기분이 들었는지, 그 원인이 무엇인지를 찾아보고 말하게 됩니다.

여기에서 배웠던 대화방법들, 그러니까 '관심 갖기', '기다려주기', '수용하기', '도랑치기' 등을 잘 사용하면 대화의 내용이나 양에서 상당한 효과를 볼 수 있습니다. 하지만 이런 방법을 잘 사용하더라도 생각만큼 그렇게 좋은 결과를 얻지 못할 수도 있습니다. 그렇더라도 실망할 필요는 없습니다. 우선 본서에서 제시하고 있는 조제법을 따라 조제하고, 상비약을 지속적으로 복용하면 좋은 효과를 볼 수 있기 때문입니다. 앞으로도 계속 자녀와 좋은 대화를 위한 방법들을 차례대로 소개할 예정입니다. 이 책의 마지막까지 잘 훈련하시면 상당한 수준의 대화를 할 수 있으리라고 확신합니다.

선생님이 건네는 마음 처방전

1) 상비약 조제 실습

※ 다음 자녀의 태도를 보고 부모가 반응해야 할 말들을 적어보겠습니다.

① 자녀 행동: 엄마, 지민이를 때려죽이고 싶어요.

　　부모 반응: _____

② 자녀 행동: 엄마, 선생님이 나만 미워하는 것 같아요.

　　부모 반응: _____

③ 자녀 행동: 엄마 학교에 그만 다니고 싶어요.

　　부모 반응: _____

2) 상비약 사용 설명서

약 명	효능
전적인 수용	· 자녀에게 안정감을 줍니다. · 무슨 말이든 하고 싶도록 도와줍니다.
추임새	· 말을 신나게 하게 만듭니다. · 대화를 지속하게 만듭니다.
도랑치기	· 대화를 오랫동안 할 수 있도록 돕습니다. · 청자가 얻고자 한 정보를 얻도록 도와줍니다. · 대화가 한 방향으로 흘러갈 수 있도록 도와줍니다.

3) 주의사항

· 자녀와 깊이 있고 좋은 대화를 원하는 부모는 이 대화법을 충실히 따르기 바랍니다.

4) 상비약 복용법

① 수용하기, 추임새, 도랑치기 용어의 정의와 방법을 충분히 익히시오.

② 부모로서 나는 이런 대화법을 얼마나 사용한 적이 있는지 생각해 보시오.

③ 자녀의 어떤 행동도 수용하려는 마음을 가지시오.

④ 자녀와 대화 시에 추임새와 도랑치기를 잘 실천하시오.

좋은 대화의
실제

    필자는 3장에서 자퇴를 고집하는 채린의 사연을 소개한 적이 있습니다. 여기에서는 채린의 사연을 통해 상담이 진행되는 과정 속에서 앞에서 다루었던 대화 도구들이 어떻게 적용되고 있는지 보여드리려고 합니다. 상황을 상기하는 차원에서 다시 채린의 이야기를 들어보겠습니다.

    채린은 2학년이 되면서 공부하는 것이 힘들고 학교 가는 것이 싫다며 등교를 거부하고 있습니다. 부모님이나 선생님이 아무리 달래고 꼬드겨도 소용이 없었습니다. 여러 사람들과 상담도 해 보았지만 채린의 생각은 단호했습니다. 절대 학교에 다니지 않겠다는 것입니다.

    내세우는 이유는 이 학교에서는 좋은 내신성적을 받을 수 없기 때문이라고 합니다. 그러니 자퇴를 해서 검정고시를 보든지, 아니면 다른 학교로 전학 가서 좋은 내신성적을 얻겠다고 합니다.

> 그러면서 새 학기가 시작되었는데도 채린은 학교에 나오지 않고 집에 머물면서 소란을 피우고 있습니다.

우리는 지금 부모들이 자녀를 양육하면서 사용하는 언어들에 대해 다루고 있습니다. 말이라면 누구나 사용하고 있어서 그저 간단하고 쉬운 것쯤으로 생각합니다. 그래서 소리를 발하면 그저 말이 되는 줄로 착각하는 사람들도 많습니다. 하지만 말이 말로서 제 기능을 발휘하려면 단순히 음성을 발하는 행위에 그치지 않고, 소리에 입혀진 의미가 상대방에게 전해지고, 그것이 바른 반향을 일으켜 의도한 목적을 이룰 때여야만 비로소 말이라고 할 수 있습니다. 이렇게 말이 제 기능을 충분히 발휘하도록 되려면 어느 정도 공부와 훈련이 필요합니다.

간단히 말하면 부모들이 본서와 같은 자녀 양육에 필요한 책을 보고 공부하고, 본서에서 제시한 과제를 실행하는 훈련 같은 것을 해야 합니다.

공부와 훈련을 말하면 당장 부담스럽게 여기는 사람들이 있습니다. 하지만 그렇게 큰 부담을 가질 필요는 없습니다. 우리가 탁구나 골프 따위의 어떤 취미를 가질 때 상황을 떠올려 보면 조금 쉽게 접근할 수 있습니다. 처음 배울 때에는 탁구 라켓이나 골프채 같은 운동 기구를 잡는 것조차 매우 어색하고 불편하게 느낍니다. 하지만 기본 동작을 배우고 나면 운동이 즐거워집니다. 새로운 습관이 만들어졌기 때문입니다.

학자들에 따르면 사람이 하나의 습관을 형성하거나 교정하려면 100일쯤 걸린다고 합니다. 우리 몸이 좋은 습관을 받아들이려면 100일 정도 훈련기간이 필요하다는 말입니다. 그러니까 좋은 대화 습관을 갖는 것도 어느 정도 노력과 시간이 필요하다고 하겠습니다.

여기까지 읽는 것만으로도 우리는 좋은 대화방법들을 충분히 훈련했습니다. 또한 매 절마다 마련된 연습 공간을 통해 상당한 실력을 기를 수 있게 되었습니다. 그래서 여기에서는 그동안 익힌 대화방법들이 실제 대화에서 어떻게 적용되는지 그 과정을 보여드리려고 합니다.

앞에서 다루지 못하고 남겨두었던 채린의 사연 속으로 들어가 대화가 진행되는 과정을 살펴보겠습니다. 독자 여러분께서는 이 과정에서 사용된 대화 도구들을 관심 있게 살펴보면 좋겠습니다.

채린은 학교에서 공부를 잘하는 모범생이었습니다. 이런 아이가 학교를 그만두겠다고 하니 부모나 선생님들 걱정이 이만저만이 아니었습니다. 주변 사람들도 채린을 향한 조언과 설득을 아끼지 않았습니다. 그럼에도 불구하고 채린은 자퇴를 고집했습니다.

필자는 채린과 상담하는 것을 상당히 부담스럽게 느꼈습니다. 채린이 이미 마음으로 자퇴를 굳힌 상태라서 어떤 대화를 해도 수용하지 않을 것 같다는 생각이 들었기 때문입니다.

예상했던 대로 채린은 상담을 하고 싶은 생각이 전혀 없었습니다. 말을 걸어도 한참 동안 별 반응이 없었습니다. 그래서 필자는 채린이 편안함을 느끼고 마음의 문을 열 때까지 조용히 기다려주었습니다.

채린이 시간을 갖고 있는 동안 필자는 앞에서 언급했던 대화의 기본적인 도구들을 생각했습니다. 채린이 말을 하도록 충분히 기다릴 것, 채린의 말이나 행동이 내 윤리나 도덕적 기준에 맞지 않더라도 모두 수용해야 한다는 것, 채린이 자기 사정을 말하면 내가 공감하고 수용하되, 나의 감정과는 분리하여 냉정을 잃지 않아야 한다는 것, 그리고 채린과 대화 시 애당초 어떤 목적을 정해두고 그 목적에 도달해야 한다는 의지나 강박감을 갖지 않겠다는 것 등의 내용을 정리했습니다. 상담자 역할을 맡은 필자가 내담자(아이)의 생각을 유도해서 원하는 방향으로 끌고 가서는 안 된다고 생각했기 때문입니다.

우리가 앞에서 다루었던 것처럼 대화에서 시작과 기본은 '관심 갖기'와 '듣기'입니다. 그래서 필자는 시선을 채린에게로 향하고 대화를 할 수 있도록 여건을 만들었습니다. 채린에게 "선생님은 녹차를 좋아하는데, 채린은 무슨 차를 좋아해? 여기에 여러 종류 차가 있구나." 하면서 차茶를 권했습니다. 그랬더니 채린은 "아무거나요."라고 대답합니다. "그래? 그러면 선생님이 녹차를 마시려고 하는데 같이 마시면 좋겠구나." 그리고 '기다려주기'를 실천했습니다. 채린이 아무런 말을 하지 않아도 부담을 주거나 무슨 말을 하도록 유도하지 않았습니다. 채근하지도 않았습니다. 그냥 조용히 '기다려주기'를 실천했을 뿐입니다.

앞에서 다루었던 것처럼 조용히 기다리는 침묵은 상담자에게 상당한 어려움을 줍니다. 침묵이 길어지면 어느 순간, 무슨 말이라도 꼭 해야 할 것 같은 느낌이 들기 때문입니다. 하지만 침묵은 대화의 한 방법이자 대화의 한 과정이라고 했습니다. 상담자가 기다려주는 시간에 내담자는 자기가 하고 싶은 말의 길을 찾거나, 방향을 정할 수도 있습니다. 그래서 침묵이란 대화 속에 징검다리와 같은 역할을 합니다. 그래서 필자 역시 채린이 자기 말을 찾아갈 수 있도록 조용히 기다려주었습니다.

어느 정도 시간이 흐르자 필자는 앞에서 설명 드렸던 것처럼 '도랑치기'를 시도했습니다. "채린이 지금 여기 이렇게 와 있는데, 어떤 느낌이 드는지 궁금하구나."라고 말했습니다. 그래도 채린은 말이 없었습니다. 조금 더 기다린 다음 차를 다 마셔갈 무렵 필자는 다시 '도랑치기'를 시도했습니다. "선생님과 함께 있는 지금 네 마음의 기분이 어떤지 듣고 싶어." 그래도 채린은 아무런 말이 없었습니다. 한참 동안 말이 없던 채린은 "학교를 그만두고 싶어요. 자퇴하고 싶어요."라고 입을 열었습니다. 드디어 채린이 말을 한 것입니다. 오랫동안 침묵하고 기다려 주었더니 채린이 말을 시작한 것입니다.

상담자는 내담자의 이런 반응을 만나면 마음이 조급해지기 쉽습니다. 많은 시간을 기다려서 겨우 시작된 말이라 너무 반가운 나머지 "자퇴하면 집에서 뭐 하려고?", "자퇴하는 일이 그렇게 쉬운 일인 줄 아니?", "편하니까 별 생각을 다 하구나."와 같은 말로 대응하기 쉽습니다. 하지만 우리는 이런 말들이 대화를 가로막는 장애물이라는 사실을 이미 배웠습니다. 그래서 이런 말을 사용하면 순간 모처럼 시작된 말길을 다시 닫는 일이 되고 맙니다.

그러면 이제 우리는 어떻게 반응하는 것이 좋을까요? 그것은 매우 단순하면서도 쉬운 일입니다. 앞에서 배웠던 것처럼 채린이 한 말을 있는 그대로 인정하고 수긍하는 것입니다. 그래서 필자는 채린의 말을 그대로 받아 '인정하기'를 실천했습니다.

채린: 학교를 그만두고 싶어요. 자퇴하고 싶어요.

필자: 그래, 지금 자퇴하고 싶다는 말이구나.

채린: 네, 맞아요. 학교에 다니기가 싫어요.

필자: 채린이 학교에 다니기 싫을 정도로 힘든가 보구나.

채린: 네.

만일 여기에서 인정하기를 실행하지 않고 "왜 그러느냐?" "무슨 일로 그래?" "그러면 되겠니?"처럼 추궁하거나 이유를 물으면 채린은 적당한 말로 대충 둘러대거나 대화를 서둘러 마무리 지으려고 할 것입니다. 그렇지 않으면 자신의 본심을 감추려 들 것입니다. 그러니 여기에서는 상대방의 말을 있는 그대로 인정하는 것이 중요합니다. 방법은 단순히 채린의 말을 따라 하면 됩니다. "학교에 다니기 싫을 정도로 힘든가 보구나."처럼 하는 것입니다.

'따라하기'는 '인정하기'의 한 방법으로 상담자(부모)가 이해한 내용이 내담자(자녀)의 의도와 일치하는지, 확인하는 도구입니다. 그래서 내담자(자녀)는 상담자가 이해한 내용이 맞으면 침묵을 하든지 아니면 "네, 그래요."와 같은 반응을 하게 됩니다. 만일 내담자가 말한 의도와 상담자의 이해 내용이 다르면 "아니요, 그게 아니에요."라고 반응할 것입니다. 때문에 '따라하기'는 상대방의 마음이나 말의 의도를 확인하는 도구가 됩니다.

또한 이 도구의 장점은 화자로 하여금 '상대가 내 말을 잘 듣고 있어서 내가 대화를 계속할 수 있겠구나'라는 생각을 갖도록 도와줍니다. 이런 점은 화자에게 안정감을 가져다줍니다. 그래서 이어지는 다음 말을 비교적 쉽게 할 수 있도록 도와줍니다.

또 다른 효과라 하면 내용 확인과 동시에 대화의 방향이 같은 방향으로 흘러갈 수 있도록 도와줍니다. 그래서 화자의 말 내용이 일관되게 나아가도록 도와줍니다.

여기에서 유의할 점은 내담자의 말을 습관적으로 따라 해서는 안 된다는 것입니다. 그러면 내담자가 빈정댄다는 느낌을 가질 수 있습니다. 그 빈도는 듣는 사람이 '내 대화를 잘 듣고 있구나'와 같은 느낌을 가질 정도로 하면 좋습니다. 계속해서 채린과 진행되었던 대화 과정을 살펴보겠습니다.

> 필자: 지금 학교에 다니기 싫다는 말이구나.
>
> 채린: 네~
>
> 필자: 네가 언제부터 그런 생각이 들었는지 듣고 싶구나. 〈도랑치기〉
>
> 채린: (한참 망설이다가) 아마 1학년 1학기 중간고사 보고 나서부터요.
>
> 필자: 그래~, 상당히 오래전부터 그런 생각을 했구나. 〈추임새〉
>
> 채린: 네.
>
> 필자: 그런 생각을 하게 된 계기가 있었을 것 같은데, 말해 줄 수 있겠니? 〈도랑치기〉
>
> 채린: 중간고사 성적을 보고 너무 실망했어요.
>
> 필자: 성적을 보고 너무 실망했다는 말이구나. 〈따라하기〉

대화가 시작되자 필자는 '기다림'과 '침묵'에 이어 '인정하기'를 실천했습니다. 이어서 말길을 열어주는 "네가 언제부터 그런 생각을 하게 되었는지 듣고 싶구나.", "그런 생각을 하게 된 계기가 있었을 것 같은데, 말해 줄 수 있겠니?"와 같은 도랑치기를 해 주었습니다. 만약 말하는 사람의 의도를 파악하고 싶다면 다음과 같이 도랑치기를 해도 될 것입니다.

"네가 자퇴하고 싶은 것은 네 내신성적 때문이구나?"

"네가 말한 의도는 내신성적 때문인 것이 맞니?"

"너는 지금 내신성적이 좋아야 된다고 생각하고 있구나?"

그러면 아이는 이런 유형의 대답을 하게 됩니다.

"네, 내신성적 때문에 고민이에요."

"이 내신성적으로는 좋은 대학에 진학하지 못할 것 같아 고민이에요."

이런 채린의 반응을 보고 필자는 '추임새'를 넣어 주었습니다. 그랬더니 채린은 필자의 말에 동의하면서 자기 이야기를 이어나갔습니다. 그래서 상담을 잘할 수 있게 되었습니다.

지금까지 우리는 채린의 상담과정을 통해 그동안 훈련해 온 대화 도구들이 어떻게 사용되었는지 그 모습을 살펴봤습니다. 우리가 그동안 익혀왔던 대화 도구들은 어려운 대화의 실마리를 찾아나가는 데 많은 도움을 줍니다. 이러한 소통기법들을 능숙하게 사용하기 위해서는 어느 정도 훈련이 필요합니다. 그래서 그것들을 적용하고 훈련하는 방법들을 아래에 실어두었습니다. 여기에 적용된 대화 기술을 명명하면서 실전처럼 연습하면 좋겠습니다.

1) 상비약 조제 실습

앞에서 다루었던 대화를 아래에 다시 실어 두었습니다. 그리고 대화 내용 끝에 괄호를 마련해 두었습니다. 필자가 적용한 기술에 대해 이름을 붙여보겠습니다. 괄호 안에 들어갈 말이 무엇인지 고민해 보시길 바랍니다. '기다려주기', '도랑치기', '따라하기' 중에 무엇일까요?

채린: 학교를 그만두고 싶어요. 자퇴하고 싶어요.

필자: 그래, 그렇게 자퇴하고 싶어 하는구나. (사용방법:_____)

채린: 네, 학교에 다니기 싫어요.

필자: 지금 그렇게 학교에 다니기 싫다는 말이구나. (사용방법:_____)

채린: 네.

필자: 그러면 그런 생각을 하게 된 계기가 있었을 것 같은데, 말해 줄 수 있어?
　　　(사용방법:_____)

채린: 내신성적이 엉망이에요. 이런 성적으로는 제가 원하는 대학에 갈 수 없겠다고 생각해요.

필자: 네가 가고 싶은 대학에 진학할 수 없을까 봐 염려하는구나.
　　　(사용방법:_____)

채린: 네~

필자: 그래? 네가 언제부터 그런 생각을 하게 되었는지 듣고 싶구나.
　　　(사용방법:_____)

채린: 아마 1학년 1학기 중간고사 보고 나서부터요.

필자: 상당히 오래전부터 그런 생각을 했구나.

채린: 네.

2) 상비약 사용 설명서

약 명	효 능
따라하기	· 대화의 내용을 확인할 수 있도록 도와줍니다. · 청자가 대화에 충실히 임하고 있다는 사실을 보여줍니다.
기다려주기	· 대화를 편안하게 할 수 있도록 도와줍니다. · 화자가 말을 충분히 할 수 있도록 도와줍니다.
도랑치기	· 청자가 대화 중 필요한 정보를 얻을 수 있습니다. · 대화가 술술 진행되도록 도와줍니다.

3) 주의사항

· 지금까지 배운 대화 방법을 생활 속에서 꾸준히 사용할 수 있도록 노력하시오.

4) 상비약 복용법

① 여기에서 배운 대화방법들을 충분히 익히고 활용하시오.

② 자녀와 대화뿐만 아니라 부부간에도 잘 활용하시오.

③ 만일 잘 되지 않을 경우 책 내용을 다시 참고하시오.

편안하게
대화하기

앞에서 만났던 채린의 이야기를 계속 더 들어보겠습니다. 채린은 학교 다닐 생각이 없었지만 1학기만 더 다녀보자는 부모님의 권유 때문에 학교에 출석을 했습니다. 그런데 출석만 할 뿐 공부는 아예 하지 않고 지냈습니다.

억지로 1학년 2학기를 다니다 보니 채린의 내신성적은 더 엉망이 되었습니다. 그러니 채린은 이제 학교 다니는 것이 더 이상 의미가 없어졌다고 합니다. 그러면서 자퇴를 고집하고 있습니다. 그러니 부모 마음이 말이 아닙니다.

그래도 부모님은 채린이 성적에 상관없이 정상적으로 학교에 다니면 좋겠다고 생각합니다. 그런데 최근 무너져 가는 아이의 모습을 보고 있자니 부모 마음 역시 흔들린 모양입니다. 채린의 바람대로 전학을 보내든지, 아니면 자퇴를 시켜서 검정고시를 보게 해야 할지, 선택해야 할 시점이라고 판단하신 것입니다. 부모는 대략 결정을 내려놓은 다음, 마지막이라는 심정으로 필자에게 도움을 요청했습니다.

우리는 앞에서 채린과 나눈 대화를 통해 대화가 진행되는 과정을 조금 들여다보았습니다. '관심 갖기', '기다려주기', '인정하기', '따라하기', '도랑치기' 등의 방법들이 실제 대화에서 어떻게 적용되는지 살펴본 것입니다.

거듭 강조하는 이야기이지만 대화를 잘하기 위해서는 우선 대화할 때 장애물을 사용하지 않아야 합니다. 그런 다음, 앞에서 배운 대화 방법들을 상황에 따라 적절하게 활용하는 것입니다. 그러면 대부분 대화는 원만하게 잘 진행됩니다.

여기에서는 지금까지 사용한 대화 방법과 함께 한 걸음 더 나아가 대화가 보다 더 편해질 수 있는 방법을 소개하려고 합니다. 그것은 상대방의 감정을 알고 이해하는 대화, 바로 '공감하기'입니다.

이는 청자聽者가 말하는 사람의 처지나 감정 상태를 전적으로 인정하고 공감해 주는 것을 말합니다. 이것을 칼 로저스Carl Rogers는 '상담자가 내담자의 내적 준거 체계를 이해하는 것'이라고 했습니다. '공감하기'는 대화를 편하게 이끌어 줄 뿐만 아니라 화자가 자기 마음을 열 수 있도록 도와주는 좋은 도구입니다.

'공감하기'를 잘하기 위해서는 먼저 해야 할 일이 있습니다. 그것은 화자의 감정을 파악하는 일입니다. 상대방의 감정을 알아채고 그 감정에 어울리는 감정으로 동조해 주는 것입니다. 그러면 편하고 즐거운 대화를 나눌 수 있습니다.

그런데 문제는 상대방의 감정을 파악하는 일이 그리 쉽지 않다는 것입니다. 왜냐하면 사람들은 말을 할 때, 보통 자기 내면의 감정을 분명하게 드러내지 않기 때문입니다. 사람들은 자기 본심을, 혹은 불편한 자기감정을 바로 드러내지 않고, 그것을 언어 이면裏面에 감춰두고 말하는 경향이 있습니다. 어떤 경우에는 아예 상대가 알 수 없도록 암호로 만들어 보여주기도 합니다. 특별히 자기 불편한 감정을 말해야 할 경우라든지, 아니면 자기 일을 숨기고 싶은 마음이 있으면 더욱 그런 경향이 있습니다.

다음 예를 통해 그 상황이 어떻게 이루어지고 있는지 살펴보겠습니다. 어느 날 집에 들어온 자녀가 "엄마, 아이-씨, 민호하고 못 놀겠어."라고 합니다. 이런 말을 들으면 지금 아이의 기분이 나쁘다는 것쯤은 쉽게 알 수 있는데 무슨 이유로 기분이 나빠졌는지, 혹은 그런 감정을 보인 상황과 맥락을 파악하는 것은 쉽지 않습니다.

그러면 한번 유추해 보겠습니다. 민호와 오래 놀지 못해서 아쉽다는 말인지, 아니면 민호라는 아이의 수준이 너무 낮아서 속상하다는 말인지, 아니면 민호가 자기를 무시해서 기분이 나쁘다는 말인지, 아니면 민호가 다른 친구들과 어울려 아들이 왕따를 당해서 기분이 나쁘다는 말인지. 아니면 엄마가 이 일을 해결해 달라는 말인지…….

이 말만으로는 아이 내면의 의도, 즉 감정 상태를 알아내는 일은 쉽지 않습니다. 그래서 상대 감정에 공감하기 위해서는 먼저 상대방 말을 듣고 그 속에 담긴 감정을 알아내는 과정이 필요합니다. 이것이 공감하기의 첫걸음이라 할 수 있습니다. 훈련을 위해 우선 아래 네모 안에 있는 말을 읽어보고, 이 말을 한 화자의 감정을 괄호 안에 써 보는 일을 해 보겠습니다.

> 1. 엄마, 이번 학예회에 내가 시를 낭송하기로 했어요.
>   잘할 수 있을지 모르겠어요. (감정: _____)
> 2. 우리 선생님은 나만 미워하는 것 같아요. (감정: _____)
> 3. 엄마는 컴퓨터를 1시간만 하라고 해요. (감정: _____)
> 4. 엄마, 민혁이는 돈을 많이 가지고 다녀요. (감정: _____)

어떤가요? 감정을 쉽게 읽을 수 있나요? 그러면 감정을 말해보겠습니다. 1번 감정은 '두려움'이나 '염려'입니다. 2번은 '속상함', '화남', '질투' 등입니다. 3번은 '짜증', '원망' 등입니다. 4번은 '부러움' 등입니다.

연습을 위해 다음 상황도 화자의 감정을 알아보겠습니다.

1. "이번 기말고사에서도 성적이 떨어지면 어쩌지?" - 감정: _____
2. "일류대학에 가야 하는데" - 감정: _____
3. "이런 성적으로 어떻게 대학을 가지?" - 감정: _____

네, 잘해 주셨습니다. 이렇게 상대방의 감정을 알아내면 공감하기는 비교적 쉽게 할 수 있습니다. 공감하는 과정에서 혹시 실수하거나 잘못하더라도 자책할 필요는 없습니다. 감정을 읽어내고 인정해 주려는 의도만 갖고 있으면 크게 문제 될 것이 없습니다. 혹시 내가 오독誤讀해서 잘못 말하더라도 만일 그것이 화자의 의도와 다르면 화자가 듣고 다시 수정해 주기 때문입니다. 여기에서 중요한 것은 '공감하기'를 실천하는 일입니다.

상대의 감정을 읽어내는 일을 연습했으면 이번에는 이것을 표현하는 방법도 알아보겠습니다. 방법은 그 감정의 '원인'을 말하고, 그것에 따라 일어나는 상대 '감정'을 말하면 됩니다.

1번. "성적이 떨어질까 봐(원인) 염려하는구나?(감정)"
2번. "좋은 대학에 진학하지 못할까 봐(원인) 걱정되는구나?(감정)"
3번. "내신성적이 낮아서(원인) 고민하고 있구나?(감정)"

이렇게 상대의 감정을 알고 반응해 주면 듣는 사람은 편안함을 느낍니다. 따라서 대화를 편안하고 길게 할 수 있게 됩니다.

그러면 이제는 반대 경우를 생각해 보겠습니다. 어쩌면 우리들이 평상시에 나누는 대화 모습이지 않을까 생각됩니다. 공감하지 않는 대화를 하면 어떻게 귀결되는지 살펴보겠습니다.

대화1.

자녀: 이번 기말고사에서도 성적이 떨어지면 어쩌지?

부모: 열심히 하면 되지, 그게 무슨 걱정이야, 지금부터 계획을 세워서 열심히 해 봐.

자녀: (입을 삐쭉거리며, '그것이 가능할까' 라는 의심을 갖는 표정)

대화2.

자녀: 일류대학에 가야 하는데~

부모: 그렇게 해 가지고 좋은 대학에 가겠어?

자녀: (입을 삐쭉거린다)

대화3.

자녀: 이런 성적으로 어떻게 대학을 가지?

부모: 그러니까 엄마가 뭐라 했니? 그렇게 열심히 하라고 했더니만~

자녀: (입을 삐쭉거린다)

자, 어떠신가요? 이런 반응으로 대화를 진행하게 되면 대화현장이 당장 불편해지고 맙니다. 그래서 금세 대화가 중단되고 맙니다. 부모들이 이런 대화를 시작하면 자녀들은 얼른 대화를 마치고 자기 방으로 들어가려고 할 것입니다. 왜냐하면 부모가 공감해 주지 않고, 도리어 지적하고, 부담을 주고, 비꼬는 장애물을 늘어놓기 때문입니다. 그러나 우리가 다루고 있는 '공감하기'는 다릅니다. 이번에는 '공감하기'로 대화 나누는 모습을 보겠습니다.

자녀: 엄마, 이번 학예회에 내가 시를 낭송하기로 했어요. 잘할 수 있을지 모르겠어요.

엄마: 시 낭송하는데, 잘못할까 봐 걱정(염려) 되는구나?

자녀: 네, 그래요. 걱정이 많이 돼요.

자녀: 우리 선생님은 나만 미워하시는 것 같아요.

엄마: 선생님이 너만 미워한 것 같아 속상하겠구나.

자녀: 네, 엄청 속상해요.

자녀: 엄마는 컴퓨터를 1시간만 하라고 해요.

아빠: 컴퓨터를 1시간만 하라고 해서 짜증나나 보구나.

자녀: 네, 짜증나요. 민영이네는 마음대로 하라고 하는데,

자녀: 엄마, 민혁이는 돈을 많이 가지고 다녀요.

엄마: 민혁이 돈을 많이 가지고 다녀서 부럽구나.

자녀: 네, 나도 돈이 많으면 좋겠어요.

상대의 감정을 그대로 공감해 주면 듣는 사람은 편안함을 느낍니다. 그래서 대화를 오래 나눌 수 있습니다. 그러면 이제 다시 필자가 상담하고 있는 채린의 대화 여정으로 돌아가 보겠습니다.

채린: 네, 학교에 다니기 싫어요.

필자: 지금 학교에 다니기 싫다는 말이구나.

채린: 네.

필자: 그러면 그렇게 생각하게 된 계기가 있었을 것 같은데, 선생님이 듣고 싶구나.

채린: 내신성적이 엉망이에요. 이런 성적으로는 제가 원하는 대학에 갈 수 없겠다고 생각됩니다.

필자: 네가 가고 싶은 대학에 진학할 수 없을까 봐 염려하는구나.

채린: 네~

필자: 그래? 그런데, 선생님은 네가 언제부터 그런 생각을 하게 되었는지 듣고 싶어.

채린: 아마 1학년 1학기 중간고사 보고 나서부터요.

필자: 상당히 오래전부터 그런 생각을 했구나.

채린: 네.

필자는 채린의 말을 들으면서 채린의 감정을 읽고 '공감하기'를 해 주었습니다. 그랬더니 채린은 선생님과 대화를 나눌 수 있겠다고 생각했던지 마음에 담아 두었던 이야기들을 꺼내기 시작했습니다.

이와 같이 '공감하기'는 편안하고 안정된 분위기 속에서 대화가 진행되도록 도와줍니다. 이런 방법을 사람에 따라서는 '미러링' 혹은 '적극적 경청'이라고 부르기도 합니다.

이 방법은 나이나 성별에 상관없이 매우 효과적입니다. 누구에게나 적용하면 좋은 결과를 보여줍니다. 여기에서 여섯 살 난 민준의 이야기를 통해 공감하기 효과를 살펴보겠습니다.

민준이가 장난감을 가지고 놀고 있습니다. 이를 보고 있던 민준의 형 민철이 다가와 민준이 장난감을 갑자기 빼앗아 갔습니다. 힘에서 밀린 민준은 형에게 어떻게 저항하지 못하고 울음을 터트리고 말았습니다.

이런 상황을 만나면 부모들은 대개 울고 있는 동생을 얼른 위로해 주고 싶은 마음이 생깁니다. 그래서 민철에게 얼른 다가가 "동생에게 그게 무슨 짓이니?"라며 꾸지람을 하거나 동생에게 "형이 나쁘구나.", 혹은 "형을 혼내 줘야 하겠구나." 같은 말을 합니다. 그러면 동생 민준에게 큰 위로가 될 것으로 압니다. 하지만 이런 말들은 민준에게 실질적인 도움을 주지는 못합니다. 민준의 기분을 풀어주려고 한다면 민준의 마음을 이해하는 '공감하기'를 해 주어야 합니다.

그러기 위해서는 먼저 앞에서 언급했던 것처럼 불편을 겪고 있는 민준의 감정을 아는 것이 중요합니다. 그러면 민준의 감정을 생각해 보겠습니다. 지금 민준의 마음은 어떤 상태일까요? 잘 갖고 놀던 장난감을 형에게 빼앗겼으니 '억울함'이나 '분함'의 감정을 가지고 있겠지요? 그래서 속이 상한 것입니다. 화도 많이 나겠지요? 이런 민준의 감정을 알아차렸다면 이제 그런 감정의 원인과 결과인 감정을 말하면 됩니다. "우리 민준이, 형이 장난감을 빼앗아 가(원인) 속상하겠구나(감정)."라고 하면 됩니다. 그러면 민준은 "응, 형이 미워, 나빠."와 같은 반응을 하게 됩니다. 이어서 "그래 형이 우리 민준이를 괴롭혔구나."와 같이 반응하면 민준이가 지녔던 불편한 감정은 상당히 줄어들게 됩니다. '공감하기'는 어린 아이들에게 매우 유익한 대화법입니다.

여기에서 다시 우리가 앞에서 다루었던 아이들의 사례를 통해 '공감하기' 효과를 더 알아보겠습니다. 집에 돌아온 아이가 이렇게 푸념합니다.

"우리 반 미혜가 미워요."

"우리 담임선생님이 싫어요."

"숙제를 못 하겠어요."

이런 말을 들으면 부모들은 늘 해오던 습관대로, 당장 "왜?", "왜 그러는데?"라고 묻기 쉽습니다. 자녀가 지닌 문제의 핵심에 얼른 접근하고 싶은 마음에서 그럴 수 있습니다. 하지만 이런 물음은 문제 해결에 도움이 되지 않습니다. "왜?"라고 물으면 당장 책임을 묻는 추궁하는 말이 됩니다. 그래서 듣는 사람은 여기에 합당한 답변을 내놓아야 할 의무를 느끼게 됩니다. 결국 대답을 망설이게 되고, 어색한 답변을 만들어내게 만듭니다. 따라서 상대에게 부담을 주는 이런 응대는 좋은 화법이라 할 수 없습니다.

그러면 우리는 어떻게 해야 할까요? 그렇습니다. '공감하기'를 실행하는 것입니다. 마음이 불편한 자녀를 보면 얼른 '공감하기'를 하는 것입니다. 아이의 감정을 알아낸 다음, 그 원인과 감정을 묶어 '공감하기'를 하는 것입니다.

"우리 반 미혜가 미워요."
"미혜 때문에 불편했나 보구나."

"우리 담임선생님이 싫어요."
"담임선생님이 싫어져 속상하겠구나."

"숙제를 못 하겠어요."
"숙제를 부담스럽게 느끼는구나."

여기에서 대화를 더 하고 싶으면 말이 계속 진행될 수 있도록 '도랑치기'를 하면 좋습니다.

"우리 반 미혜가 미워요."
"미혜 때문에 불편했나 보구나." (공감하기)
"네."
"무슨 일로 미혜가 미워졌는지 말해 주면 좋겠구나." (도랑치기)

"우리 담임선생님이 싫어요."

"담임선생님이 싫어져 속상하구나."(공감하기)

"네."

"선생님이 싫어진 일이 있었나 보구나. 그 일을 들을 수 있겠니?"(도랑치기)

"숙제를 못 하겠어요."

"숙제를 부담스럽게 느끼는구나."(공감하기)

"네."

"숙제는 항상 부담스러운 면이 있거든."

이렇게 공감하는 대화를 하면 자녀들은 편안한 가운데 이유를 설명하게 됩니다. 이유를 듣고 나서 "언제부터 그런 마음이 들었는지" 혹은 "그때 어떤 기분이 들었는지" 등과 같은 대화를 이어가면 좋은 대화를 할 수 있습니다.

공감하기를 하면 아이는 자기 감정을 혹은 자기 내면의 이야기를 자연스럽게 말하게 됩니다. '공감하기'는 이렇게 대화를 편하게 할 수 있을 뿐만 아니라, 문제를 열어놓고 대화할 수 있도록 마음을 열어줍니다. 다시 채린과 상담했던 다음 과정으로 돌아가 보겠습니다.

필자: 그래? 네가 언제부터 그런 생각을 하게 되었는지 듣고 싶구나.

채린: 아마 1학년 1학기 중간고사 보고 나서부터요.

필자: 상당히 오래전부터 그런 생각을 했구나.

채린: 네.

필자: 그때 느꼈던 감정을 선생님이 듣고 싶구나.

채린: (한참을 머뭇거리다가) 성적에 대한 벽을 느꼈어요. 친구들이 공부를 너무

잘한 거예요. 그래서 그 벽을 제가 도저히 넘을 수 없다고 생각하게 되었어요.

필자: 그 벽을 너무 힘겨운 것으로 느꼈다는 말이지?

채린: 네.

필자: 그 점이라고 하면 입학할 때부터 알았을 것 같은데….

채린: 네, 저도 우리 학교에 우수한 학생이 많다는 것을 알고 있었어요. 그래서 성적이 중학교 때와는 다를 것이라고 생각했어요. 그래서 현제 제 성적을 인정해요. 그런데 선생님이 말한 성적의 벽이 너무 높았어요.

필자: "선생님이 말한 성적의 벽이 너무 높다."는 말의 의미를 모르겠구나.

채린: (한참을 망설이다가) 사회 선생님이 제시한 성적이 너무 부담됐어요.

필자: 사회 선생님이 네게 무슨 말씀을 하셨니?

채린: 네, 사회 선생님은 저희 아빠 친구예요. 그래서 선생님은 제가 중학교 때부터 공부를 잘한다는 사실을 알고 계셨어요.

필자: 우리 학교에 네가 잘 아는 선생님이 계셔서 좋았겠구나.

채린: 그러긴 했어요. 그런데 그게 좋은 게 아니었어요. 3월에 전국 모의고사를 보고 나서 성적이 나왔어요. 그때 사회 선생님이 제 성적을 보시고는 생각보다 성적이 낮다며 힘을 내라고 격려해 주셨어요. 그래서 저는 중간고사 때는 입학 때 받은 성적을 회복하겠다고 약속했어요.

필자: 선생님과 그런 약속을 했구나.

채린: 저는 선생님의 격려에 보답하기 위해 열심히 노력했어요. 그리고 중간고사 시험을 보게 되었어요. 그런데 결과를 봤더니 성적이 더 떨어지고 말았어요.

필자: 많이 실망했겠구나.

채린: 네, 실망이 아니라 완전 패닉 상태가 되었어요. 제 자신이 너무 미웠어

요. 그러고 있을 때, 다시 사회 선생님을 만나게 되었어요. 선생님이 제 성적을 물었어요. 그때 저는 대답을 할 수가 없었어요. 그냥 얼굴만 붉히고 말았어요. 그때 선생님은 저를 격려해 주시면서 제가 입학성적을 회복하면 맛있는 것을 사주시겠다고 응원해 주셨어요.

필자: 선생님의 격려가 힘이 되었겠구나.

채린: 아니요. 격려가 아니라 부담이 되었어요. 제가 아무리 노력해도 선생님이 바라는 성적을 낼 자신이 없었거든요. 그래도 힘을 내서 열심히 공부해 보기로 했어요. 기말고사에는 제 능력을 꼭 발휘해 보겠다고요.

필자: 부담을 느꼈을 텐데, 좋은 다짐을 했구나.

채린: 다짐을 하긴 했지만 자신이 없었어요. 결국 기말고사를 마쳤는데, 원하는 성적이 아니었어요. 제 노력의 한계를 보였어요. 이때부터 저는 학교에서 사회 선생님을 뵐 자신이 없어졌어요. 학교에 다니는 것이 정말 부담되었어요.

필자: 그 부담이 자퇴를 고려하게 만들었다고 생각하니?

채린: 아마도…….

필자: 그다음은 어떻게 했니?

채린: 정말로, 이제는 저를 그렇게 아껴주시고 관심을 가져주신 선생님 얼굴을 뵐 자신이 없었어요.

필자: 그래서 고민이 되었겠구나.

채린: (한참을 망설이다가) 저는 얼굴을 들고 다닐 수가 없었어요. 선생님과 마주칠까 봐 멀리서 눈치를 보고 다녀야 했어요. 그러다가 학교를 그만두고 싶다는 생각을 하게 되었어요.

필자: 그랬구나. 그러면 학교에 나오는 일이 힘들었겠구나.

채린: …….

필자: 선생님이 네 입장이었더라도 그런 생각을 했을 것 같구나.

필자는 채린과 대화하면서 그동안 우리들이 다루었던 대화기술들을 모두 동원했습니다. '관심 기울이기', '도랑치기', '따라하기', '공감하기' 등을 사용했습니다. 그랬더니, 채린은 자기 내면에 깊이 감추어 두었던 불편한 이야기들을 말하기 시작했습니다. 그 누구에게도 말할 수 없었던 일급비밀을 꺼내 놓은 것입니다. 그렇게 말하고 나서 채린은 한참 동안 말을 하지 못하고 울었습니다. 여러 가지 감정이 교차되었던 모양입니다.

듣고 보니 채린이 학교에서 힘들었을 일들이 짐작되었습니다. 선생님의 기대를 저버려서는 안 된다는 부담감, 공부를 잘해서 선생님에게 떳떳하게 보이고 싶었던 마음, 그것을 실현하지 못해서 오는 좌절감, 무너져 내린 자존감 등 여러 요인들이 채린을 압박하고 있었던 모양입니다.

채린은 자기 노력으로는 사회 선생님이나 부모님이 기대하는 성적을 낼 수 없다는 것을 알게 되었습니다. 그 순간 채린은 깊은 좌절에 빠졌던 것입니다. 그동안 공부로 얻은 체면과 명성, 그것들이 무너져 내리는 것을 도저히 견딜 수 없었던 것입니다. 그래서 공부를 포기하거나 아예 학교를 옮기려는 생각을 했던 것입니다.

이렇게 마음을 털어놓은 채린은 자기 불편한 일들을 다 말했다고 생각했는지, 다소 여유로운 표정을 지었습니다. 이어지는 상담시간을 통해 그동안 지녔던 부담감을 내려놓을 수 있는 방법과 앞으로의 생활에 대한 이야기를 나누었습니다. 가슴에 담아 두었던 짐을 내려놔서 그런지 대화가 진행되면 될수록 편안한 가운데서 이야기를 오래 할 수 있었습니다.

　이런 과정을 통해 채린은 자기 능력을 인정하고 수용하기로 했습니다. 그리고 다시 학교생활을 잘해 보기로 다짐했습니다. 이후 채린은 자퇴 이야기를 슬그머니 접고 한동안 가정에서 쉰 다음, 다시 학교에 나오기 시작했습니다. 이후 채린은 고등학교 졸업은 물론 대학에 진학하여 자기가 목표로 삼고 있는 일들을 하나씩 이루어나갔습니다.

　지금까지 우리는 대화 속에서 사용된 대화 도구들을 살피고, 이 중에서도 '공감하기'의 효능에 대해서 알아봤습니다. '공감하기'는 화자가 마음을 열고 어떤 내용이라도 말할 수 있도록 돕는 마법과 같은 도구라 할 수 있습니다.

　필자는 이런 방법을 통해 불편을 겪고 있는 아이들에게 많은 도움을 줄 수 있었습니다. 어떻게 보면 매우 단순하고 간단한 대화방법입니다. 때문에 이런 대화법은 상담을 전문적으로 공부하거나 오랜 시간 동안 실습을 거친 사람이 아니어도 사용할 수 있는 대화법이라 할 수 있습니다.

　중요한 것은 이제 독자 여러분께서 이것들을 되새기고 연습해서 내 것으로 만들어 잘 사용하는 것입니다. 그러면 여러분도 필자가 경험했던 것처럼 좋은 결과를 얻을 것으로 확신합니다. 다음에 마련된 실천 연습 과정을 거치면서 좋은 대화법이 몸에 익숙해지면 좋겠습니다.

1) 상비약 조제 실습

※ 다음 자녀 행동을 보고 앞에서 다루었던 대화 방법 중 하나를 구사하고 그것
의 이름을 붙여봅니다.

① 자녀 행동: 엄마 할머니 댁에 가고 싶지 않아요.

　부모 반응: _____

② 자녀 행동: 엄마, 그 일을 왜 제가 해야 해요?

　부모 반응: _____

③ 자녀 행동: 엄마, 학교 다니기 싫어요.

　부모 반응: _____

2) 상비약 사용 설명서

약명	효능
감정읽기	· 공감하기를 하기 위한 기본이 됩니다. · 상대의 감정을 찾을 수 있습니다. · 상대의 감정과 공감하게 됩니다.
공감하기	· 마음을 편하게 만들어 줍니다. · 대화를 오랫동안 할 수 있게 도와줍니다. · 마음의 부담을 줄여줍니다.
도랑치기	· 내면에 담고 있는 실질적인 불편을 말할 수 있게 됩니다. · 상담자가 원하는 정보를 얻을 수 있습니다.

3) 주의사항

· 공감을 통해 대화를 지속하기 원하면 상대가 말하는 중에 느낀 감정을 잘 찾아 표현해 주는 것이 필요합니다.

4) 상비약 복용법

① 대화에서 느껴지는 자녀의 감정을 읽도록 노력하시오.

② 대화 중에 느껴지는 자녀의 감정에 충실하시오.

③ 느껴진 자녀의 감정을 표현해 주시오.

④ 그리고 공감하는 능력을 키워 생활 속에서 꾸준히 활용하시오.

자녀 마음 치유
가정상비약

PART 6

생각
말하기

마음을
알려라

　　고등학교 1학년인 재영은 학교생활이 힘든 모양입니다. 1학기를 마치더니, 이제 학교를 그만 다니겠다고 합니다. 부모는 그동안 재영이 학교 생활을 어려움 없이 잘하고 있는 줄 알았습니다. 그런데 갑자기 학교에 가지 않겠다고 하니 부모 입장이 난감해질 수밖에요.

　　부모는 물론 담임선생님을 비롯한 여러 선생님들이 재영의 학교생활을 도우려고 했습니다. 하지만 재영은 막무가내로 학교를 그만두겠다고 합니다. 재영이 선생님의 지도를 받는 과정에서 필자는 재영의 부모님을 만날 수 있었습니다.

　　어머니는 "우리 아이가 왜 이러는지, 언제부터 이렇게 되었는지 도무지 모르겠습니다."라고 하소연하셨습니다. 부모는 나름대로 최선을 다해 재영을 보살피고 양육했다고 합니다. 그런데 재영이 막무가내로 그런답니다. 부모님 하소연을 들은 다음, 필자는 가정에서 일상으로 벌어지는 일들에 대해 말해 달라고 부탁했습니다. 부모님의 이야기는 대충 이러했습니다.

재영네 집은 엄마, 아빠, 재영 이렇게 셋이 살고 있었습니다. 재영이 외동딸이다 보니 어려서부터 부모 사랑이 얼마나 극진한지 말로 다 할 수 없다고 합니다. 집안 모든 일이 재영을 중심으로 돌아갔다고 합니다. 부모는 오래전부터 맞벌이를 하고 있어서 늘 바빴지만 재영이가 원하는 일이라면 발 벗고 나서서 도와주었다고 합니다. 재영이 요구하는 일이라면 가급적 원하는 대로 다 들어주고, 학교 준비물이 필요하다고 하면 대충 구입하지 않고 제일 좋고 값비싼 것으로 골라 주었다고 합니다. 또 사교육 역시 일반 학원이 아닌 이름난 과외 선생님을 주선해 관리 받도록 했다고 합니다.

부모는 이렇게 하는 것이 맞벌이로 자녀를 잘 돌보지 못한 것에 대한 미안한 마음을 만회하는 일이라고 생각했답니다. 그런데 부모 생각과 달리 재영은 이렇게 엇나가고 있었습니다.

재영은 부모님이 넉넉하게 주신 용돈을 가지고 공부와는 거리가 먼 일들을 했습니다. 담배를 피우고 술을 마셨습니다. 때로는 친구들을 동원해 다른 친구들을 괴롭히기도 했습니다. 그러더니 이제 와서는 공부가 힘들다며 학교마저 그만두겠다고 소란을 피우고 있습니다. 그러니 부모님 속이 이만저만이 아닙니다.

우리나라 전통적 가치관에는 '겸손'이라는 미덕이 있습니다. 누구나 어릴 적부터 이런 미덕을 접해 온 까닭에 우리들 몸에 알게 모르게 배어있는 것 같습니다. 남에게 칭찬을 받으면 우쭐대거나 당연하게 여기지 않고 스스로 낮추어 겸손한 태도를 취합니다. 어떤 이는 자기 자신을 드러내는 일을 아주 부끄럽게 여기기도 합니다.

이런 의식은 역사적으로도 그 뿌리가 상당히 깊은 것 같습니다. 일찍이 '견마지로犬馬之勞'라는 말이 생겨났으니 말입니다. 견마지로 는 '개나 말이 하는 하찮은 수고'라는 말입니다. 옛 선비들이 자기 공功이나 수고를 낮춰서 '견마지로', 즉 개나 말이 하는 하찮은 수고 라고 표현한 것입니다.

이런 영향은 오늘날 우리 생활 속에도 그대로 남아있습니다. 큰일 을 해낸 사람에게 잘했다고 격려하거나 칭찬하면 상대방은 "뭘요, 대수롭지 않은 일인걸요." 하거나 혹은 "환경이 그렇게 하도록 만들 었습니다.", "그런 상황을 만났다면 누구든지 저처럼 했을 겁니다." 라고 합니다. 자기 노력을 겸손하게 표현한 것이지요. 이러한 겸손 은 굳이 멀리서 찾지 않아도 됩니다. 하다못해 손님이 집에 찾아온 경우만 봐도 그렇지요.

우리 집에 손님이 온다고 합니다. 그러면 집 주인은 손님맞이를 위해 몇 날 며칠 전부터 고민하면서 집 안을 정리하고 음식을 마련 합니다. 손님이 오면 식사를 잘 차려놓고 식사 전에 인사를 합니다. "차린 것 없지만 많이 드세요.", "준비한 것이 변변치 않습니다." 아 무리 생각해도 이런 말은 상황논리에 맞지 않습니다. 부지런히, 그 것도 정성껏 준비해 놓고 준비한 것이 없다고 하니 말입니다. 상다 리가 부러지게 차려놓고는 차린 것이 없다고 하니 분명 우리 일상 논리와는 맞지 않는 말입니다. 하지만 우리는 이런 말을 이상하게 여기지 않습니다. 그저 자신의 수고를 겸손하게 이르는 말로 알고 당연히 이해하고 고맙게 여길 뿐입니다.

이런 미덕 속에서 생활해 온 탓일까요? 우리는 우리 감정이나 일상을 드러내지 않고 마음속에 꾹 담아두는 경향이 있습니다. 그러다가 어떤 사람은 마음의 병을 얻기도 합니다. 또 어떤 사람은 자기 감정을 표현하지 않았다가 상대방이 내 입장이나 감정을 알아주지 않으면, 몰라준다며 서운함을 토로하기도 합니다. 어떤 사람은 상대방에게 바라는 바가 있더라도 굳이 내비치지 않고 혼자 속앓이를 하기도 합니다. 그러다가 어느 날 인내의 한계에 이르면 폭발하고 말지요. 이러한 현상들은 모두 자기 감정과 생각을 표현하지 않아서 벌어진 일입니다.

예를 들어 어떤 사람이 "머리가 아프다."라고 했습니다. 그러면 우리는 할 수 있는 대로 그 사람을 배려하거나 도우려 할 것입니다. 그 사람이 쉴 수 있도록 일에서 제외시켜 주거나 아니면 약을 먹도록 도울 것입니다. 그런데 자신이 지금 처한 상황을 상대방에게 정확하게 전달하지 않으면 주변에서 이런 도움을 줄 수 없습니다.

필자의 경험입니다. 학교에서 아이들과 이야기하던 중에 "나는 김치찌개를 좋아한다."라고 말한 적이 있었습니다. 이런 일이 있고 나서 한참 후에 아이들과 함께 식당에 갈 일이 있었습니다. 아이들이 먼저 들어가 주문을 하고 필자는 다른 일을 본 다음 나중에 들어가게 되었습니다. 식당에 들어가 보니 아이들은 제 식사메뉴로 김치찌개를 시켜 두었더군요. 제가 아이들에게 물었습니다. "선생님이 김치찌개를 좋아하는지 어떻게 알았지?" 그랬더니 아이들이 대답했습니다. "예전에 선생님이 하신 말씀을 들어 알고 있었거든요." 그래서 즐겁게 식사를 한 적이 있습니다. 필자가 사전에 이와 같은 말을 해두지 않았더라면 아이들은 주문을 머뭇거리든지 아니면 선생님이 오기를 기다리든지, 혹은 아이들이 먼저 먹고 필자는 음식이 나오는 시간을 기다렸다가 나중에 식사를 했어야 했을 것입니다.

필자가 근무하던 학교에서 있었던 또 다른 이야기입니다. 저희 학교에 3년 전에 부임한 선생님이 계셨습니다. 어느 날 학년 담임선생님들이 함께 모여 저녁식사를 하게 되었습니다. 학년부장 선생님은 동료 선생님들에게 잘 대접하고 싶은 마음에서 좋은 횟집에 저녁식사를 예약해 두었습니다. 그리고 아침에 선생님들에게 ○○횟집에서 회식이 있겠다고 말씀하셨습니다. 그때 3년 전 부임한 선생님이 "나는 회를 먹지 않는데~"라고 하셨습니다. 예상 밖의 반응에 분위기가 갑자기 어색해지고 말았습니다. 보통 회식이 있다고 하면 동료들이 즐거워하고 좋아합니다. 그런데 선생님의 이런 반응에 이상한 분위기가 되고 말았습니다. 그러자 옆에 있던 동료 선생님이 "그러면 거기 가서 다른 것을 시켜 먹으면 되겠다."라고 하면서 어색한 분위기를 면할 수 있었습니다. 하지만 정성껏 준비한 부장 선생님과 주변 동료들에게 잠시나마 불편을 주고 말았습니다.

이런 불편한 상황은 자기 정보를 평소에 주변인들에게 알리지 않아서 벌어진 일입니다. 그러다 보니 결국 회를 싫어하는 자신도 불편하게 되고, 동료 교사들도 불편한 상황을 경험하게 되었습니다. 때문에 내 정보를 주변에 알리는 일은 사소한 일처럼 보이지만 매우 중요한 일입니다. '상대방이 응당 알아주겠거니'라고 생각하면 큰 오산입니다.

그래서 필자가 주장하고 싶은 내용은 평소에 주변 사람들과 원만한 관계를 유지하고 있을 때 내 정보를 말하라는 것입니다. 사전에 서로에 대한 정보를 어느 정도 알고 있으면 서로에게 필요한 도움을 주고받을 수 있기 때문입니다. 또 그래야만 위와 같은 불편한 상황을 만들어내지 않게 됩니다. 내 사정을 상대가 알아주면 내가 도움을 받을 수 있어서 좋고, 나 또한 상대에게 배려해 줄 수 있어 좋습니다.

내 정보를 상대에게 알리는 일은 내 취향이나 기호를 넘어 다양하면 할수록 좋습니다. 특히 싫어하는 것들에 관한 정보도 서로 나누면 좋습니다. 훗날 예상치 못한 곳이나 일에서 서로에게 중요한 정보가 되기 때문입니다.

예를 들면 이런 것이죠. 자신은 오지랖 넓은 사람이 싫다든지, 혹은 남의 일에 참견하는 사람이 싫다든지, 아니면 약속시간을 지키지 않는 사람이 싫다든지, 아니면 개 기르는 일이 싫다든지 하는 등 자신이 싫고 꺼리는 것에 대해 말하는 것입니다. 그러면 상대방이 언젠간 이를 참고해서 내게 도움을 줄 것입니다.

이제 위의 사례에 등장한 재영네 집으로 돌아가 보겠습니다. 부모는 아이의 뒷바라지를 위해 나름대로 최선을 다했습니다. 재영이 필요한 것이라면 모두 부모님이 다 준비해 주었습니다. 그래서 재영은 다른 가정의 자녀들이 누리지 못한 혜택을 누릴 수 있었습니다. 그런데 지나고 보니 재영은 부모 기대를 무기력하게 만들고 말았습니다.

부모가 만난 어려움에는 여러 가지 요인들이 복합적으로 작용했을 것입니다만 필자의 생각으로 여러 요인들 중에 가장 큰 원인은 바로 소통의 부재였습니다. 평소 부모와 자녀 간의 소통이 원활했더라면 자녀는 부모의 심정과 바람을 알 수 있었겠지요. 그러면 적어도 이렇게 엇나가지는 않았을 겁니다. 부모가 평소 자기 마음을 자녀에게 충분히 알렸더라면 이런 속상한 일은 일어나지 않았을 것입니다.

재영의 부모는 딸이 스스로 알아서 부모의 바람대로 잘 성장해 줄 것이라 믿었습니다. 그래서 부모 마음을 알리는 일을 소홀히 했던 것입니다. 그러다 보니 재영은 지금 부모 기대와 아주 다른 생활을 하게 된 것입니다. 이런 일은 비단 재영의 집에서만 일어난 것이 아닙니다. 많은 가정에서 이와 유사한 일들이 벌어지고 있습니다.

부모들이 하는 사소한 착각은 자녀들이 부모 마음을 스스로 알아서 잘 성장해 줄 것으로 아는 것입니다. 그래서 자녀들이 가만히 놔 두어도 부모 희망대로, 바람대로 잘 성장해 줄 것으로 압니다. 하지만 결코 그런 일은 일어나지 않습니다. 의외로 자녀들은 부모의 마음을 잘 모릅니다.

그래서 필자는 할 수만 있다면 기회가 주어지는 대로 부모 마음을 자녀에게 전달하고 알려야 한다고 생각합니다. 그러지 않으면 그 누구도 부모가 좋아하는 것이 무엇이며 바라는 것이 무엇인지, 그리고 무엇을 위해 애쓰는지 모릅니다. 때문에 부모들은 자녀에게 가급적 세세하게 말하는 것이 좋습니다. 그래야 자녀들이 부모의 철학, 가치관, 윤리 의식 등을 알게 됩니다. 한 마디로 소통을 잘하라는 것입니다. 말하는 방법은 본서에서 안내하고 있는 방법에 따라 전달하는 것입니다. 그러기 위해서 다음의 실전 연습을 충분히 해 보는 것이 좋겠습니다.

선생님이 건네는 마음 처방전

1) 상비약 조제 실습

※ 아직 말하지 않았지만 부모가 자녀들이 알아주면 좋겠다고 생각한 일들이 있
   으면 기록해 봅니다. 혹은 몰라줘서 서운한 일들이 있으면 적어보겠습니다.

① _____

_____

② _____

_____

③ _____

_____

2) 상비약 사용 설명서

약 명	부작용
"너는 어찌 그리 부모 마음을 모르니?"	· 영원히 모를 수 있습니다. · 자녀나 부모, 모두에게 불편을 줍니다. · 자녀의 마음에 상처를 안겨주게 됩니다.
"너는 엄마가 말해야 알겠니?"	· 자녀는 모릅니다. · 자존감을 잃게 만듭니다.
"네가 알아서 해라."	· 자녀가 부담을 갖게 됩니다. · 부모에게 원망감을 가질 수 있습니다.

3) 주의사항

· 자녀에게 부모의 마음의 미세한 부분까지 알리도록 노력하시오.

4) 상비약 복용법

① 나는 자녀에게 부모로서 어떤, 무슨 정보를 알리고 싶은지 생각하시오.

② 자녀의 행동이 내 마음과 다르더라도 미워하지 마시오.

③ 내 마음을 알릴 때에 자녀에게 부담을 주지 않는 방법을 생각하시오.

④ 내 정보를 접한 자녀의 반응을 정리해 보시오.

마음을 알리는
방법

　앞에서 만났던 재영이네 이야기를 계속해서 들어보겠습니다. 부모는 재영의 뒷바라지를 위해 최선을 다한다고 했습니다. 그럼에도 불구하고 재영은 부모의 수고를 알아주기는커녕 오히려 부모 마음을 상하게 만들었습니다. 부모는 '내가 너를 어떻게 길렀는데~'라며 속상하다는 이야기를 합니다. 그간의 수고와 사랑을 하나도 몰라준 딸에게 야속함과 배신감을 느끼고 있습니다. 부모는 그동안 기울여 온 모든 수고가 물거품이 된 것 같아 공허함을 느끼고 있습니다.

　독자분들은 재영의 사연을 들으니까 어떤 기분이 드는지요? 남의 가족 이야기라 별 느낌이 없는지도 모르겠습니다. 더군다나 책 속에서 다루고 있는 이야기라서 얼른 마음에 와닿지 않을 수 있습니다. 요즘에는 이것보다 심한 일들이 많아서 대수롭지 않은 일로 여길 수 있습니다. 그래서 이런 간단한 일을 가지고 무슨 호들갑

이냐고 반문할는지도 모르겠습니다.

　그러나 이 일의 당사자가 되고 보면 그 불편은 이루 말할 수 없습니다. 자녀들이 부모의 기대와 조금 다르게만 생활하더라도 부모들은 몹시 힘들어집니다.

　오늘날 우리 가정을 보면 자녀 문제로 어려움을 겪고 있는 부모들이 많습니다. 이런 현상의 요인에는 우리 사회가 겪고 있는 전반적인 변화, 개인 가치관의 변화, 현실의 복잡성 등이 자리하고 있다고 생각됩니다.

　그럼에도 필자는 가정에서 어려움을 겪는 가장 근본적인 원인은 자녀와 대화가 부족하거나 없기 때문이라는 점을 들고 싶습니다. 우선 부모와 자녀가 각자 서로 일로 바쁘다 보니, 대화 나눌 시간이 모자랍니다. 그러다 보니 자녀는 부모에 대해, 부모는 자녀에 대해 잘 모른다는 것입니다. 서로 잘 알고 있는 것 같지만 실은 그게 아니라는 말입니다.

　서로에 대한 정보 부족은 곧바로 소통의 부재로 이어집니다. 서로가 원하는 것이 무엇인지 잘 모르는 것이죠. 그러다 보니 서로의 바람을 채워주기는커녕 오히려 결핍만 낳게 됩니다. 이것들이 불편이 되고, 나중에는 상처가 되어 부모에 대한 반항으로 나타나곤 합니다. 그래서 필자는 부모는 물론 자녀 모두, 서로 내 마음을 알리는 정보전달이 꼭 필요하다고 생각합니다. 이는 당사자들이 의식만 하고 있으면 쉽게 할 수 있는 일입니다. 번거롭고 어렵게 여길 것이 아닙니다. 본서의 내용을 참조하면 도움이 될 것입니다.

단순하게 말하면 가족으로 살면서 무엇을 좋아하고, 무엇을 바라고, 무엇에 관심 있는지를 서로에게 말하는 것입니다. 정보를 전달할 때 조건이 있다면 앞장에서 열거한 '넘겨짚기', '추측하기' 등의 불필요한 요소를 제외해야 한다는 것이지요. 이렇게 단순하게 정보전달만 잘하게 되더라도 소통은 저절로 이루어지게 됩니다.

그렇지 않고 그저 '자녀들에게 돈만 주면 아이들이 알아서 잘 성장하겠지'라고 생각하면 큰 오산입니다. 또 자녀들 역시, '공부만 잘하면 부모님이 그저 좋아하시겠지'라고 생각하면 안 됩니다. 상대에게 자기 마음을 알려야 합니다. 오늘날 우리 가정을 보면 이 단순한 것을 실천하지 않아서 어려움을 겪는 경우가 많습니다.

이제부터 가족 구성원들 간의 효과적인 소통법을 소개하려고 합니다. 효과적인 소통은 사소한 정보 교환으로부터 시작합니다. 하지만 여기에도 일정한 조건이 있습니다.

그 첫 번째 조건은 상대방과 나의 관계가 좋은 상태일 때 말하는 것입니다. 수준 높은 예를 잘 갖추어야 하거나, 또는 이해관계가 얽혀 있거나, 혹은 계약이나 설정 등으로 어떤 조건이 달려 있는 상황이라면 좋지 않습니다.

예를 들어 나와 불편을 겪고 있는 사람에게 "나는 회를 좋아해요."라는 말을 했다고 가정해 보겠습니다. 그러면 상대방은 "뭐 자기만 회를 좋아하남?" 이렇게 비꼴 수도 있습니다. 아니면 자기 생각만 하는 이기적인 사람, 혹은 잘난 체하는 사람으로 평가할 수도 있습니다.

이는 자녀와 관계에서도 마찬가지입니다. 관계가 불편한 상태에서 자녀에게 무조건 정보전달을 하는 것은 자칫 관계 부작용으로 이어질 수 있습니다.

　두 번째 조건은 언어적인 기술입니다. 이는 곧 말하는 방법이라 할 수 있는데요, 토마스 고든 박사는 나를 알리는 방법으로 '나-전달법'을 사용하라고 권합니다. 최근에는 이 대화법이 우리 생활 속에 널리 알려져 활용되고 있어서 우리에게 익숙한 방법이기도 합니다. 내 정보를 알릴 때에는 '거기의 너' 중심인 '너-메시지'가 아니라, 나 중심 언어인 '나-메시지'를 사용하라는 것입니다. 여기에 대한 구체적인 설명은 다음 장에서 하겠습니다. 우선 여기에서는 정보 전달 방법으로서 '나-전달법' 사용방법만을 간단하게 말씀드리겠습니다.

　'나-메시지'는 나를 주어로, 내가 경험하고 있는, 나 자신의 정보를 상대방에게 알리는 방법입니다. 내 정보를 상대방에게 알릴 때에 '나'를 주어로 내 감정, 내 상황, 의도 등을 알리는 것입니다. 그러니까 내가 부모라면 엄마인 내 마음에서 바라는 바, 즉 '나의 마음 상태'를 그대로 자녀에게 전달하는 것입니다. 이는 상대가 어떤 말이나 행동을 해 줌으로써 내가 어떻게 된다는 말이 아니라 그저 '내 욕구가 ~임'을 알려주는 것입니다. 그리고 그 말의 결과에 대한 선택은 듣고 있는 상대, 즉 자녀의 의지에 맡기는 것입니다. 청자의 자발성에 기대는 말이라 상대의 기분에는 내가 관여하지 않는 말이 됩니다. 그래서 '나-전달법'은 상대의 입장을 배려해 주는 말이라 할 수 있습니다.

　여기에도 몇 가지 주의해야 할 점이 있습니다. 먼저 전달하는 말이 구체적이고 단순하면 좋습니다. '착한 사람'이라거나 '좋은 사람'처럼 막연하거나 포괄적인 표현은 도움이 되지 않습니다. 왜냐하면 이런 말은 우선 전달력이 떨어집니다. 그 다음으로는 화자의 분명한 의도를 파악하기가 어렵습니다. 그러니 가급적 자녀의 어떤 행동이나 말 등을 구체적으로 표현하는 것이 좋습니다. "네게 준 돈은 엄마가 이렇게~, ~힘들게, 혹은 노력해서 얻은 것이란다. 네가 꼭 필요한 곳(부모가 바라는 것을 구체적으로 언급)에 사용하면 좋겠구나.", "네가 남을 괴롭히거나, 힘들게 해서는 안 된다고 생각해."처럼 구체적으로 말하는 것입니다.

핵심은 '나 중심'의 언어를 사용한다는 것입니다. '나 중심' 언어는 기본적으로 "나는 ~을 좋아한다.", 혹은 "나는 ~을 싫어한다."처럼 말하는 것입니다. "나는 회膾를 좋아합니다.", "나는 진보 혹은 보수 성향을 지닌 사람입니다." 등 자기가 선호하는 일이나 생각, 가치관, 보는 관점, 그리고 해석 방법 등을 전달하는 방법입니다. "나는 ~한 가치관을 가지고 있습니다.", "나는 이런 종교관을 가지고 있습니다." "나는 이런 생각을 하고 있습니다." 등 다양한 내용이 될 수 있습니다. 먹는 음식이 될 수도 있고, 생각이 될 수도 있습니다. 혹은 삶의 어떤 형태가 될 수도 있습니다. 이런 대화는 하면 할수록 도움이 됩니다.

예를 들어 어떤 사람이 "나는 개를 좋아합니다." 혹은 "나는 낚시를 좋아합니다."라는 말을 했다고 가정해 보겠습니다. 그러면 이 말을 들은 사람은 상대방이 개를 좋아하고, 취미로 낚시를 즐긴다는 정보를 얻게 됩니다. 그러면 그 사람과 대화할 때에 반려동물이나 낚시를 주제로 이야기할 수 있을 것입니다.

마찬가지로 자녀와 대화할 때에 이런 화법을 사용하는 것입니다. "너는 이렇게 해라." 하는 형태인 '너-전달법'이 아니라 "엄마는 이렇게 하는 것을 원하는구나."처럼 '나-전달법'으로 말하는 것입니다.

그다음으로 주의해야 할 점은 부모의 말이 훈계나 설교가 되지 않도록 해야 합니다. 그러기 위해서는 단순하게 내 정보를 공유한다는 마음으로 편하게 말하는 것이 효과적입니다. 이런 대화 방법은 부모뿐만이 아니라 자녀에게도 편안한 환경을 조성해 줍니다. 부모들이 대화의 장애물을 사용하지 않고, 이 장에서 배운 정보전달 방법을 사용하면 별다른 신경을 쓰지 않아도 자녀들은 자기 생각을 자연스럽게 말할 수 있는 환경이 조성됩니다. 그러면 자녀들은 자기 문제를 친구들에게 가져가지 않을 것입니다. 모든 일들을 부모에게 자연스럽게 털어놓아 좋은 대화를 할 수 있게 될 것입니다.

또한 이런 대화는 상대방과 부딪히는 일을 줄이거나 갈등을 예방할 수 있도록 도와줍니다. 상대방이 내 가치관이나 나의 기호 등을 잘 알고 있다면 가급적 내가 좋아하는 일을 돕고, 내가 싫어하는 일을 억지로 시키려고 하지 않을 것입니다. 나 또한 상대방의 욕구나 생각을 알고 있다면 그렇게 할 것입니다.

필자는 독자들이 할 수만 있다면 나의 정보를 상대와 공유하는 일을 보다 적극적으로 실천하면 좋겠습니다. 그러기 위해서는 다소 연습이 필요합니다. 다음의 실습 상황들을 보고 충분히 연습하면 좋겠습니다. 부모들이 어떤 생각을 갖고 자녀 양육에 임하느냐에 따라 자녀들의 삶은 완전히 달라집니다. 연습해 보겠습니다.

1) 상비약 조제 실습

※ 내 정보를 자녀들에게 전달하는 방법을 아래 정리하시오.

① 정보를 알리기 위한 선제 조건 _____

② 정보전달을 위한 언어적인 방법 _____

③ 정보를 전달하는 방법 _____

④ 정보전달 시 주의할 점 _____

2) 상비약 사용 설명서

약 명	효 능
정보전달에 좋은 상황 선택	· 내 정보를 공유할 수 있는 기회입니다. · 서로 관계를 긍정적인 방향으로 증진시킬 수 있는 좋은 기회입니다.
나 - 메시지 사용	· 정보를 부담 없이 전달할 수 있습니다. · 순수한 내 감정을 잘 표현할 수 있습니다.
구체적인 내용을 전달	· 대화를 선명하게 만들어 줍니다. · 언쟁이나 억측을 예방해 줍니다.

3) 주의사항

· 정보를 전달할 때에 훈화나 설교가 되지 않도록 주의하시오.

4) 상비약 복용법

① 자녀와 좋은 관계일 때 부모의 마음을 적극 알리도록 노력하시오.

② '나 - 메시지' 사용을 일상화하시오.

③ 자녀의 욕구를 들어줄 수 없을 때에도 가급적 그 사정을 분명히 알리시오.

④ 말하지 않으면서 자녀들이 내 마음을 알아주기를 바라지 마시오.

나-전달법의
실제 1

　고등학교 1학년인 승연은 언제부턴가 학교에 나오는 일을 부담스럽게 여깁니다. 더욱이 시험을 치르고 난 다음, 성적이 나오는 날이면 더욱 그런 기분을 느낀다고 합니다. 부모님이 승연의 성적을 몹시 기대하기 때문입니다.

　승연은 성적이 좋은 편에 속합니다. 하지만 부모님은 승연의 성적을 언제나 불만스럽게 여긴다고 합니다. 조금 더 우수한 성적을 바라는 것이죠. 그런 부모님의 마음을 아는 승연은 부모의 기대에 부응하기 위해 나름대로 최선을 다합니다. 하지만 부모의 기대에는 늘 미치지 못하는 성적이라 성적에 대한 부담을 안고 살아갑니다.

　그래도 얼마 전까지는 성적에 자신감이 있어서 노력하면 어느 정도 도달할 수 있겠다고 생각했답니다. 그런데 최근에는 이런 자신감이 점점 줄어들고 있답니다. 얼마 전 중간고사 시험을 마치고 성적표가 도착했을 때 일이라고 합니다.

승연이 집에 들어갔더니 엄마가 이렇게 꾸짖었다고 합니다. "너에게 들인 돈이 얼마인데 성적이 이 모양이니? 너는 조금만 더 노력하면 잘할 것 같은데, 이게 뭐니?" 강도 있게 성적에 대한 불만을 표하셨다고 합니다. 엄마의 반응에 승연은 어떻게 응해야 할지 몰라 울기만 했다고 합니다.

그동안 승연은 영어와 수학 고액 과외를 했다고 합니다. 그래도 엄마의 기대에 미치지 못하니 무슨 말을 할 수 없었다고 합니다. 그러니 학교생활이 점점 버겁고 힘들어지고 있다는 것입니다.

우리나라 부모들은 마음이 너무 조급한 것 같습니다. 과외 한두 달 하면 아이들 성적이 금방 향상될 것으로 압니다. 혹은 기숙학원 같은 곳에 가서 한두 달 공부하고 오면 성적이 껑충 뛸 것으로 생각합니다. 승연의 부모처럼 조금만 더 노력하면 성적이 당장 좋아질 것으로 생각하기도 합니다.

승연의 부모님은 성적에 대한 기대는 대단하면서도 칭찬엔 그렇게 인색하다고 합니다. 승연의 성적이 향상되면 형식적으로 잘했다는 한마디 정도 던지는 일에서 그치곤 한답니다. 여기에 한마디 더 하면 "조금만 더 노력하면 더 잘할 수 있겠구나." 하는 정도랍니다. 그러니 승연의 마음은 늘 불편합니다. 학교 다니는 일이 재미없다고 합니다.

성적에 기대를 걸고 있는 부모들은 자녀 성적이 조금만 떨어져도 당장 불만을 나타냅니다. "너는 성적이 왜 그 모양이니?", "너는 대체 애가 왜 그러니?", "그렇게 허구한 날 게임만 하니까 성적이 그 모양이지!", "컴퓨터 끄고 빨리 네 방으로 가!" 온갖 지시와 명령, 비난의 말들을 쏟아 냅니다. 그러면 자녀는 기운을 잃고 좌절하게 되거나 자기 능력을 탓하는 자기 학대를 하게 됩니다. 그렇지 않으면 강한 저항감을 불러일으킵니다. 당장 관계의 단절과 불통으로 이어집니다. 그래서 가정에서 대화가 적거나 사라지게 됩니다.

이런 일이 벌어지면 부모들은 대부분 내 잘못보다는 자녀 탓을 먼저 생각합니다. 그런데 자녀 양육에 대한 원리를 알고 있는 필자 입장에서 보면 이는 자녀 잘못이라기보다는 부모 잘못이 크다고 생각합니다.

우선 자녀에게 사용하는 부모의 화법이 문제입니다. 들으면 당장 불편을 야기하는 '너-전달법'을 사용하고 있습니다. 그리고 말하는 상황도 문제입니다. 앞서 정보전달하는 방법에서 말씀드렸던 것처럼 단순한 정보를 전달하려고 해도 관계가 좋을 때 하라고 했습니다. 그런데 지금 이 상황은 성적이 떨어져 마음에 부담을 안고 있는 상태입니다. 그런데 여기에 지적까지 더해지면 그 불편이란 이루 말할 수 없습니다. 그래서 부모를 멀리하게 되는 계기가 됩니다. 그러니 이런 경우 부모 잘못이라 할 수 있습니다.

그러면 우리는 기존에 우리가 사용하고 있는 화법을 어떻게 바꾸면 좋을까요? 이번 장에서는 그 방법에 대해 구체적으로 다루려고 합니다. 부모들이 평상시에 자주 사용하고 있는 말들을 보겠습니다.

"너는 ~을 해야 해."

"너는 왜 그러니?"

"너 때문에 내가 할 수 없구나."

"너는 그런 사람이야."

"네가 잘못했구나."

"네가 그 일을 했잖아."

"너는 맨날 어떻게 그 모양이니?"

이러한 말들의 공통점이 보이시나요? 그렇습니다. 이 말들은 모두 초점이 말을 듣고 있는 상대방인 '너'를 겨냥하고 있습니다. 상대방을 향한 비난과 질시가 깃들어 있습니다. 이런 말은 가정에서뿐만 아니라 사람들 사이에서도 일상적으로 사용하고 있는 말들이죠. 하지만 이 '너-전달법'은 부작용이 꽤 많은 말입니다.

첫 번째, '너-전달법'은 듣는 사람의 마음을 불편하게 만듭니다. 이 말에 동의할 수 없다면 이런 말들을 내가 직접 들었다고 생각하면 쉽게 이해할 수 있습니다. 어떤 사람이 내게 "너는 맨날 어떻게 그 모양이니?"라고 말합니다. 들어보니 어떤 기분이 들지요? 들으면 들을수록 불편한 느낌이 일어납니다.

자녀들도 마찬가지입니다. "네게 투자한 돈이 얼마인데, 성적이 이 모양이니?"라는 엄마 말을 들은 승연의 마음은 어떨까요? 부모 입장을 이해하고 동조해 줄 수 있더라도 이런 말은 당장 마음을 불편하게 만드는 말임을 알 수 있습니다.

두 번째로 '너-전달법'은 듣는 사람에게 의무감을 가져다줍니다. 이런 상황을 생각해 보겠습니다. 오늘 우리 집에 가족친지들이 방문하도록 되어 있습니다. 그러면 내 마음에 바람이 생깁니다. 우선 집안이 깨끗하면 좋겠습니다. 그 다음은 자녀들이 친지들에게 공손하게 인사하면 좋겠습니다. 그래서 자녀들에게 내 바람을 말합니다. 그러면 대개 "오늘 손님이 오시니까 네 방 청소 좀 해라." 또는 "얘들아, 오늘 오시는 친지 분들에게 친절히 인사를 해야 한다."라는 형태의 말을 하게 됩니다. 그러면 자녀가 "네 알겠습니다."라고 하면 좋겠습니다. 그런데 자녀가 그렇게 반응하지 않고, "아이 참, 손님이 우리 집에 왜 오시지? 안 오시면 좋겠다." 같이 반응을 합니다. 반갑지 않은 반응입니다. 내 뜻을 바르게 전달했는데, 왜 이런 결과에 이르게 된 걸까요? 그것은 바로 '~을 해야 한다' 식의 의무감을 주었기 때문입니다.

사례에 나왔던 승연도 엄마로부터 이런 유사한 말을 들었습니다. "너는 조금만 더 하면 성적이 좋을 텐데."라는 말을 들은 것입니다. 역시 부담을 주는 말입니다. 그러다 보니 승연은 좋은 성적을 내면서도 학교생활을 어렵게 하고 있습니다.

세 번째, '너-전달법'은 원인을 분석한 다음, 평가받는다는 느낌을 줍니다. 이런 경우를 보겠습니다. 자녀가 어느 날 성적이 떨어져 속상하다며 "아이, 씨, 성적이 이게 뭐야?"라고 합니다. 그 말을 들은 부모가 "네가 공부에 집중하지 못하고 산만하게 하니까 그렇지.", "네가 평소에 그렇게 지내더니 성적이 그럴 줄 알았다."와 같은 반응을 합니다. 그러면 자녀는 어떤 느낌을 갖게 될까요? 당장 짜증난 표정을 합니다. 부모 반응이 못마땅하기 때문입니다. 이유는 부모가 자신의 행동을 분석한 다음, 평가해 주었기 때문입니다.

네 번째, '너-전달법'은 모든 책임을 청자가 떠안도록 만듭니다. "네가 그랬으니, 그런 결과에 이른 거야."와 같은 형태의 말이 됩니다. 승연의 엄마가 했던 말 "너에게 들어간 돈이 얼마인데~"라는 말을 보면 쉽게 짐작할 수 있습니다. 이런 말은 모두 청자에게 막대한 책임을 전가해 줍니다. 그래서 모든 책임을 자녀 혼자 떠안아야 함을 일러주고 있습니다. 따라서 좋은 대화라고 할 수 없습니다.

다섯 번째, '너-전달법'은 듣는 사람이 방어수단을 사용하도록 만듭니다. 이런 경우를 보겠습니다. 공부를 하지 않고 놀기를 좋아하는 아이에게 부모가 한마디합니다.

"너 그렇게 놀고 공부하지 않으면 나중에 커서 어떻게 살려고 그래?"

"넌 그렇게 놀다가 나중에 뭐 하려고 그래?"

부모가 자녀 장래를 염려해서 한 충고입니다. 이런 말을 하는 부모 기대는 "네, 어머니 잘 알았습니다. 이제 제 장래를 위해 열심히 노력하겠습니다." 이런 것입니다. 그런데 아쉽게도 자녀들은 대부분 그렇게 반응하지 않고, 역으로 "엄마가 제 삶을 살아줄 거예요?" 혹은 "제 삶은 제가 책임질 테니 엄마는 걱정 마세요."와 같이 방어적인 태도를 취합니다. 이유는 이 말을 들은 자녀가 부담을 느꼈기 때문입니다. '너-전달법'은 듣는 사람이 방어막을 치도록 만들고, 자녀에게 저항하고 싶은 마음이 들도록 유도합니다.

우리는 지금까지 '너-전달법'이 관계에 미치는 부작용들을 알아보았습니다. 그렇다면 우리는 앞으로 어떤 화법을 사용하는 것이 좋을까요? 그것은 바로 '나-전달법'입니다. '나-전달법'이란 나의 감정 상태를 있는 그대로 표현하는 화법입니다. 승연의 엄마가 했던 말을 중심으로 설명해 보겠습니다.

승연의 엄마 입장에서 '나-전달법'을 사용해 봅니다. "네 성적을 보니 엄마에게 바람이 생기는구나." 혹은 "네 성적을 보니 아쉬움이 이는구나." 이런 형태가 바로 '나-전달법'입니다. 성적을 본 엄마 자신의 마음 상태를 있는 그대로 전달하는 것입니다.

여기에는 어떤 비난이나 평가, 비교가 없습니다. 이는 앞에서 살펴본 것처럼 '너-전달법'의 표현 양식인 "너는 성적이 낮구나.", "네 생활태도가 엉망이구나.", "네 성적이 이게 뭐니?", "넌 이렇게밖에 하지 못하니?"와 같은 말과는 차원이 다른 말입니다.

'나-전달법'은 말의 중심이 나 자신에게 있기 때문에 듣는 사람의 마음으로 하여금 저항감을 생성해 내지 않습니다. 듣는 이의 마음을 상하게 하지 않으면서도 나 자신의 생각과 감정을 곧바로 전달할 수 있는 화법입니다. 다음의 두 문장을 비교하면서 듣는 이의 감정을 느껴보기 바랍니다.

너-전달법	"너는 왜 그리 늘 놀기만 하니, 성적은 어쩌려고?"
나-전달법	"시험이 다가오니 엄마는 노는 것이 걱정되는구나."

어떤가요? 감정의 중심을 '너'에서 '나'로 옮기기만 했을 뿐인데, 확연히 달라지는 것을 느낄 수 있을 것입니다. '너-전달법'은 상대방을 비난함으로써 상대를 바꾸려 드는 화법인 반면, '나-전달법'은 나 자신의 감정을 알려주는 것으로 마무리합니다. 그리고 더 나아가 그 수용여부는 청자에게 남겨주는 화법입니다.

언뜻 보기엔 '너-전달법'은 강력한 통제권을 발휘하고, 상대방을 내가 원하는 대로 제어할 수 있는 말처럼 보여 사람들이 즐겨 사용하는 도구입니다. 하지만 여기에는 간과해서는 안 될 점이 있습니다. 모든 인간관계를 보다 원활하게 이끌어가는 힘은 '통제와 권위'

가 아니라 '공감과 설득'에 있다는 사실을 말입니다. 상대방의 정서에 설득당할 때 우리는 저항의 자세를 풀고 비로소 마음을 열 수 있습니다. 그런 의미에서 볼 때 '나-전달법'은 관계와 소통을 위한 최적의 화법이라 할 수 있습니다.

다음과 같은 상황이라면 어떻게 말해야 하는지 알아보겠습니다. 자녀가 예고도 없이 밤늦게 집에 들어왔습니다. 엄마는 아이 귀가를 몹시 기다렸습니다. 그래서 피곤하기도 하고 걱정이 된 상태입니다. 이때 자녀가 들어왔습니다. 이 상황에서 취할 수 있는 부모의 반응을 두 가지 경우로 나눠 살펴보겠습니다. 독자 여러분은 자녀 입장이 되어 감정을 이입시켜 느껴보길 바랍니다.

너-전달법	"너는 왜 이렇게 늦게 다니니? 그것도 연락도 없이." "뭐하고 이렇게 늦게 다녀?"
나-전달법	"늦었구나. 엄마가 걱정됐어, 기다리느라고 많이 피곤하구나."

이상에서 살펴본 것처럼 '나-전달법'은 듣는 사람에게 '~을 하도록' 명령하거나 어떤 책임을 지우지 않습니다. 지시나 비방이 없는 것이죠. 또한 자신의 불편한 감정을 자녀에게 뒤집어씌우지도 않습니다. 다만 현재의 내 기분 상태, 즉 불편한 감정을 상대가 알 수 있도록 전달하고 있습니다. 그래서 관계를 훼손하거나 상대의 마음을 불편하게 만들지 않습니다. 대화를 편하게 잘할 수 있도록 도와줍니다. 그래서 좋은 대화법이라 할 수 있습니다.

이제 다음에 제시된 내용을 중심으로 연습하는 시간을 갖겠습니다.

선생님이 건네는 마음 처방전

1) 상비약 조제 실습

※다음 상황을 보고 평상시 내가 할 수 있는 말을 써 보기 바랍니다.

상황 ① 아이가 평소에 공부를 열심히 하지 않은 것 같았습니다. 그런데 오늘 중간고사를 치르고 온 아이가 "아이 시험 망쳤어."라고 합니다.

행동: _____

상황 ② 우산을 들고 나간 아이가 돌아와서는 우산을 잃어버렸다고 말합니다.

행동: _____

상황 ③ 엘리베이터에서 만난 이웃집 아이가 인사는 하지 않고 그냥 서 있습니다. 이 상황을 가족에게 말하려고 합니다.

행동: _____

2) 상비약 사용 설명서

약 명	부작용
"너는 ~"	· 반항심을 불러일으킵니다. · 부정적 이미지를 줍니다.
"너는 왜 그러니?"	· 불쾌감을 줍니다. · 반감을 삽니다. · 저항하게 합니다.
"너는 늘 그렇더라."	· 기분을 상하게 합니다. · 관계를 단절시킵니다. · 대화를 잘 할 수 없게 만듭니다.

3) 주의사항

· 관계를 헤치고 싶은 사람이거나 만나고 싶지 않은 사람에게는 사용할 수 있으나 사랑하는 가족에게는 사용하지 마시오.

4) 상비약 복용법

① 너 - 전달법을 사용하지 마시오.

② 나 - 전달법을 익히고 사용하시오

③ 자녀 행동을 지적하지 말고 내 마음 상태를 전달하려고 노력하시오.

④ 아이의 태도나 반응은 내 언어의 결과임을 인정하시오.

나 전달법의
실제2

　요즘 사람들은 어른이나 아이 할 것 없이 시간만 나면 스마트폰을 들여다봅니다. 하루를 스마트폰 알람으로 시작해서, 스마트폰을 들고 생활하다가, 스마트폰을 들여다보다가 잠자리에 듭니다. 현대인들에게 스마트폰은 삶의 일부가 되다시피 했습니다. 이제는 스마트폰이 없으면 생활이 안 될 것 같습니다.

　아이들도 스마트폰을 얼마나 좋아하는지 모릅니다. 심지어 공부하는 시간에도 스마트폰을 곁에 두고 친구들과 문자를 주고받으며 공부합니다. 유치원 아이들로부터 성인에 이르기까지 전 세대에 걸쳐 스마트폰에 중독되어 있는 것 같습니다. 어른이나 아이 할 것 없이 모두 스마트폰의 노예가 된 듯합니다. 이제는 이런 현실을 부정하거나 거부할 수 없게 되었습니다.

스마트폰 사용은 성인들조차 절제하기 어려운 일입니다. 그러니 아이들은 오죽할까 하는 생각이 듭니다. 아이들의 휴대폰 사용을 불편하게 여긴 부모들은 어떤 형태로든 자녀들의 휴대폰 사용을 제지하려고 합니다. 반대로 아이들은 갖은 핑계를 대 가며 휴대폰을 곁에 두려고 합니다. 그러니 요즘 가정에서는 휴대폰으로 인한 마찰이 그칠 줄 모릅니다.

이런 상황을 만나면 우리는 어떻게 대처하고 있지요? 야단하고 혼내고, 핸드폰을 빼앗고, 용돈을 줄이는 식으로 대응하는지요. 이런 방식의 대응은 우리들이 원하는 목적을 이룰 수 없습니다. 당장 내 앞에서는 절제하는 것 같고, 안 보는 것 같지만 부모 영향력이 사라지면 곧장 다시 시작합니다. 또한 자녀와 관계도 서먹서먹하게 됩니다. 이런 상황에도 우리가 여기에서 다루고 있는 대화법을 활용하면 도움이 됩니다.

자녀를 양육하다 보면 내 마음을 불편하게 하는 자녀의 행동이 스마트폰 사용 문제만이 아닙니다. 자녀들이 집에 돌아오면 스스로 알아서 숙제하고 공부하면 좋겠습니다. 그런데 아이들은 그렇게 하지 않고 TV나 컴퓨터 앞에 앉아 놀기를 좋아합니다. 그렇지 않으면 스마트폰을 갖고 놀며 시간을 보냅니다. 그러다가 때로는 부모를 속이기도 하고 문제를 일으키기도 합니다. 다른 친구들과 어울려 놀다가 싸우기도 하고, 왕따를 시키거나 당하기도 합니다. 자기가 사용하는 방이지만 엄마가 늘 청소해 주어야 할 정도로 지저분하게 사용합니다.

이런 상황을 만나면 좋은 생각이나 좋은 대화법은 온데간데없이 쉽게 사라지고 맙니다. 자녀의 불편한 행동을 보는 순간, 당장 화부터 납니다. 이런 경우 독자께서는 자녀에게 어떻게 말을 하는지요? 한번 생각해 보기 바랍니다. 사람들은 대개 이런 말을 떠올립니다.

"너는 할 일이 많은데 휴대폰만 보고 있니?(보지 말라는 의미에서)"

"네! 지금 TV만 보고 있니? 네 할 일이나 좀 해라."

"휴대폰만 가지고 놀면서 공부하지 않으면,

시험 끝날 때까지 엄마가 휴대폰 보관해야겠구나. 이리 가져와."

"이 녀석이 엄마 말을 그렇게 무시해도 되니?"

부모의 바람이나 의도를 얼른 전달하고 싶은 마음에서 이렇게 말할 수 있습니다. 어떤 경우는 자기 감정을 추스르지 못하고 아무 말이나 함부로 해대는 경우도 있습니다. 그렇다면 이런 경우, 우리는 어떻게 해야 실수하지 않고 '나-전달법'을 효과적으로 표현할 수 있을까요? 그 방법을 알아보겠습니다.

앞에서 부분적으로 다루긴 했습니다만 여기에서 조금 더 세분해서 소개하려고 합니다. '나-전달법'은 다음과 같이 세 단계로 나눠 적용하면 조금 더 쉽게 사용할 수 있습니다. 첫 번째 단계는 나를 불편하게 만든 자녀의 행동을 있는 그대로 표현하는 것입니다. 앞 3장 언쟁의 원인에서 다루었던 내용입니다. 자녀의 행동을 사진 찍듯이 분명하고 선명하게 표현하는 것입니다. 두 번째 단계는 자녀의 행동이 내게 미치는 영향을 말하는 것입니다. 세 번째 단계는 이 일로 인해 일어난 내 감정을 말하는 것입니다. 감정이 불편하게 되었으니, 그것을 가감 없이 그대로 말하는 것입니다.

그러면 이 과정이 실제상황에서 어떻게 적용되는지 살펴보겠습니다. 다음과 같은 상황을 중심으로 살펴보겠습니다. 엄마는 어린 자녀와 학습지 푸는 약속을 했습니다. 그래서 얼마 동안은 잘 실천 했습니다. 그런데 오늘은 못 하겠다며 골을 부립니다. 그런 날이 벌써 삼일째 이어지고 있습니다.

이런 상황에서 엄마가 취할 수 있는 태도를 생각해 보겠습니다. 이때 엄마는 자녀에게 무슨 말을 건네면 좋을까요? 독자께서도 한번 생각해 보기 바랍니다. 부모들은 평소에 자녀에게 어떤 말을 주로 하나요? 생각나는 대로 적어보면 이런 말들입니다.

"내일 선생님이 오시는데 그때까지는 해야지."
"넌 왜 이렇게 네 할 일을 못 하니?"
"이렇게 공부 안 하다가는 바보가 되겠다."

말의 형태를 보면 모두 '너-전달법'입니다. 앞에서도 말씀드린 것처럼 이런 말들은 듣는 사람의 마음을 불편하게 만들 뿐 긍정적인 변화를 불러오지 못합니다. 그러니 우리는 이제 배운대로 '너-전달법'이 아닌 '나-전달법'을 사용해 보겠습니다. 말씀드린 것처럼 3단계로 나누어 만들어보겠습니다.

첫 번째 단계는 '정확하게 말하기'입니다. 불편을 만들어낸 자녀의 행동을 부모의 어떤 도덕적 판단이나 평가를 가하지 않고 있는 그대로 정확하게 말하는 것입니다.

예를 들어 자녀가 학습지 푸는 약속을 3일째 하지 않고 있다면 이렇게 말할 수 있습니다. "학습지를 하루에 석 장 풀기로 했는데, 그 약속을 3일씩 지키지 않고 있구나."처럼 가급적 정확하게 말하는 것입니다. 여기에는 어떤 감정적인 판단이나 평가가 개입되지 않고 사실만을 담고 있습니다. 때문에 분명하고 명쾌한 말이 됩니다. 그렇지 않고 이 상황을 '너-전달법'으로 얘기하면 어떻게 될까요?

"너는 이렇게 공부를 안 하면 어떻게 하니?", "너는 늘 약속을 지키지 않는구나.", "너 문제 안 풀면 혼난다.", "내일이면 6쪽이 되는데 어떻게 하려고 해?"처럼 말하게 될 것입니다. 그러면 아이는 "공부를 하고 있잖아요?", "오늘만 그러는 건데, 뭘?", "혼이 나도 괜찮아요.", "안 할 거예요.", "내일부터 하면 되잖아요." 등 반항하듯이, 혹은 못마땅하다는 마음을 담아 퉁명스런 반응을 보일 것입니다. 따라서 정확한 행동 표현은 이런 불편한 상황을 예방해 줍니다.

두 번째 단계는 자녀의 행동이 내게 미치는 영향을 말하는 것입니다. 이를테면 "네가 학습지를 3일째 풀지 않고 있어서 엄마는 지금 ~ 하단다."라는 식으로 엄마에게 미친 영향을 그대로 얘기하는 것입니다. 그러면 자녀는 자신의 행동이 부모에게 어떤 영향을 미쳤는지 분명히 알게 됩니다. 그렇게 되면 자녀는 자신의 행동과 잘못을 자각하게 됩니다.

사람들은 이 두 번째 단계를 상당히 어렵게 느끼는 것 같습니다. 필자가 이런 대화법 강연을 하면서 이 부분을 강조해서 "'나에게 미치는 영향'을 말하는 것이 중요합니다."라고 힘주어 강조합니다. 그런 다음, 상황을 제시하고 표현해 달라고 부탁합니다. 그러면 매우 강조했음에도 불구하고 대다수 참가자들은 나에게 미치는 영향을 말하지 않고, 상대(자녀)에게 미치는 영향을 말하는 것을 봤습니다.

예를 들어 아이가 학습지 푸는 약속을 어긴 경우 "네가 공부를 하지 않으면 바보가 될까 봐서", 혹은 "공부 못하는 사람이 될까 봐서"

라는 형태의 말을 합니다. 또 휴대폰을 오래 보고 있는 자녀에게 "휴대폰 보느라고 네가 공부를 못 하게 될까 봐", "네가 그렇게 놀면 네 성적이 떨어질까 봐~", "휴대폰 보느라 네 눈이 나빠질까 봐~"라고 합니다. 모두 자녀에게 미치는 영향을 말하고 있는 것입니다.

부모가 이렇게 말하면 자녀는 "제 눈은 제가 알아서 할게요.", 혹은 "전 바보가 되어도 좋아요." 혹은 "성적은 제가 책임질게요."와 같은 반응을 보입니다. 이런 반응을 만나게 된 이유는 모두 부모가 자녀에게 미치는 영향을 말했기 때문입니다.

그러니 주의할 것은 반드시 지금 말하고 있는 엄마, 즉 나에게 미친 영향을 말하는 것입니다. 사람들은 내 행동이 남에게 불편을 주고 있다는 사실을 알게 되면, 조심하거나 배려하려는 노력을 기울입니다.

마지막 세 번째 단계는, 자녀가 준 불편으로 인해 일어나는 내 감정을 표현하는 것입니다. 학습지를 3일째 풀지 않고 있는 아이에게 무작정 화를 내기보다는 "네가 학습지를 3일째 풀지 않고 있어서, 엄마가 풀라고 말해야 하니 힘들구나."라고 말하는 것입니다. 또 휴대폰 보는 약속시간을 지키지 않은 자녀에게 "네가 휴대폰을 1시간 넘게 사용하고 있어서 엄마가 약속을 지키라고 말해야 하니 속상하구나."라고 말하는 것입니다. 자녀의 노래로 내 독서가 방해받은 경우, "네가 노래를 부르니 엄마가 책 읽는 데 방해가 되어 불편하구나."처럼 말하는 것입니다. 이것을 다시 나누어서 정리해 보겠습니다.

사례	자녀의 행동	구체적인 영향	감정상태
1	네가 큰소리로 노래를 부름.	엄마가 책 읽는 데 방해가 됨.	불편함.
2	휴대폰을 한 시간이나 사용하고 있음.	약속을 지키라고 말해야 하는 번거로움.	기분이 좋지 않음.

부모들 가운데는 자녀와 이렇게 소통하는 일이 서툴러 자녀에게 무조건 맞춰주려 하고, 배려해 주려는 분들이 있습니다. 아이를 생각해서, 혹은 자녀에게 대처하는 방법을 잘 몰라 불편한 마음을 속으로 참고 지내는 분들도 꽤 있습니다. 이런 일 역시 자녀나 부모 모두에게 좋은 일이 아닙니다. '나－전달법'을 잘 활용하면 부모가 참지 않아도 됩니다. 불편한 내 감정을 자녀에게 있는 그대로 말해도 자녀와의 관계가 훼손되지 않습니다. 그래서 이 화법은 자녀를 양육할 때 매우 좋은 대화 방법이 됩니다. 우리들이 기억해야 할 것은 다음과 같이 간단합니다.

선생님이 건네는 마음 처방전

1) 상비약 조제 실습

※ 다음 상황을 보고 '나 - 전달법'으로 표현해 보길 바랍니다.

상황① 학원에 잘 다니기로 약속한 아이가 학원에 가지 않겠다고 합니다.

     행동: _____

상황② 우산을 들고 나간 아이가 돌아와서는 우산을 잃어버렸다고 말합니다.

     행동: _____

상황③ 아이가 식사시간을 잘 지키지 않습니다.

     행동: _____

2) 상비약 사용 설명서

약 명	효 능
나 - 전달법	· 현재 내 마음에서 일어난 감정을 전달할 수 있습니다. · 상대 감정을 상하지 않게 합니다. · 관계를 증진시킬 수 있습니다.
행동을 선명하게 말한다.	· 다른 오해를 불러일으키지 않습니다. · 상황을 선명하게 만들어 줍니다. · 전달하고자 한 말을 선명하게 만들어 줍니다.
내게 미치는 영향을 말한다.	· 듣는 사람에게 반발할 수 없게 만들어 줍니다. · 내 불편 사항을 상대에게 알려 줄 수 있습니다. · 상대의 협조를 구할 수 있습니다.

3) 주의사항

· 이 약을 주기적으로 상기하고 복용하시오.

4) 상비약 복용법

① 자녀의 행동을 그대로 말하려고 하시오.

② 자녀의 행동이 내게 미친 영향을 분명하게 말하시오.

③ 자녀의 행동을 비난하지 마시오.

④ 행동 변화의 결정은 자녀에게 있다는 것을 아십시오.

불편을
예방하는 방법

    고교 2학년인 민영은 성격이 밝고 좋아서 누구와도 잘 어울립니다. 그래서 선생님과 친구들에게 인기가 많은 편입니다. 어느날 민영의 엄마가 학교에 나오셨습니다. 어머니와 대화를 나누던 중 필자가 어머니에게 "민영이 성격은 참 밝고 명랑합니다. 이런 딸을 두셔서 좋겠어요. 민영이 때문에 집안 분위기도 좋을 것 같아요." 했습니다. 그랬더니 민영의 엄마는 말이 끝나기가 무섭게 "우리 민영이요? 밖에서만 그래요. 저렇게 몸은 커도 아주 어린아이에요. 엄마가 해 준 밥이나 먹고, 엄마가 빨아준 옷만 입고 다니지, 제 스스로 하는 것은 하나도 없어요."라고 했습니다.

    어머니는 의외의 반응을 보였습니다. 어머니는 여기에서 그치지 않고 "민영이는 제 일도 잘 못해요. 자기 방 청소도 잘 안 해요. 그 사소한 것도 잘 안 되나 봐요. 그래서 민영이 방은 언제나 엉망이에요. 고등학생이 되었으니, 자기 일은 자기가 하고 혹 집안일도 알아서 좀 해두면 좋겠습니다. 엄마의 귀가가 좀 늦으면 밥이라도 해 놓으면 좋겠어요. 밥은 고사하고 아무 생각 없이 동생하고 그냥 놀기만 해요. 식사가 끝나면 가끔 설거지라도 하면 좋겠어요. 그릇 씻는 일은 고사하고, 제 앞가림도 못 해요. 도무지 할 줄 아는 게 없어요. 나이께나 먹은 계집아이가 어쩌면 저리 철이 없는지 모르겠어요. 그럴 때는 서운해요." 합니다.

학교에서는 나무랄 데 없는 아이가 집에서는 다른 모습으로 살아가다니 얼른 이해가 되지 않습니다. 하지만 필자가 딸 칭찬을 늘어놓음에도 불구하고 엄마가 아이의 생활을 늘어놓은 것을 보니 엄마의 불만이 이만저만이 아닌가 봅니다. 엄마는 민영이 자랄만큼 성장했으니까 사소한 일은 알아서 스스로 잘 해주면 좋겠다고 생각합니다. 그런데 민영이 그 사소한 것을 잘 들어주지 않는다는 것입니다.

언젠가 의사소통을 주제로 한 TV프로그램을 본 적이 있습니다. 여기에 참여한 사람들은 모두 부부들로 의사소통에 일가견이 있다고 자부하던 사람들이었습니다. 그들은 서로 눈빛이나 혹은 얼굴 표정, 작은 몸짓 하나만으로도 의사 전달이 잘 된다고 자부했습니다. 그래서 이들은 대부분 금슬이 좋은 사람들이었습니다.

방송사에서는 본 프로그램을 진행하기 전에 이들과 사전 인터뷰를 진행했습니다. 둘 사이의 의사소통 정도를 물은 것입니다. 그랬더니, 이들 대부분은 상대 표정만 봐도 무엇을 말하려고 하는지, 그 의도를 금방 알 수 있다고 자신했습니다. 드디어 본 방송이 시작되었습니다.

참가한 부부들에게 가정에서 벌어질 수 있는 상황을 제시하면서 부부가 이해한 내용을 각각 적게 했습니다. 그런 다음 그 일치 여부를 확인했습니다. 예를 들면 이런 식입니다.

아침에 출근하는 남편에게 아내가 "당신 오늘 저녁 몇 시에 집에 들어와요?"라고 물으면 남편은 아내의 말을 듣고 자신이 이해한 대로 적은 것입니다. 그랬더니 어떤 분은 아내의 말을 '오늘 일찍 들어오라'는 말로 해석했습니다. 또 다른 분은 '집사람이 내 생활을 간섭하는구나' 하고 여겼습니다. 그 외에도 '술 먹지 말고 들어오라는 말이구나', '일찍 들어와 집안일을 도와 달라는 말이구나'라고 받아들인 경우도 있었습니다.

반면에 아내들은 이렇게 적었습니다. '저녁에 밥을 얼마나 해야 할지 예측하려고', '저녁에 모임이 있어서 남편이 일찍 들어오면 저녁을 마련해 두고 나가려고', '남편 건강이 염려되어서' 등과 같은 내용을 적었습니다. 내용을 열어보니 아내의 의도와 남편이 이해한 내용이 대부분 서로 달랐습니다. 간극이 컸던 것이지요. 서로 일치하는 답을 적은 부부들은 생각보다 적었습니다.

이 내용을 통해 우리가 알 수 있는 것은 아무리 가까운 사이라고 할지라도, 혹은 의사소통이 잘 된다고 하더라도 "열 길 물속은 알아도 한 길 사람 속은 모른다."는 속담처럼 상대 속을 다 아는 일은 어렵다는 것입니다. 의사소통은 그만큼 어려운 일입니다.

그러니 어찌 보면 가정에서 소통의 부재는, 말이 서로 잘 통하지 않는다는 것은 당연한 일로 간주되어야 할는지 모르겠습니다. 상대방의 의도를 명확히 파악하는 일조차 어려운 일일 뿐만 아니라 부모와 자녀의 나이 차이까지 많아서 그 생각의 방향이나 의도가 다르기 때문입니다. 게다가 부모들은 자기 의도를 자녀에게 선명하게 말하지 않는 경향이 있습니다. 그러니 그 어려움이 어떤지 짐작할 수 있겠지요? 그러면서 부모들은 이 어려운 일을 자녀들이 충분히 알아서 잘해 줄 것으로 압니다. 아마 자녀들을 천재天才, 아니면 신神으로 아나 봅니다.

위의 사례에서 만난 민영의 엄마도 이렇게 생각했던 것 같습니다. 부모가 말하지 않아도 딸이 알아서 부모 의도를 잘 파악해서 자식으로서 역할을 잘해 줄 것으로 알았던 모양입니다. 하지만 대부분 자녀들은 그렇지 않습니다. 민영뿐만 아니라 다른 집 자녀들도 비슷합니다. 자녀들은 독심술사가 아닙니다. 부모가 표현해 주지 않으면 딸도 부모의 마음을 알기가 어렵지요. 그러니 평소에 대화를 통해 자주 표현하는 노력이 필요합니다.

이런 관점에서 보자면 엄마가 그저 딸이 알아서 잘해 주기를 바라는 태도는 잘못되었다고 할 수 있습니다. 엄마는 평소 민영에게 자신의 바람을 선명하게 말하지 않았습니다. 민영의 엄마는 지금 자신이 잘못해 놓고, 자녀를 나무라고 있는 것입니다. 그러니 평소에 자녀에게 자신이 원하는 바를 말해 두는 것이 좋습니다. 말을 할 때는 앞에서 다루었던 '나-전달법'을 사용하는 것입니다.

'나 - 전달법'의 예시

구분	욕구	미치는 영향, 원인(이유)
단문	밥을 지어놓으면 좋겠구나.	엄마의 걱정을 덜어줄 수 있겠구나.
완성문	네가 밥을 지어놓으면 엄마의 걱정(부담)이 덜어지겠구나.	

만일 자녀가 밥을 해 두기를 원한다면 사전에 민영에게 이렇게 말하는 것이 좋습니다. "엄마가 늦으면 밥을 해 두면 좋겠구나."처럼 자신의 의도를 분명하게 말하는 것입니다. 만일 민영에게 직접 말할 수 없는 상황이라면 문자라도 남겨서 분명한 의사를 전달하는 것이 좋습니다. 앞에서 말씀드렸던 것처럼 내 욕구가 채워지려면 내 욕구에 대한 정보를 상대에게 잘 전달해야 합니다. 그런데 민영의 엄마는 이런 사소한 예방조치를 하지 않았습니다. 그래서 불편을 겪고 있습니다.

'나-전달법'은 내 정보를 알리는 데도 유용하지만 미리 예상되는 불편이나 갈등을 예방하는 도구로서도 매우 유용합니다. 상대에게 어떤 기대하는 바가 있거나 앞으로 불편한 일이 예상된다면 반드시 선명하게, 구체적으로 알리는 것입니다.

민영의 경우를 더 살펴보겠습니다. 아마 민영이 엄마의 희망사항을 사전에 미리 알았더라면 엄마의 바람대로 이행했을 것입니다. 하지만 엄마는 이를 실천하지 않았습니다. 그러니 민영이 그냥 그대로 두었던 것입니다. 당연한 일입니다.

다시 한번 말씀드리지만 자녀들이 부모 뜻을 알아서 스스로 실천하는 일은 영화 속에서나 가능할 일일는지 모르겠습니다. 현실에서는 부모의 의도를 알아서 반응하거나 내가 원하는 일을 알아서 해주는 자녀는 거의 없다고 생각하면 됩니다. 만일 하는 자녀가 있다면 그것이 오히려 기적에 가까운 일입니다.

대형 마트나 놀이 시설에 가 보면 부모와 어린 자녀가 다투고 있는 모습을 종종 볼 수 있습니다. 장난감을 사 달라는 아이와 그럴 수 없다는 부모 사이에 벌어진 언쟁입니다. 어떤 경우는 아이가 아예 바닥에 드러누워 떼를 쓰는 경우도 있습니다. 그러면 부모는 "이제 너는 마트에 데리고 오지 않을 거다."라고 말하며 마구 혼내기도 합니다. 그러면서 부모들은 아이가 잘못되었다고 꾸지람을 합니다. 이 경우에도 얼핏 보면 아이가 잘못한 것처럼 보입니다. 하지만 이는 모두 부모 잘못이라 할 수 있습니다. 갈등 상황이 예견된다면 미리 예방책을 사용했어야 합니다. 그런데 엄마는 그 작업을 하지 않았습니다.

만일 갈등이 예견된 경우라면 일을 하기 전에 아이에게 그 상황을 자세히 말하는 것이 좋습니다. 예를 들어 아이가 마트에서 장난감을 사 달라고 조를 것 같은 예감이 듭니다. 그러면 "오늘 마트에 가서 장난감을 사 달라고 하면 엄마는 곤란하단다. 왜냐하면 지난번에 구입했기 때문이야." 혹은 "오늘 마트에서 아이스크림을 사 달라고 하면 엄마는 불편하단다. 네가 감기 걸릴 것이 염려돼(다른 타당한 이유가 있다면 그것을 들어서) 걱정되기 때문이란다."라고 말하면 됩니다. 그러면 자녀들도 부모 의도를 파악하고 협조할 것입니다.

만일 자녀가 이렇게 말을 했는데도 부모 생각과 달리 억지를 부리는 아이들이 있을 수 있습니다. 사전에 예방하는 말을 했는데도 계속 사 달라고 조르는 경우입니다. 그러면 부모들은 당장 아이에게 약속을 지키지 않은 잘못을 지적하며 야단칠 수 있습니다. 이런 경우에도 야단치기보다는 먼저 아이의 생각을 수용하는 것이 좋습니다. 이해를 바탕으로 아이의 욕구가 무엇인지 파악한 다음 그 욕구를 어느 정도 들어주는 것입니다. 그런 다음 아이에게 우리가 처음으로 약속했던 일이 깨졌다는 사실을 분명하게 말합니다. 그리고 그보다 낮은 수준의 욕구를 들어주는 것입니다.

예를 들어 아이가 아이스크림을 사 달라고 떼를 씁니다. 그러면 아이가 원했던 것보다 작은 아이스크림을 먹도록 제안해서 사 주든지, 아니면 아이스크림에 버금가는 다른 종류의 과자를 건네주는 것도 한 방법이겠지요. 만일 아이가 비싼 장난감을 사 달라고 할 경우, 구입해 줄 수 없는 상황을 충분히 설명하고 거절하는 것도 좋습니다. 아니면 오늘이 아닌 생일이나 크리스마스에 선물로 준다고 약속하는 것도 당장의 욕망을 잠재우는 일에 도움이 됩니다. 그러니까 그보다 못한 다른 욕구를 들어 주거나, 아니면 관심의 방향을 조금 달리하는 것도 좋은 방법이라 할 수 있습니다.

자녀와 생활할 때에 갈등은 언제든지 일어날 수 있습니다. 이를 지혜롭게 예방하기 위해서는 사전에 충분히 설명하고 안내하는 일이 필요합니다. 그러면 갈등을 줄이거나 없앨 수 있습니다. 뿐만 아니라 서로 기분을 상하게 하거나 불편을 겪지 않으면서 나와 자녀, 모두의 욕구를 채울 수 있다는 사실도 기억하면 좋겠습니다.

선생님이 건네는 마음 처방전

1) 상비약 조제 실습

※ 다음 상황을 보고 부모가 할 말들을 정리해 봅니다.

① 상황: 자녀와 함께 쇼핑몰에 가려고 합니다. 자녀가 자신이 원하는 물건을 사
달라고 조를 것 같습니다.
- 이 책을 보기 전에 사용했던 말: _____
- 여기에서 습득한 방법대로 하는 말: _____

② 상황: 영어학원에 보내려고 합니다. 그런데 자녀가 거부할 것 같은 느낌이 듭
니다.
- 이 책을 보기 전에 사용했던 말: _____
- 여기에서 습득한 방법대로 하는 말: _____

③ 상황: 자녀가 자기 전에 습관적으로 라면을 끓여 먹습니다. 부모인 나는 이를
불편하게 여깁니다.
- 이 책을 보기 전에 사용했던 말: _____
- 여기에서 습득한 방법대로 하는 말: _____

2) 상비약 사용 설명서

약 명	효 능
나 - 메시지	· 나의 정보를 알릴 수 있는 좋은 도구입니다. · 남에게 부담을 주지 않습니다.
나의 정보를 미리 말한다.	· 갈등을 예방할 수 있습니다. · 내가 배려 받을 수 있습니다.
욕구와 내게 미치는 영향을 말한다.	· 남의 동의를 비교적 쉽게 받아낼 수 있습니다. · 서로 관계를 훼손하지 않게 됩니다.

3) 주의사항

> · '너 - 메시지'를 사용하면 할수록 자녀와 관계는 멀어지게 됩니다.

4) 상비약 복용법

① 자녀에게 말을 할 때에는 '나 - 메시지'를 사용하시오.

② 내가 사용하는 언어 중에 '너 - 메시지'가 얼마나 사용되는지 점검해 보시오.

③ 내 욕구를 자녀에게 충분히 알리시오.

④ 갈등이 예견된 일은 사전에 잘 설명을 하시오.

PART 7

자녀와
생각
맞추기

자녀가
대꾸할 때

시우는 학교에서 모범적인 학생입니다. 교우 관계도 원만하고 좋아서 친구들에게 인기가 많은 편입니다. 수업시간이면 선생님의 설명에 집중하고 모둠활동을 할 때에도 적극적입니다. 친구들의 의견을 모아야 할 때면 스스로 나서서 의견을 모으고, 정리해서 발표하는 일도 잘합니다. 그러다 보니 선생님들에게도 사랑을 많이 받고 있습니다.

그런 시우가 집에 들어가면 조금 다른 생활을 하나 봅니다. 시우 엄마 말에 따르면 학교에서 시우와 가정에서 시우는 상당히 다르다고 합니다. 학교에서는 활발하고 적극적인 데 반해 집에서는 엄마가 무슨 말을 하면 반항하듯이 거부하고, 때로는 대들기도 한답니다. 심지어 최근에는 시우와 다투는 일이 잦다고 합니다. 엄마가 시우의 말을 수용하지 않으면 밥도 먹지 않고 며칠씩 말을 하지 않기도 한답니다. 시우가 밥을 굶고 말하지 않는 것은 그런

대로 괜찮은데, 시우가 거세게 대들 때면 너무 속상하다고 합니다. 그러면서 시우 엄마는 "선생님 우리 시우는 도대체 왜 그러는 걸까요? 제가 너무 힘듭니다." 라고 하셨습니다.

청소년기 아이들을 보면 시우처럼 집에서 살아가는 태도와 집 밖의 생활을 달리 하는 아이들이 많습니다. 시우처럼 단순하게 아이의 바깥 생활만 놓고 보면 모범적인 아이라 할 수 있습니다. 그런데 집에 가면 많은 것이 달라집니다. 그러니 엄마가 속상할 일입니다.

본서를 여기까지 읽어온 독자라면 이런 결과에 대한 원인을 어느 정도 짐작할 수 있을 것입니다. 그동안 반복적으로 말씀드린 것처럼 모두 부모들이 자녀를 양육하면서 명령, 지시, 비난, 비판, 평가 등과 같은 말들을 사용해 온 결과입니다.

자녀가 어린 경우라면 지금부터 언어를 바꾸면 될 일이지만 시우처럼 성장해 버린 경우는 돌이킬 수 없는 일입니다. 그렇다고 해서 속이 상한 일을 두고 그냥 말 수도 없는 노릇입니다. 그래서 여기에서는 이런 상황을 만났을 때, 지혜롭게 대처하는 방법을 알아보려고 합니다.

우선 대응할 수 있는 가장 쉬운 방법은 우리가 이미 앞에서 배웠던 것처럼 '나-전달법'을 사용하는 것입니다. 그러면 일단 자녀와 마찰을 줄일 수 있습니다. 뿐만 아니라 대화의 물꼬를 열어갈 수 있습니다. 그런데 문제는 부모들이 '나-전달법'을 사용하더라도 자녀 태도가 달라지지 않는다는 것입니다.

방 청소를 잘 하지 않은 자녀에게 '나-전달법'으로 "네 방 청소를 하면 좋겠구나. 엄마가 매번 치워야 하니 불편하구나." 라고 했습니다. 그러면 자녀들이 몹시 미안한 마음을 가지고, "엄마 미안해요. 제 방은 제가 잘 청소하겠습니다." 하면서 바로 자기 방 청소를 하면 좋겠습니다. 그런데 엄마 기대와 달리 자녀는 "엄마 방도 지저분하면서 뭘 그래요?"라며 대꾸합니다. 그러면 엄마는 이제 무슨 말을 해야 할지 몰라 당장 난감해지고 맙니다. 한 방 얻어맞은 기분이 들 것입니다. '내가 애써 배운 방법대로 신경 써서 말했는데, 이렇게 반응하다니'라는 생각이 들어 당장 화가 날 수도 있습니다.

　학교 교사들도 이런 일을 자주 겪습니다. 난간에 기대어 장난치며 노는 아이들에게 "난간에 기대 노는 일이 위험해 보이는구나."라는 주의를 줍니다. 그러면 학생들이 위험한 놀이를 당장 멈추면 좋겠습니다. 그런데 아이들은 그렇게 반응하지 않고 "다른 아이들이 놀 때는 안 그러시다가, 왜 저희에게만 그래요?"라는 반응을 보입니다. 또 수업시간에 친구에게 말하는 아이에게 말을 그만 하라고 주의를 줍니다. 그러면 말하는 것을 당장 멈추면 좋겠습니다. 아이들은 그렇게 하지 않고 입을 삐쭉거리며 불쾌한 표정을 짓습니다. 교복을 입지 않고 잠옷 같은 옷을 입고 등교한 아이에게 교복을 잘 입으라고 지도합니다. 그러면 아이들이 교복을 바르게 입고 다니면 좋겠습니다. 설령 그렇게 하지 않더라도 지도하는 선생님에게 조금이라도 미안한 기색이라도 보이면 좋겠습니다. 그런 기색조차 없이 짜증 섞인 말투로 "다른 애들도 그러는데, 왜 제게만 그러세요?"라고 대꾸합니다. 심지어 어떤 아이들은 못마땅하다는 듯 지도하는 교사를 노려보기도 하고 입을 삐쭉거리기도 합니다. 이럴 때마다 교사들은 교사 생활에 회의를 느낍니다. 당장 화가 나고, 자존심에 상처를 입기도 합니다.

이제 다시 대화법으로 돌아가 보겠습니다. 부모나 교사들은 아이들의 인격을 존중하고 좋은 대화를 위해 '나—전달법'을 사용합니다. 하지만 아이들의 반응은 이렇게 영 신통치 않은 경우가 종종 있습니다. 그래서 교사들도 당황하곤 합니다.

'나—전달법'을 아무리 잘 갖춰 말하더라도, 어떤 경우는 자녀들의 심한 반항적인 태도를 만나기도 합니다. 그러면 이런 상황을 만나면 어떻게 반응하는 것이 대화를 잘 풀어가는 길이 될까요? 그 방법을 알아보려고 합니다. 여기에서 안내하고 있는 방법을 모르면 그렇게 좋아 보이던 '나—전달법'의 가치가 상실될지도 모릅니다. 이해를 돕기 위해 앞에서 들었던 사례를 통해 설명해 보겠습니다.

엄마가 책을 읽고 있는데, 자녀가 큰 소리로 노래를 부릅니다. 그 순간 엄마는 불편을 느꼈습니다. 방해받고 싶지 않은 마음이 들어서 엄마는 자녀의 순응적인 태도를 기대하며 앞에서 배운 방법대로 말했습니다. "네가 노래를 부르니 엄마가 책 읽는 데 방해가 돼 불편하구나." 그러자 자녀는 "동생이 부를 때는 아무 말씀 없으시다가 제가 하니까 그러세요?"라며 저항하듯이 반응합니다. 혹은 "엄마가 좀 참으면 안 돼요?" "엄마는 내가 공부할 때 더 자주 흥얼거리셨으면서~"와 같은 반응을 보일 수도 있겠죠.

이처럼 예상 밖의 상황을 만나면 부모들은 이제는 어떻게, 무슨 말을 해야 할지 몰라 당황하게 됩니다. "나—전달법"을 정성껏 사용했는데, 당장 화가 나서 그동안 잘 연습해 왔던 '나—전달법'은 온데간데없고 "동생하고 너하고 같니? 너는 형이잖아?" 혹은 "엄마가 책 읽는 것 안 보이니?"라는 말로 이어질 수 있습니다. 이렇게 되면 그동안 해온 수고는 수포로 돌아가고 이 책을 접하기 이전 상태로 돌아갈 수도 있습니다.

그러지 않기 위해서는 지금부터 여기에서 안내하고 있는 방법을 잘 익혀둘 필요가 있습니다. 그 방법은 비교적 간단합니다. 자녀가 '나—전달법'을 듣고도 예상 밖의 반응을 보이거나 내 의도와 다른 말이나 태도를 보이면 앞에서 우리가 배운 '공감하기'를 실행하면 됩니다. 그러니까 지금 자녀가 느끼고 있는 감정, 즉 말한 것을 그대로 받아 주는 것입니다.

엄마의 독서상황을 예로 들어 보겠습니다. 엄마가 이렇게 말합니다. "네가 노래를 부르니 엄마가 책 읽는 데 방해가 돼 불편하구나." 했더니 자녀가 이런 반응을 보입니다.

반응1: 동생이 부를 때는 아무 말씀 없다가 제가 하니까 왜 그러세요?

반응2: 엄마가 좀 참으면 안 돼요?

반응3: 엄마는 내가 공부할 때 더 자주 흥얼거리셨으면서~

자녀의 이런 반응을 만나면 당황하지 말고 바로 '공감하기'를 실행하면 됩니다. 그러니까 자녀의 감정을 있는 그대로 한 번 받아주는 것입니다. 자녀의 말을 들으면 자녀가 가지고 있는 감정을 인정하면서 그 감정을 그대로 자녀에게 되돌려 주는 것입니다.

1의 경우처럼 자녀가 "동생이 부를 때는 아무 말씀 없다가 제가 하니까 왜 그러세요?"라는 반응을 만났습니다. 그러면 엄마는 "동생이 부를 때는 아무 말이 없다가 네가 하니까 못 하게 한다는 말이구나."라고 말하는 것입니다. 자녀의 생각과 의견을 그대로 받아주는 것입니다. 그러면 자녀는 자기 감정을 엄마가 인정해 주었다는 생각이 들어 "네~" 할 것입니다. 그러면 자녀는 격해진 자기 감정을 어느 정도 누그러뜨리게 됩니다.

2의 경우도 반응해 보겠습니다. 자녀가 "엄마가 좀 참으면 안 돼요?"라는 반응을 보였습니다. 그러면 엄마는 "너는 엄마가 좀 참으면 된다고 생각하는구나."라고 응하면 됩니다. 이 경우도 부모가 자녀의 감정과 말을 인정하고 그대로 옮겼기 때문에 자녀는 "네~"라고 반응할 것입니다.

3의 경우도 보겠습니다. 자녀가 "엄마는 내가 공부할 때 더 자주 흥얼거리셨으면서~"라고 대꾸했다면 엄마는 "네가 공부할 때 엄마가 흥얼거려 불편했다는 말이구나?"라고 하면 됩니다. 그러면 자녀가 "네." 하고 반응할 것입니다.

이처럼 자녀가 나의 기대와 다른 반응을 보일 경우, 먼저 자녀에게 '공감하기'를 해 줍니다. 그러면 다음 대화는 무리 없이 진행할 수 있게 됩니다. 만일 내가 하고 싶은 말이 있다면 자녀의 감정이 안정된 다음에 말하면 됩니다. 그러면 불편이 만들어지지 않습니다. 만일 자녀의 감정 상태가 몹시 흥분된 상태라면 이 과정은 더 큰 위력을 발휘합니다. 그렇게 하지 않고 부모가 자기가 느낀 감정을 그대로 자녀에게 말하면 다음과 같은 상황으로 전개될 가능성이 높습니다.

엄마: 네가 노래를 부르니 엄마가 책 읽는 데 방해가 돼 불편하구나.

자녀1: 동생이 부를 때는 아무 말씀 없다가 제가 하니까 그러세요?

엄마: 너하고 동생하고 같니?

자녀1: 그럼 같지요, 뭐가 달라요? 동생이나 나, 모두 똑같은 사람인데, 어떻게 다르겠어요?

이쯤 되면 자녀나 부모, 모두 당장 마음이 불편해지고 맙니다. 엄마가 크게 고성을 지르며 "뭐라고? 엄마가 말하는데!"라고 해야 분위기가 비로소 조용해질 수 있습니다. 말싸움을 해야 하는 상황이 되고 맙니다.

엄마: 네가 노래를 부르니 엄마가 책 읽는 데 방해가 돼 불편하구나.

자녀: 엄마가 좀 참으면 안 돼요?

엄마: 나 보고 참으라고 하는 거니? 그런 버릇없는 행동이 어디 있어?

자녀: 어른이 그것도 못 해요?

엄마: 네가 노래를 부르니 엄마가 책 읽는 데 방해가 돼 불편하구나.

자녀: (못마땅한 투로) 엄마는 내가 공부할 때 더 자주 흥얼거리셨으면서~

엄마: 내가 흥얼거렸다고 너까지 그래야 되겠니?

부모의 잘못된 대응은 소리를 지르는 상황을 만들고, 나중에는 서로 감정까지 상하게 만듭니다. 좋은 상황이라고 할 수 없습니다. 이제 우리는 이렇게 대화하지 않을 수 있습니다. 자녀들이 부모의 말에 전혀 다른 반응을 보이거나 불편한 상황을 만들면, 부모는 1차적으로 자녀의 감정을 공감하면서 그대로 받아주면 됩니다. 그러면 이제 배웠던 방법대로 진행되는 대화를 살펴보겠습니다.

엄마: 네가 노래를 부르니 엄마가 책 읽는 데 방해가 돼 불편하구나.

자녀1: 동생이 부를 때는 아무 말씀 없다가 제가 하니까 그러세요?

엄마: 동생이 부를 때는 아무 말이 없다가 네가 하니까 못 하게 해서 서운하

다는 말이구나.

자녀1: 네~

엄마: 그래~ 그런 경우가 있었다면 너처럼 생각할 수도 있겠구나. 앞으로는 그렇지 않도록 유의할게. 하지만 지금 네 노래가 엄마 독서하는 데 방해가 돼 불편하구나. 네 도움을 받고 싶어.

예상 밖의 자녀 반응을 만나면 이렇게 '공감하기'를 실행한 다음, 이어서 내가 하고 싶은 말을 하면 됩니다. 그러면 편안한 가운데 내가 원하는 결과를 얻을 수 있습니다. 뿐만 아니라 두 사람의 감정도 안정되어 편안한 상태에서 대화를 나눌 수 있습니다.

자녀와 좋은 관계를 유지하면서 행복한 대화를 원하시나요? 그러면 이 대화법을 반드시 기억해야 할 일입니다. 그러면 자녀와 좋은 대화를 잘할 수 있고, 또한 깊은 대화를 오래 나눌 수 있을 것입니다.

선생님이 건네는 마음 처방전

1) 상비약 조제 실습

※ 다음과 같은 반응을 만났을 때, 부모가 할 수 있는 말을 써 보길 바랍니다.

상황 ① 엄마는 왜 내게만 그렇게 말해요?

    엄마의 말: _____

상황 ② 엄마, 인생에서 공부가 다가 아니잖아요?

    엄마의 말: _____

상황 ③ 엄마는 왜 저를 언니와 비교하세요?

    엄마의 말: _____

2) 상비약 사용 설명서

약 명	효 능
나 - 전달법	· 자녀의 마음을 편하게 만들어 준다. · 내 감정 상태를 말해 줄 수 있다. · 부담감을 주지 않는다.
공감하는 말	· 상승된 감정을 누그러뜨린다. · 이어서 내 감정을 말할 수 있다. · 편안한 대화로 안내한다.

3) 주의사항

> · 자녀의 반응이 부모가 바라는 사항과 다르거나 혹은 기대와 다를 경우, 반드시 '공감하기'를 실행하시오.

4) 상비약 복용법

① 부모들은 자녀들이 부모의 바람처럼 언제나 그렇게 원하는 대로 반응하지 않는다는 것을 기억하십시오.

② 자녀의 행동이 부모의 기대와 다를 때는 당황하지 말고 '공감하기'를 실천하십시오.

③ 자녀와 대화를 할 때에는 자녀의 감정을 공감한 다음, 다른 말을 하겠다고 다짐하십시오.

부모들의
갈등 해결 양상

　중학교 2학년인 현석은 며칠째 기분이 상해 있습니다. 운동화 구입 문제로 엄마와 언쟁을 벌였기 때문입니다. 현석은 친구들이 신고 다니는 최신 유행 제품인 유명 메이커 운동화를 신고 싶어 합니다.

　하지만 엄마가 허락해주지 않습니다. 엄마의 허락을 받지 못한 현석은 투덜대면서 기분이 상한 상태로 지냅니다. 이후로 엄마와 신경전을 벌이고 있습니다.

　현석의 엄마는 청소년들이 유행에 지나치게 민감하게 반응하는 것은 좋지 않다고 생각합니다. 뿐만 아니라 가정 형편을 고려해 봤을 때에도 어린아이가 너무 비싼 메이커 신발을 신는 것은 좋지 않다고 생각합니다. 그래서 저렴하면서도 편안한 신발을 골라 신으라고 합니다.

　불만이 생긴 현석은 볼멘소리로 엄마에게 말합니다. "친구들 모두 유명 상표 운동화를 신고 다니는데 왜 나만 이런 걸 신으라고 해요?" 그러자 엄마는 "학생이 꼭 유행에 따라 살아야 할 필요가 있느냐?"라며 엄마가 골라준 신발을 신으라고 하였습니다. 이 일로 현석은 아직까지 기분이 풀리지 않고 있습니다.

　고등학교 1학년생인 지아는 잠이 많습니다. 그래서 아침에 일어나는 것을 몹시 힘들어합니다. 엄마가 등교 시간이 되었다며 부지런히 깨워도 일어나지 않습니다. 그래서 엄마와 자주 다툽니다. 엄마는 지아가 스스로 일어나 등교 준비를 하면 좋겠다고 생각합니다. 그런데 하루 이틀도 아니고 허구한 날 이런 일이 반복되니 몹시 불편하게 지냅니다.

　엄마는 아침 식사 준비하기도 바쁜데 지아에게 "어서 일어나라."라고 여러 차례 깨워야 합니다. 그래도 지아는 침대에서 꾸물댑니다. 지아는 엄마의 잔소리에도 아랑곳하지 않습니다. 그러니 매일 아침, 엄마의 일어나라는 외침은 그치지 않습니다. 지아가 일어나야 아침이 조용해질 텐데 말이죠. 엄마는 날마다 불편한 마음으로 하루를 시작합니다.

　우리는 앞에서 대화를 편하게 도와주는 '나-전달법'에 대해 배웠습니다. 그래서 이제는 이 말의 의미와 사용 방법을 어느 정도 알게 되었습니다. 뿐만 아니라 자녀들의 반응이 내 기대와 다른 경우, 여기에 대응하는 방법도 알게 되었습니다. 그래서 우리는 자녀와 대화라면 어느 정도 자신감이 생겼을 것입니다.

하지만 자녀들을 양육하다 보면 이런 상황 외에 또 다른 예상치 못한 일들을 만나게 됩니다. 사례에서 만난 현석이나 지아 엄마가 만났던 상황과 같은 것들입니다. 이런 경우에는 그동안 배운 기술들을 사용하더라도 효과가 시원찮습니다. 그래서 좋은 대화 도구들이 무용지물처럼 느껴지기도 하고, 또한 피로감도 느낄 수 있습니다. 참 난감한 일입니다.

꼭 이런 경우가 아니더라도 자녀들과 생활하다 보면 소소한 일들로 자녀와 갈등을 겪게 됩니다. 이럴 때면 우리들이 앞에서 익혀왔던 대화기술들이 잘 통하지 않는 경우가 있습니다. 당연한 일입니다. 우리는 이런 상황에 대처하는 기술들을 아직 다루지 않았기 때문입니다. 그래서 여기에서는 이런 상황에 적용할 수 있는 기술들을 다루려고 합니다.

이런 일은 앞에서 우리들이 만났던 사례들과 조금 다른 상황입니다. 이 경우는 부모와 자녀 간에 서로 욕구가 달라서 벌어진 일입니다. 자녀 욕구와 내 욕구가 서로 달라 갈등을 빚고 있는 것입니다.

여기에서는 생활 속에서 욕구갈등으로 빚어진 여러 가지 불편한 상황을 지혜롭게 대처하는 방법을 다루려고 합니다. 그러기에 앞서 부모들이 가정에서 자녀와 갈등상황을 빚을 경우, 그것을 처리하는 양상을 살펴보려고 합니다. 그런 다음, 다음 절에서 갈등 대응 방법을 다루겠습니다.

자녀와 갈등 상황이 벌어지면 일반적인 부모들은 어떻게 대응할까요? 그 유형을 살펴보면 대략 세 가지 정도로 나눠집니다. 첫 번째 유형은 부모가 자신의 의지를 관철하는 유형입니다. 위의 사례에서 만난 현석이네 가정처럼 자녀가 원하는 신발을 사주지 않고 엄마 의

지대로 관철하는 것입니다.

　부모들이 가지고 있는 우위의 조건, 즉 나이, 경력, 경제적인 주도권, 위엄, 권위 등과 같은 힘을 사용하여 자녀 생각을 누르고 부모 생각을 실현한 것입니다. 이런 경우 현석이네 가정과 마찬가지로 자녀 의지와 상관없이 엄마가 사준 신발을 신어야 합니다. 이렇게 해결되면 부모 기분은 어느 정도 만족할 수 있습니다. 하지만 대신 자녀 기분은 안 좋겠지요. 대부분 부모들이 즐겨 사용하는 방법입니다.

　스스로 관대하다고 생각하는 부모들조차 갈등해결의 내막을 들여다보면 이런 방법을 자주 사용하는 것을 봅니다. 처음에는 자녀의 욕구를 어느 정도 인정하고 존중해 주는 것처럼 합니다. 그러다가 자녀가 머뭇거리거나 부모 생각과 조금 다른 방향의 의견을 제시하면 당장 자녀를 제지하며 부모 의견을 따르도록 합니다. 그렇지 않으면 "이게 좋겠다. 이것이 좋아 보이는데, 이것으로 하자 응~"과 같은 제안 형태로 부모 생각을 따르도록 만듭니다. 얼핏 보면 부모가 자녀들의 의견을 최대한 존중한 것처럼 보입니다. 하지만 결국 부모 원대로 결정한 경우라 하겠습니다. 이런 경우, 부모 마음은 조금 편할는지 모르겠습니다. 하지만 여기에는 여러 부작용이 따릅니다.

　먼저 아이가 의존적인 사람이 되기 쉽습니다. 자녀에게 부모 의지를 따르도록 강요하는 일이 잦으면 아이들은 자기 생각을 드러내지 않고 부모 눈치를 살피게 됩니다. 그러다가 부모 의지를 꺾기 어렵다고 생각되면 자기 의지를 접고 부모 생각을 따르게 됩니다. 이런 일이 잦아지면 자녀는 혼자 결정하는 힘을 잃어버리게 됩니다. 스스로 판단하지 못하고 그저 부모 결정에만 의지하게 됩니다. 결국 이런 자녀는 부모 결정을 기다리는 의존적인 사람이 되고 맙니다.

그다음으로는 자녀에게 상처를 주는 일이 됩니다. 사람들은 누구나 자기 욕구가 실현되지 못하면 좌절의 나쁜 기분을 갖게 됩니다. 욕구가 좌절되면 어떤 분들은 어른임에도 불구하고 상대에게 짜증을 부리기도 합니다. 그것도 모자라 그 일을 기억해 두었다가 나중에 다른 유사한 일을 만났을 때, 그 일을 다시 투영하면서 투덜거리거나 비협조적인 태도를 취하기도 합니다. 마음에 상처가 되었기 때문입니다. 마찬가지로 자녀들도 자기 욕구가 실현되지 못하면 마음에 상처를 입게 됩니다.

또 다른 부작용으로는 자녀들이 이중생활을 하게 만든다는 것입니다. 부모가 마음대로 행동하면 자녀는 부모 앞에서는 순종하는 것처럼 합니다. 그러다가 밖에 나가면 전혀 다른 생활을 합니다. 집에서는 부모 말을 잘 듣는 척, 매우 착한 자녀처럼 행동하다가 부모의 영역이 미치지 않는 곳에 이르면 못된 일을 하기도 하고, 심지어 폭력을 행사하기도 합니다. 자녀 문제로 학교에 나오신 부모님 가운데는 이런 말씀을 하시는 분들이 많습니다. "부모로서 부끄러운 이야기입니다만, 우리 아이가 이런 생활을 하는지 몰랐습니다." 부모도 모르는 사이에 자녀들이 이중생활을 해 온 결과입니다.

또 다른 부작용이라면 자녀들이 부모에 대한 원망이나 불평을 가지게 됩니다. 부모에게 심한 반항을 하는 자녀들 가운데는, 부모가 무슨 말을 하면 당장 거부부터 하는 아이들이 있습니다. 부모가 공부를 열심히 하라고 하면 "공부를 꼭 해야 하나요?", "꼭 공부가 밥 먹여 주는 것은 아니잖아요?"와 같은 반응을 보입니다. 무엇을 하라고 하면 "그것을 왜 제가 해야 하지요?"라고 반문하기도 합니다. 이런 일들은 생활하면서 자녀 욕구가 건전하게 해결되지 않아서 일어난 일들이라 할 수 있습니다.

욕구 좌절에서 오는 가장 큰 부작용은 자녀의 근본 욕구가 무엇인지 알 수 없게 된다는 점입니다. 자녀들은 자기 욕구가 부모에게 수용되지 않으면 욕구를 감추기 시작합니다. 자기 욕구를 있는 그대로 드러내지 않고 돌리고 돌려서 표현합니다.

용돈이 필요한 경우, 바로 용돈을 달라고 하지 않고 책을 구입하겠다며 돈을 달라고 하거나, 남을 도와야 한다는 말로 포장하거나 거짓말을 합니다. 그럴듯한 핑계를 대는 것이지요. 어린 아이인 경우, 장난감을 갖고 싶으면 마트에 놀러가자고 하든지, 괜한 일로 짜증을 부리기도 합니다. 욕구좌절은 이렇게 자기 욕구를 감춰두고 해결책을 먼저 말하게 만듭니다. 그러면 결국 당면한 근본 문제를 해결하지 못하고 겉도는 해결책만 건드리게 됩니다. 따라서 부모가 힘으로 자녀 욕구를 억누르면 자녀의 성격 형성에 부정적인 영향을 주게 됩니다.

갈등해결의 두 번째 방법은 자녀의 욕구가 실현되고, 부모의 욕구가 좌절된 경우입니다. 첫 번째 방법과 반대 방법으로 위의 사례에서 만났던 지아네 가정처럼 엄마 욕구가 좌절되고 지아 욕구가 실현된 경우입니다. 부모가 자녀의 뜻에 따라, 자녀가 하자는 대로 들어주는 방법입니다.

요즘에는 이런 방법을 사용하는 가정 수가 점점 늘어나고 있습니다. 자녀가 원하는 것이라면 부모들이 무엇이든 다 들어주는 형태입니다. 그러다 보니 자녀들은 자기들이 원하는 일이라면 투정을 부려서라도 자기 욕구를 채우려고 합니다. 부모들이 이런 방법으로 자녀 욕구를 수용하면 자녀에게 좋을 것이라고 생각합니다. 심지어 자녀들이 당당한 아이로 성장할 줄로 압니다. 또 어떤 분들은 아이가 창의적이고 적극적인 사람이 될 것이라고 생각하기도 합니다. 하지만 과연 그럴까요. 부모의 이런 대응 방법에도 여러 부작용이 따릅니다.

가장 먼저 들 수 있는 것은 자녀가 이기적인 사람이 된다는 것입니다. 아이들이 이런 생활에 익숙하다 보면 부모를 무시하고 자기 생각대로, 자기 마음대로 자기 욕구만 채우려고 합니다. 이들은 세상의 모든 일을 자기중심으로, 자기를 기준으로 생각합니다. 그래서 주변을 생각하지 않고, 무슨 일이든지 자기 원대로 하려고 합니다. 타인의 욕구나 바람을 무시하고, 자기 뜻만 중요하게 여기게 됩니다. 결국 이기적인 사람이 되고 맙니다.

다른 부작용으로는 작은 어려움에도 쉽게 좌절하는 나약한 사람이 된다는 점입니다. 우리들이 알고 있는 것처럼 삶은 좌절과 시련의 연속입니다. 그런데 자기중심적인 아이들은 언제든지 자기 욕구만을 채워왔기 때문에 이런 원리를 잘 모릅니다. 그리고 성장하면서 욕구좌절이라는 어려움을 경험하지 못했습니다. 그래서 어려움을 극복하는 방법이나 극복의지를 배우지 못했습니다. 그런 결과 이들은 자기 욕구가 채워지지 않으면 당장 어려움을 느끼고 힘들어합니다. 작은 시련에도 급격한 좌절을 경험하고, 이런 상황을 벗어나지 못하고 포기하고 마는 연약한 사람이 됩니다.

또 다른 부작용으로는 또래 관계에 문제가 있을 수 있습니다. 이런 아이들은 친구들과 놀 때에도 자기 욕구만 중요하게 여기기 때문에 무슨 일이든지 자기 마음대로 하려고 합니다. 규칙을 정할 때에도 마음대로, 일을 마칠 때에도 자기 마음대로 하려고 합니다. 무슨 놀이를 하다가 지거나 실패하면 못 하겠다고 흩어버리기도 합니다.

이런 아이라면 다른 친구들이 좋아할 리 없습니다. 때문에 이 아이들은 또래 관계에도 문제가 됩니다.

가장 큰 부작용으로는 부모 욕구가 좌절됨으로써, 부모가 허탈감에 빠지게 된다는 점입니다. 무슨 일이든지 자녀 마음대로 하다 보니 부모가 기운을 잃고 맙니다. 그래서 "그래라 그래, 네 마음대로 해라." 하다가 나중에는 부모가 자녀를 거부하는 일까지 벌어지게 됩니다. 그래서 어떤 부모들은 "저 녀석이 얼른 대학에 가서 서로 떨어져 살면 좋겠다." 하거나 "얼른 시집이나 장가를 가면 좋겠다."라는 푸념을 늘어놓기도 합니다.

사례에서 만난 지아네 집만 봐도 그 부작용을 쉽게 알 수 있습니다. 지아는 엄마의 말을 잘 듣지 않습니다. 뿐만 아니라 엄마의 힘겨움에도 아랑곳하지 않습니다. 그저 자기가 하고 싶은 대로 행동합니다. 이런 지아를 어떻게 양육해야 할지 몰라 엄마의 마음은 부글부글 끓고 있습니다.

부모들이 갈등상황을 대처하는 세 번째 방법은 상황에 따라 첫 번째 방법과 두 번째 방법을 적절히 번갈아 사용하는 것입니다. 그때그때마다 융통성 있게 대응하는 것이지요. 또한 아빠는 아빠의 욕구에 따라 문제를 해결하고, 엄마는 자녀의 욕구를 만족시켜주는 방법을 사용합니다. 반대로 아빠는 자녀의 욕구를 채워주고, 엄마는 엄마의 욕구대로 해결하는 방법을 사용하기도 합니다. 이 방법은 얼핏 보기엔 평화로운 해결방법처럼 보입니다. 하지만 이 방법에도 부작용은 많습니다.

우선 욕구가 좌절된 편에서는 언제나 불편한 감정을 갖게 된다는 점입니다. 이런 해결방법이 한두 번이면 괜찮을 수 있습니다. 하지만 이런 일들이 잦다 보면 욕구좌절을 경험한 쪽에서는 늘 불편한 감정을 갖게 됩니다. 그러다 보면 불편한 감정이 차곡차곡 쌓이겠지요. 그러다가 어느 순간 서로 미워하는 단계까지 이르게 됩니다.

또 다른 부작용은 아이들이 부모의 눈치를 보게 된다는 점입니다. 가부장적인 가정의 아이들은 아빠를 무섭게 여기고 주로 엄마에게 말합니다. 반대로 엄마가 집안 주도권을 가진 가정의 자녀들은 주로 아빠에게 의존하게 됩니다.

이처럼 부모가 욕구 대응을 서로 달리하면 자녀들은 부모 양쪽의 눈치를 보게 됩니다. 자녀들은 누가 자기에게 유리한 사람인지 금방 압니다. 그래서 아이들은 자기에게 유리한 쪽을 택하게 됩니다. 따라서 이 방법 역시 좋은 욕구 해결 방법이라 할 수 없습니다.

또 다른 부작용으로는 눈치만 보다가 결론을 내지 못하는 경우입니다. 자녀가 부모 양편 중 어느 한편의 눈치를 보다가 일의 본질을 흐리게 되어 결론을 내지 못한 경우입니다. 따라서 이렇게 양편을 오가면서 욕구를 해결하는 방법도 좋은 방법이라 할 수 없습니다.

지금까지 우리는 가정에서 흔히 볼 수 있는 욕구 해결 양상에 대해 살펴보았습니다. 이를 통해 나의 갈등해결방법을 점검해 보고 그 방법의 부작용에 대해서도 생각해 보면 좋겠습니다. 지금까지 살펴본 갈등해결 방법을 토대로 아래의 상비약 처방을 실습해 보도록 하겠습니다.

선생님이 건네는 마음 처방전

1) 상비약 조제 실습

※ 그동안 생활하면서 자녀와 의견이 맞섰던 기억을 떠올려보겠습니다. 그리고 부모인 내가 선택한 해결 방법을 적어보겠습니다. 또한 그 방법이 어떤 방법이었는지 적어보겠습니다.

① 자녀와 의견이 맞선 일, 하나: _____

   해결방법: _____

   첫 번째(_____), 두 번째(_____), 세 번째(_____)

② 자녀와 의견이 맞선 일, 둘: _____

   해결방법: _____

   첫 번째(_____), 두 번째(_____), 세 번째(_____)

2) 상비약 사용 설명서

약 명	부작용
부모가 이기는 방법	· 자녀에게 상처를 줍니다. · 자녀가 부모의 눈치를 보게 됩니다. · 원한이나 분을 품게 됩니다. · 자녀의 자발적인 의지를 꺾게 만듭니다.
자녀가 이기는 방법	· 부모가 좌절을 경험하게 됩니다. · 부모가 양육의 피로를 느끼게 됩니다. · 자녀가 이기적인 사람이 되기 쉽습니다. · 또래 관계에 문제가 생기기 쉽습니다.
상황에 따라 둘 다 병행	· 자녀가 부모의 눈치를 봅니다. · 자녀가 편 가르기를 하기 쉽습니다. · 결론을 내리지 못하게 됩니다.

3) 주의사항

· 나의 갈등 해결 방법 양상을 생각한 다음, 잘못이 있다면 반성하고 고치도록 노력
  하십시오.
· 자녀와 갈등을 유발한 원인을 살펴서 할 수 있다면 갈등에 이르지 않도록 유의하
  고, 갈등을 효과적으로 해결하는 방법을 익히도록 노력하십시오.

4) 상비약 복용법

① 부모 중심의 욕구 해결 방법은 부작용이 많다는 사실을 기억하시오.
② 자녀 욕구를 들어주는 형태의 욕구 해결 방법에도 부작용이 많다는 사실
   을 기억하시오.
③ '나-전달법'을 사용해도 자녀의 반응이 나의 예상과 다르면 갈등 상황인지
   점검하시오.
④ 자녀의 욕구와 내 욕구가 다르다는 사실을 인정하고 객관적으로 다루도록
   노력하시오.

자녀와
갈등 해결 방법

    우리는 앞에서 두 자녀의 사례를 살펴보았습니다. 하나는 유명 메이커 신발을 신고 싶어 하는 중학교 2학년 현석의 이야기였고, 다른 하나는 엄마의 바람을 무시하고 자기 마음대로 생활하는 지아의 이야기였습니다.

    현석은 자기가 원하는 운동화를 신고 싶었지만 엄마가 반대하면서 그 욕구가 좌절되었습니다. 현석은 엄마가 사준 신발을 신게 되었지만 엄마에게 늘 불만을 가지고 있습니다. 그래서 엄마와 불편한 상태로 지냅니다.

    반대로 지아는 엄마 말을 무시하고 마음대로 생활하고 있습니다. 엄마의 잔소리가 있기는 하지만 그래도 지아는 자기가 하고 싶은 대로 하고 지냅니다. 그러다 보니 엄마의 욕구가 좌절되어 불편을 느낍니다.

    이 두 가정의 이야기를 상기하면서 우리는 앞으로 자녀와 갈

> 등 문제를 어떤 식으로 해결하는 것이 좋을지 한번 생각해 보겠
> 습니다.

우리는 앞에서 자녀 욕구와 내 욕구가 맞서게 되었을 때, 부모들이 대처하는 양상에 대해 알아봤습니다. 욕구갈등을 만났을 때, 앞에서 살펴본 세 유형의 해결 방법으로 정리되면 겉으로 보기에는 문제가 없는 것처럼 보입니다. 하지만 실은 어느 한쪽에서는 불만을 가질 수밖에 없습니다. 갈등이 적절하게 해소되지 않고 누적되면 마음에 부담이나 상처가 됩니다. 그러니 갈등이 벌어질 때 할 수만 있다면 우리는 서로가 모두 만족할 수 있는 방법으로 해결하는 것이 좋을 것입니다. 그래서 여기에서는 기존 해결방법과 조금 다른 서로에게 유익한 방법을 소개하려고 합니다.

이 방법은 교육학자인 존 듀이 박사가 제시하고, 후대에 토마스 고든 박사를 비롯한 여러 사람들이 갈등해결에 도움을 얻고 있습니다. 그 방법은 6단계로 진행됩니다.

먼저 도입과정으로 욕구갈등이 일어나면 갈등 사실을 확인하는 것으로부터 시작합니다. "우리는 지금 ~하고 싶은 욕구가 있구나. 서로 자기 욕구만 말하다 보면 해결이 되지 않고 서로 불편하게 된단다. 엄마 욕구가 무시되면 엄마 기분이 나쁘고, 네 욕구가 좌절되면 네 기분이 나쁠 테니까, 그래서 엄마와 네 욕구 모두 무시되지 않는 방법으로 갈등을 풀어나가면 좋겠구나. 그런 방법을 엄마가 알고 있단다. 그러니 우리가 서로 만족할 만한 방법으로 해결되도록 함께

노력하면 좋겠구나." 이렇게 말하면서 자녀에게 동의를 구합니다. 그러면 도입과정이 완료된 것입니다.

이제 실행 방법을 구체적으로 알아보겠습니다.

처음 단계는 서로의 욕구를 확인하는 것입니다. 서로가 바라는 욕구가 무엇인지 분명히 찾아내는 것입니다. 욕구갈등을 해결하기 위해서는 이 단계가 매우 중요합니다. 왜냐하면 근본 욕구를 알아내면 해결 방법은 비교적 쉽기 때문입니다.

그런데 어려운 점은 이 '욕구확인'이 생각보다 쉽지 않다는 것입니다. 왜냐하면 사람들이 욕구를 말할 때, 욕구를 그대로 드러내지 않고 내면에 감추어 두고, 해결책을 먼저 말하기 때문입니다. 그러면 제시하고 있는 해결책만이 오직 유일한 답처럼 보입니다. 따라서 해결이 어렵게 됩니다.

처음 듣는 분들은 이 말이 무슨 말인지 얼른 다가오지 않을 수 있습니다. 이해를 돕기 위해 앞에서 다루었던 사례를 가지고 설명해 보겠습니다. 자퇴를 원하는 아이들의 이야기입니다. 욕구 점검을 위해 이 아이들에게 "너는 무엇을 원하니?"라고 물어봅니다. 그러면 대부분의 아이들은 '자퇴'라고 대답합니다. 여기에서 아이들이 말하고 있는 자퇴는 욕구가 아니라 해결책입니다. 아이들 대부분은 자기 내면에 실재하는 자기 욕구는 감춰두고 해결책만 말합니다. 반복해서 물어도 마찬가지입니다.

자퇴를 들고 나왔던 아이들의 이야기를 통해 욕구와 해결책을 구분해 보겠습니다. 필자는 자퇴를 원하는 아이들을 만나면 먼저 마음속에 담긴 근본 욕구가 무엇인지 확인하려고 노력합니다. 그런 다음, 아이가 원하는 해결책에 접근하려고 합니다.

대화를 통해 아이들의 근본 욕구를 알아봤더니 어떤 아이는 부모 사랑을 더 받고 싶은 욕구 때문에 자퇴를 원했습니다. 내가 자퇴한다고 하면 부모님이 자기에게 관심과 사랑을 더 가져 줄 것 같아서 그랬다는 것입니다. 또 어떤 아이는 부모에게 고통을 주고 싶어서 자퇴를 결심하기도 했습니다. 자기 일로 부모가 고민하게 만들어 괴로움을 주려고 한 것입니다. 또 어떤 아이는 선생님과 약속을 지킬 수 없어서 자퇴를 들고 나왔습니다. 또 어떤 아이는 친구들과의 불편한 관계 때문에 자퇴를 하겠다고 했습니다.

그래서 필자는 아이들의 이런 욕구들을 파악한 다음, 그 욕구들이 충족되도록 도와주었습니다. 그랬더니 아이들 스스로 알아서 좋은 해결책을 찾아내고 만족하는 것을 봤습니다.

민욱의 사례를 통해 욕구와 해결책 구분을 더 살펴보겠습니다. 초등학교 5학년인 민욱은 아침에 일어나면 학교에 일찍 가야 한다며 투정을 부립니다. 그래서 엄마는 아들이 학교에 일찍 갈 수 있도록 도와주면 이 문제가 해결될 줄 알았습니다. 그래서 "밥을 일찍 해 줄 테니 학교에 일찍 가거라."라고 했습니다. 민욱이 제시한 해결책을 엄마가 그대로 따른 것입니다. 그래도 이상하게 민욱의 불평은 줄어들지 않았습니다. 민욱은 밥을 일찍 먹고도 학교에 늦겠다며 투덜거립니다. 그것만이 아닙니다. 민욱은 학교를 마치고 가야 하는 학원에도 늦게 갑니다. 학원에 갈 때 시간에 맞춰 충분히 갈 수 있는데도 종종 늦습니다. 엄마가 학원에 왜 늦게 가느냐고 물으면 거리가 멀어서 제 시간 안에 갈 수가 없다고 투정을 부립니다. 엄마는 민욱이 원하는 것을 들어 줘도 불만을 표하니 답답하기만 했습니다.

이제 우리는 생각해 보겠습니다. 지금 민욱은 왜 이러고 있는 걸까요? 이유는 민욱의 근본 욕구가 해결되지 않아서 그렇습니다. 엄마는 민욱이 제시한 해결책이 민욱의 욕구인 줄 알고 채워주려고 노력한 것입니다. 그런데 그것은 민욱의 근본 욕구가 아니고 해결책이었던 것입니다. 그러니 민욱의 불평이 사라지지 않고 있는 것입니다. 그러면 민욱의 욕구가 무엇인지 따라가 보겠습니다.

민욱은 1년 전에 자전거를 잃어버렸습니다. 이후로 민욱은 부모님에게 자전거를 다시 사 달라고 하고 싶었습니다. 하지만 잃어버린 자기 실수 때문에 차마 자전거를 사 달라는 말을 하지 못하고 있습니다. 자전거를 타고 싶은 마음은 굴뚝 같은데 상황이 허락치 않은 것입니다. 그래서 민욱은 자전거를 얻고 싶은 근본 욕구를 해결하고 싶어서 "학교에 일찍 가야 한다."라는 말을 하고, 학원에도 종종 늦게 갔습니다. 그러니까 민욱의 근본 욕구는 자전거를 갖는 것입니다. 민욱의 불평은 언제 사라질 수 있을까요? 그렇습니다. 자전거를 갖게 되면 사라질 것입니다. 결국 엄마가 민욱의 근본 욕구를 알고 난 다음, 자전거를 새로 구입해 주면서 민욱의 불평은 사라질 수 있었습니다.

이처럼 해결책과 근본 욕구는 조금 다릅니다. 자녀가 제시한 해결책만 들어주다 보면 에너지만 낭비될 뿐 욕구는 해결되지 않습니다. 그런데 사람들은 본래 욕구를 살피지 않고 그가 제시한 해결책만 가지고 욕구를 해결하려고 합니다. 그래서 문제가 잘 해결되지 않습니다. 따라서 욕구갈등을 만나면 대화를 통해 먼저 근본 욕구(바람)가 무엇인지 선명하게 알아내는 것이 중요합니다.

이렇게 대화를 통해 서로 지닌 욕구가 확인되었으면 이번에는 '해결책 제시'를 하는 단계입니다. 서로 욕구 충족을 위해 가능한 여러 해결책을 말해 보는 것입니다. 앞에서 자퇴를 선택했던 아이들의 욕구를 예로 들어보겠습니다.

어떤 아이는 '부모의 사랑 크기'를 점검해 보고 싶은 마음에서 자퇴를 택했습니다. 이 아이의 욕구를 해결해 주기 위해서는 자녀가 부모 사랑을 느낄 수 있도록 즉, '부모가 나를 진정으로 사랑하고 있구나' 같은 확신을 얻을 수 있도록 도와주면 됩니다. 부모가 자녀에게 진심 어린 편지를 쓴다든지, 아니면 시간을 내서 같이 여행을 하든지, 아니면 아이가 사랑을 느낄 수 있도록 선물을 사 주는 방법과 같은 형태로 도와줘야 합니다. 이러한 여러 해결책 가운데 아이가 원하는 욕구에 따라 적절한 방법을 사용하면 됩니다.

필자가 만났던 아이 중에 어려서부터 부모에게 상처를 많이 받은 아이가 있었습니다. 아이는 무슨 일이 있어도 기어이 자퇴를 하겠다고 고집을 피우고 있었습니다. 상담을 통해 욕구를 확인해 보니, 아이는 부모로부터 받은 상처를 되갚고 싶은 마음이 있었습니다. 부모를 괴롭히고 싶은데, 다른 방법으로는 할 수 없어서 자퇴를 들고 나왔던 것입니다. 그러면 부모가 괴로워할 것 같았기 때문입니다. 아이의 바람처럼 이 일로 부모는 많은 고생을 했습니다.

아이의 욕구를 알았으니 이제 해결방법은 보다 쉬워졌습니다. 필자는 부모에게 부탁드렸습니다. 부모님이 과거에 아이에게 잘못한 일들을 정중히 사과할 것을 부탁드렸습니다. 그리고 부모의 진심 어린 마음을 표현해 주도록 안내했습니다. 표현할 때에는 "미안하다. 엄마가 이런 점은 정말 잘못했어. 미안해 사과할게."라고 말하면서 진심 어린 마음으로 자녀를 안아달라고 부탁했습니다.

부모는 필자의 제안처럼 이런 과정을 실천했습니다. 그 후로 아이는 자퇴에 대한 생각을 접고 학교를 잘 다닐 수 있었습니다. 이처럼 아이의 욕구를 알게 되면 별다른 해결책을 들어주지 않아도 아이는 스스로 좋은 결과에 이르게 됩니다. 가정에서도 마찬가지입니다.

이때 유의할 점은 자녀가 제시한 해결책을 두고 '좋다', '나쁘다', '괜찮다', '옳다' 등과 같은 평가를 해서는 안 된다는 점입니다. 이 단계에서 중요한 것은 평가보다는 다양한 방법을 일단 수용하고 인정해 주는 태도입니다. 심지어 부모가 봤을 때, 전혀 말이 되지 않는 방법일지라도 해결책의 하나로 수용하는 것입니다. 그러면 서로 신뢰가 쌓이게 되어 다양한 해결책들이 제시될 수 있습니다.

이렇게 해결책 제시가 마무리되면 그다음 단계는 '해결책을 평가'하는 과정입니다. 앞에서 미뤄두었던 해결책에 대한 평가를 여기에서 하는 것입니다. 제시된 해결책이 서로 마음에 드는지, 아니면 어느 한 편에게 불편을 주는지, 아니면 모두에게 불만을 주는지 혹은 모두에게 만족을 주는지 평가하는 것입니다. 어떤 점이 좋고 그렇지 않은지, 그리고 앞으로 이를 실행하는 데 어떤 어려움은 없는지, 혹은 방해되는 점은 없는지 하나하나 평가합니다.

이때에도 주의할 점은 제시된 해결책을 두고 비난하거나 빈정, 혹은 무시하는 말을 해서는 안 됩니다. 또한 해결책을 놓고 논리적으로 설득하거나 상대를 제압하려고 해서도 안 됩니다. 더욱이 내가 제시한 해결책이 더 옳다고 우기거나 논리를 사용해서도 안 됩니다.

이렇게 해결책 평가가 끝나면, 이제는 제시된 해결책 가운데 서로 만족할 만한 내용을 '선택'하는 과정을 진행합니다. 서로가 동의하는 해결책만을 남기고, 어느 한 쪽에서라도 동의할 수 없는 해결책은 지워나갑니다. 이렇게 하면 나중에 서로 동의하는 해결책만 남게 됩니다.

이제 해결책이 선택되었으면 다음 단계는 실천에 옮기는 단계입니다. 채택한 해결책을 누가, 언제까지, 무엇을, 어떻게 실천에 옮길 것인지 분명히 말해 두는 것입니다. 그리고 정한 약속이 이행되지 않을 경우, 또한 어떻게 할 것인지 약속해 두는 것입니다.

이제 마지막 단계입니다. 선택한 해결책을 실행해 본 다음, 해결책이 잘 이행되었는지, 평가하는 단계입니다. 평가의 기준은 '실행한 해결책이 약속한 사람 모두에게 만족을 주었는가?'입니다. 그리고 그것이 또 다른 욕구를 만들어 내지는 않았는가? 불만족은 없었는가? 합의해서 도달한 방법이 좋았는가? 등을 따져보는 것입니다. 만약 개선점이 있으면 다시 대화를 통해 더 좋은 합의점에 도달하도록 시도하면 됩니다.

지금까지 설명했던 6단계를 보기 쉽게 순서대로 간단하게 정리해 보면 다음과 같습니다.

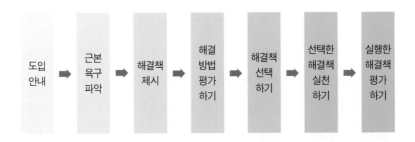

선생님이 건네는 마음 처방전

1) 상비약 조제 실습

※ 욕구 갈등이 일어났을 경우 해결하는 순서를 적어보겠습니다.

해결을 위한 예비 단계: _____

① _____
② _____
③ _____
④ _____
⑤ _____
⑥ _____

2) 상비약 사용 설명서

약 명	효능
욕구갈등 상황 알림	· 욕구해결을 위한 기본입니다. · 욕구해결을 위한 마음의 준비를 하도록 도와줍니다. · 서로 욕구가 존중받는다는 안정감을 줍니다.
기본 욕구 파악	· 좋은 해결책에 도달할 수 있는 시발이 됩니다. · 다양한 해결책을 제시할 수 있도록 도와줍니다.
다양한 해결책 제시	· 욕구해결에 다양한 방법이 있음을 알게 됩니다. · 가장 만족할 만한 해결책을 얻을 수 있도록 도와줍니다.
해결책 평가하기	· 갈등 대상들이 만족할 만한 결과에 이르도록 도와줍니다. · 서로 만족과 불만족을 구분할 수 있습니다.
해결책 선택하기	· 최고의 해결책을 얻을 수 있습니다. · 서로 만족할 수 있습니다.
해결책 실천하기	· 만족한 가운데 실천할 수 있습니다. · 예상 밖의 불편을 찾아 낼 수 있습니다.

3) 주의사항

> · 욕구 갈등이 발생하면 이 순서와 방법에 따라 실천하려고 노력하십시오. 주의해
> 야 할 점은 해결과정에서 서로의 감정이 상하지 않아야 좋은 결과에 이른다는 것
> 입니다.

4) 상비약 복용법

① 생활에서 욕구 갈등이 수시로 일어난다는 점을 생각하셔야 합니다.

② 욕구 갈등 앞에서 자신감을 가지십시오.

③ 욕구 갈등은 크든 작든 상관없이 제대로 해결되지 않으면 불만을 가지게
되다는 사실을 명심하십시오.

④ 욕구 갈등이 일어나면 이런 방법으로 해결할 수 있다는 사실을 알고 실천
하십시오.

갈등 해결의
실제

　필자가 근무하고 있는 학교에서는 매년 2학기 기말고사가 끝나면 축제를 합니다. 축제 준비는 전통적으로 학생회와 학급에서 자체적으로 합니다. 축제 기간이 다가오면 아이들은 기말고사 전부터 학급별로 어떻게 참여할 것인가에 대한 계획을 세웁니다. 그러다가 기말고사가 끝나면 본격적으로 축제준비를 합니다.

　축제일 오전에는 학급 단위로 행사를 하는데, 학급 특색에 맞게 학급 작품 발표, 특별활동 보고, 음식물 만들기, 분장하기 등 다양한 활동을 하고, 오후가 되면 전교생이 운동장이나 체육관에 모여 교과별 동아리 활동 보고회, 직업체험 보고회 등과 같은 행사를 합니다.

　저녁에는 오디션을 거쳐 선발된 학생들이 장기자랑, 음악, 댄스, 패션쇼 같은 오락프로그램을 진행합니다. 이때에는 다른 학교 학생들이 찾아오기도 합니다. 그래서 여러 학교 학생들과 함께 어울려 축제를 즐기게 됩니다.

우리는 앞에서 갈등해결 방법을 구체적으로 알아봤습니다. 여기에서는 이 6단계가 실제 갈등상황에서 어떻게 적용되는지 그 실제 과정을 보여드리려고 합니다. 내용은 학급에서 축제를 준비하면서 있었던 일을 가지고 설명하려고 합니다.

축제 준비를 의논하던 중 학급 아이들은 의견이 서로 달라 갈등이 생겼습니다. 반장인 지인의 의견과 부반장인 여경의 의견이 서로 달라 대립되면서 갈등을 겪게 되었습니다.

반장인 지인은 학급 행사로 영화를 보여주는 시네마 카페를 만들자 하고, 부반장 여경은 학급을 포장마차처럼 꾸며서 각종 음식을 마련해 팔자고 한 것입니다. 학급 아이들도 반장 의견과 부반장 의견에 따라 두 편으로 나뉘게 되었습니다.

영화를 좋아하는 아이들은 시네마 카페를 만들자고 하고, 요리를 좋아하는 아이들은 부침개나 떡볶이, 전 등을 만들고, 커피나 음료를 준비해서 친구들을 초대하자며 학급포장마차를 선호했습니다. 각자의 주장이 강하다 보니 아이들 간에 서로 얼굴을 붉히는 상황까지 이르게 되었습니다. 어느 한쪽의 의견을 따르자니, 나머지 다른 아이들이 서운해하고, 다른 편 의견을 수용하자면 또 다른 편 아이들이 불편하게 생겼습니다.

이렇게 학급에서 의견이 서로 나뉘면 일반적으로 다수결 방법을 채택합니다. 일의 신속성, 아니면 명확성, 추진의 편리성 때문에, 혹은 다수 의견을 옳은 것이라 여기고 이런 방법을 선호합니다. 하지만 이런 방법은 우리가 앞에서 다루었던 6단계 해결 방법보다 못한 방법입니다.

왜냐하면 다수 의견에 속한 사람은 자기가 옳은 것으로 알고 소수 의견을 낸 사람들을 무시하는 일이 벌어지기도 하기 때문입니다. 반대로 자기 주장이 수용되지 못한 사람들은 틀린 말이 아닌데도 의견이 채택되지 않았다는 이유로 불편한 마음을 가지기도 합니다. 그러면 이들은 자기 의견이 무시되었다는 이유로 일에 소극적이거나 부정적으로 참여하게 됩니다. 때로는 결정된 일에 비협조적이거나 부정적인 말을 해서 분쟁의 원인을 제공하기도 합니다. 소수 의견을 제시한 사람들의 욕구가 강하면 강할수록 이런 현상은 더 심하게 나타납니다.

따라서 우리가 앞에서 만난 갈등 해결 방법은 이런 부작용을 줄여줍니다. 또한 서로 만족하는 가운데 행사가 잘 진행되도록 도와주는 방법이기도 합니다. 그러면 갈등을 해결해 가는 과정을 들여다보면 이렇습니다.

1단계, 문제 정의하기.
2단계, 문제 해결 가능한 방법 생각하고 제시하기.
3단계, 제시된 해결 방법 평가하기.
4단계, 최상의 해결 방법 선정하기.
5단계, 선정된 방법 실천하기.
6단계, 실천 후 평가하기.

우선 참가 학생들에게 양 편의 욕구가 서로 다르다는 사실을 언급한 다음 서로의 욕구가 모두 좌절되지 않는 방법으로 해결하자고 제안하면서 시작합니다. 그 진행 순서는 이렇습니다.

· 1단계 '문제 정의하기'

여기서는 먼저 서로가 지닌 욕구가 무엇인지 파악하는 단계입니다. 지금 아이들이 만나고 있는 갈등 상황을 보면 반장은 시네마카페를 하자고 주장하고, 부반장은 포장마차를 주장합니다.

이 문제를 해결하기 위해서는 먼저 이들이 제안한 안들이 해결책인지, 아니면 단순히 근본 욕구를 말하는 안들인지, 구분할 필요가 있습니다. 먼저 제시된 해결책에는 무슨 욕구가 담겨 있어서 이런 해결책을 제시하게 되었는지 살펴보겠습니다.

욕구갈등을 겪고 있는 당사자들끼리 그들의 내면 욕구가 잘 드러나도록 대화에 신경을 써야 합니다. 앞에서 배웠던 나-전달법 I-Messages을 사용하여 '나를 중심으로 하는 말', "나는 ~을 하고 싶다." 또는 "내 생각은 ~해."처럼 말하는 것입니다.

그리고 본래 욕구를 확인하기 위해서는 먼저 나의 욕구가 무엇인지 점검하는 것이 좋습니다. 그러기 위해서는 '이것이 나에게 무엇을 만족시켜 주는가?'에 대한 답을 해 보는 것이 좋습니다. 이 과정을 거치고 나면 나의 진정한 욕구가 무엇인지 아는 데 도움이 됩니다.

우선 반장에게 시네마 카페를 하려고 한 욕구에 대해 물어보는 것입니다. "이것을 하는 것이 너의 어떤 욕구를 만족시켜 주는지 말해 보면 좋겠구나." 그랬더니 반장은 이렇게 대답했습니다.

"시간 절약을 할 수 있어 기말고사 준비를 잘할 수 있습니다."
"공부가 아닌 일에 에너지를 낭비하지 않아도 됩니다."
"저와 친구들이 보고 싶은 영화를 볼 수 있습니다."
"요즘 재미있고 인기 있는 영화가 무엇인지 알 수 있습니다."

"영화에 관심 없는 친구들에게도 관심을 가질 수 있게 도와줍니다."

"다른 반에서 생각하고 있지 않은 독특한 프로그램입니다."

부반장에게도 같은 질문을 했습니다. 그랬더니,

"매우 활동적인 축제를 즐길 수 있습니다."

"우선 축제에 소외되거나 제외되는 학생 없이
여러 친구들이 참여할 수 있습니다."

"다양한 먹거리 제공은 관심과 흥미를 끌기에 충분해
모두에게 만족을 줄 수 있습니다."

"돈도 더 많이 벌 수 있습니다."

"요리하는 사람은 요리, 음악을 고르는 사람은 음악을,
흥미롭게 소개할 수 있는 안내판 제작 등을 통해
각자의 재능을 나타낼 기회로 삼을 수 있습니다."

"떡볶이, 김밥, 토스트, 커피, 우유 등 음식 종류를 다양하게 하면
많은 학생들이 참여할 수 있습니다."

이런 과정을 거치면 반장과 부반장의 근본 욕구가 무엇인지 알 수 있습니다.

· 2단계 문제해결 방법 제시하기

욕구 확인 과정을 마치면 다음, 2단계 '문제 해결 가능한 방법 생각하기' 순서입니다. 이제 각자 서로 만족할 만한 방법 혹은 해결책을 생각해서 서로 만족할 만한 방법을 제시하는 단계입니다.

여기에서 주의할 점은 제시된 사안에 대해 타당성을 따지지 않고, 옳고 그른가에 대한 평가나 판단을 하지 않는 것입니다. 그리고 번거롭더라도 가급적 구성원 전체가 참여해서 자기 생각을 충분히 말하도록 돕는 것이 좋습니다. 아이들이 제시한 해결책으로는

"서로 의견이 다르니까 행사를 하지 맙시다."

"다수결 원칙에 따라 지지가 많은 의견을 따르도록 하면 좋겠습니다."

"교실을 반으로 나눠 한 편에서는 영화부스를 마련하고,

한 편에서는 음식을 마련하는 것이 좋겠습니다."

"영화와 음식을 마련하되 음식 종류를 두세 가지만 하면 좋겠습니다."

"영화부스만 마련해도 좋겠습니다."

"기말고사 준비를 해야 하니까 간단한 것으로 합시다."

이렇게 말을 마치고 나니까, 더 이상 다른 해결책을 제시하는 사람이 없었습니다. 그래서 여기에서 마무리하게 되었습니다.

· 3단계 평가하기

여기는 '해결방법 평가하기' 단계입니다. 이 단계에서는 양편의 욕구를 방해하는 해결책들을 지워나갑니다. 서로 만족시켜 주는 해결책은 그대로 두고, 욕구를 저해하는 해결책들만 지워나갑니다. 이때에 교사(부모)가 참여해서 이들의 평가를 도와주어도 좋습니다. 그러면 제시된 해결방법을 평가해 보겠습니다.

1. 서로 의견이 다르니까 행사를 하지 맙시다.	
〈긍정적인 면〉	〈부정적인 면〉
· 아무것도 하지 않아서 편해서 좋음. · 서로 불편한 감정을 갖지 않아도 됨.	· 축제의 의미와 가치 상실. · 재미가 없다.
· 선택여부: 선택( ) 버림(○)	

2. 다수결 원칙에 따라 지지가 많은 의견을 따르도록 하면 좋겠습니다.	
〈긍정적인 면〉	〈부정적인 면〉
· 다수 의결이라는 일반적인 원칙에 따름. · 얼른 결정할 수 있음. · 회의를 쉽게 마칠 수 있음.	· 원치 않은 사람도 억지로 참여해야 함. · 모두가 원하는 방법이 아님. · 서로의 욕구를 충족하지 못함. · 수수방관자가 생김.
· 선택여부: 선택( ) 버림(○)	

3. 교실을 반으로 나눠 한편에서는 영화부스를 마련하고, 한편에서는 다양한 음식을 마련하는 것이 좋겠습니다.	
〈긍정적인 면〉	〈부정적인 면〉
· 양편에서 하고 싶은 일이어서 모두의 욕구 를 만족시킬 수 있다. · 축제에서 소외되는 학생이 없이 대부분 학 생들이 참여할 수 있다.	· 행사가 다양해서 구심점이 없을 수 있다. · 준비물들이 너무 많을 수 있다. · 교실 안이 복잡하다. · 준비하는 데 많은 시간이 필요하다.
· 선택여부: 선택(○) 버림( )	

4. 영화와 음식을 마련하되 음식 종류를 두세 가지만 하면 좋겠습니다.	
〈긍정적인 면〉	〈부정적인 면〉
· 양편에서 하고 싶은 일이어서 모두의 욕구 를 만족시킬 수 있다. · 축제에서 소외되는 학생이 없이 대부분 학 생들이 참여할 수 있다. · 음식이 제한적이므로 혼란스럽지 않다. · 준비시간을 절약할 수 있다.	· 한 가지 일이 아니어서 학급 힘이 분산되기 쉽다. · 다양한 음식을 마련할 수 없다. · 돈을 많이 벌 수 없다.
· 선택여부: 선택(○) 버림( )	

5. 영화부스만 마련해서 해도 좋겠습니다.	
〈긍정적인 면〉	〈부정적인 면〉
· 축제 준비시간을 절약할 수 있다. · 간편해서 좋다. · 반 행사의 특징을 분명히 살릴 수 있다.	· 몇몇 학생들만 참여할 수 있다. · 모두가 함께 참여하는 축제의 의미가 줄어든다. · 방관자가 많이 발생한다.
· 선택여부: 선택(　)　　버림(○)	

6. 기말고사 준비를 위해 간단한 것으로 합시다.	
〈긍정적인 면〉	〈부정적인 면〉
· 기말고사 준비를 잘 할 수 있어서 좋다. · 간편해서 좋다. · 반 행사의 특징을 분명히 살릴 수 있다.	· 몇몇 학생들만 참여할 수 있다. · 모두가 함께 참여하는 축제의 의미가 줄어든다. · 방관자가 많이 발생한다.
· 선택여부: 선택(　)　　버림(○)	

· 4단계 문제해결 방법 선택하기

이제 양측의 욕구를 저해하는 해결책들은 모두 사라졌습니다. 남겨진 해결책 가운데서 서로 만족하는 해결책을 선택하기만 하면 됩니다. 여기에서 학생들은 4번 해결책을 선택했습니다. 그런 다음, 이것이 아이들 모두에게 만족을 주는 해결책인지 물어보았습니다. 그러자 아이들은 모두 만족한다고 했습니다. 해결책이 선택되었으니, 이제 다음 단계를 진행합니다.

· 5단계 선정된 방법 실천하기

여기는 선정한 방법을 구체적으로 누가, 언제까지, 어떻게 실천할 것인지에 대해 이야기하는 단계입니다. 학급에서는 학급축제 테마를 '영화가 있는 카페'로 정하게 되었습니다. 이후에 진행하게 될 일은 시네마 부분은 반장이 책임자가 되고, 먹거리 준비는 부반장이 중심이 되어 담당자를 정해서 기말고사가 끝나면 구체적인 준비를 하기로 마무리하게 되었습니다.

· 6단계 실천 후 평가하기

여기는 일을 실행한 다음, 처음 우리들이 생각했던 결과에 도달했는가를 확인하는 단계입니다. 따라서 서로가 원했던 욕구가 얼마나 충족되었는가를 평가하는 과정입니다. 그러기 위해서는 불만을 가진 사람이 있었는가? 혹은 이 행사에 불참한 사람이 있었는가? 또는 방관하는 사람은 있었는가? 등을 점검해 보고 이러한 결정이 우리에게 어떤 좋은 결과에 이르게 했는가? 등을 확인하는 것이 좋습니다.

이런 일련의 과정을 거쳐서 아이들은 모두가 즐겁게 참여하는 유쾌한 축제를 치를 수 있었습니다. 가정에서도 마찬가지입니다. 생활 속에서 우리 자녀들은 자신들이 바라는 욕구가 채워지면, 그것이 곧 에너지가 되어 자신감을 얻게 됩니다. 부모들이 이러한 방법을 배우고 알아서 생활에 적극 활용하면 자녀들에게 큰 에너지가 될 것이라고 확신합니다. 지혜로운 부모들의 적극적인 이해와 활용이 있기를 기대합니다.

1) 상비약 조제 실습

① 갈등 상황에서 해결 방법 도입 전에 해야 할 작업은 무엇인가요?

_____

_____

② 갈등 상황에서 해결의 실마리가 되는 것은 무엇인가요?

_____

_____

③ 갈등 당사자가 해결책을 제시할 때에 유의해야 할 점은 무엇인가요?

_____

_____

2) 상비약 사용 설명서

약명	효능
갈등 해결법 제시	· 갈등을 편안하게 해결할 수 있는 좋은 방법을 알게 됩니다. · 자녀에게 갈등 해소 방법을 교육하게 됩니다.
기본 욕구 파악	· 문제 해결은 욕구 파악에서부터 시작된다는 것을 알게 됩니다. · 욕구를 알게 되면 해결 방법이 여럿 존재한다는 사실을 알게 됩니다.
좋은 해결책 선택	· 갈등의 해결 방법을 알게 됩니다. · 서로 만족할 만한 결과가 어떤 것이라는 사실을 알게 됩니다.

3) 주의사항

> · 상기 갈등 해결 방법을 적용할 때에 자녀에게 면박이나 비난을 사용해서는 안 됩니다.

4) 상비약 복용법

① 갈등 상황이 되면 좋은 해결 방법이 있다는 사실을 아는 것이 중요합니다.

② 자녀의 행동이나 말을 존중하면서 합리적으로 해결하려고 다짐하십시오.

③ 갈등 상황에서 지혜로운 해결 방법이 관계를 더욱 돈독하게 만들어 준다는 사실을 기억하십시오.

④ 이런 해결 방법은 자녀를 합리적이고 지혜로운 사람으로 성장하도록 도울 것입니다.

자녀를 돕는
방법의 실제

어느 날, 고등학생인 딸아이가 집에 돌아와서는 학교에서 있었던 불편한 일을 말합니다.

"엄마, 친구 나영이가 내 남자친구 이야기를 다른 친구들에게 말하고 다녀 기분이 나빠요."

"나영이가 네 남자친구 이야기를? 그 아이가 네 남자친구를 어떻게 알아?"

"몇 달 전에 나영이와 친하게 지낸 적이 있었거든요. 그때 남자친구 이야기를 조금 했던 것 같아요."

"네가 나영이에게 남자친구에 대한 무슨 얘기를 했기에 그래?"

"나영이가 '남자친구 있느냐?'라고 물어봐서 그냥 남자친구가 있다는 얘기만 한 것 같은데~"

"남자친구 있는 것이 왜? 그것이 잘못된 거야?"

"아니, 남자친구 있다고 말한 것은 괜찮은데, 나영이가 이런저

런 이야기를 덧붙였나 봐요. 그래서 마치 내가 이성교제를 문란하
게 하고 다닌 것처럼 말하고 다니거든요. 그래서 속상해요."

집에 돌아온 자녀가 학교에서 친구와 있었던 불편한 일을 말합니다. 이야기를 듣고 보니 부모도 당장 속이 상합니다. 그렇다고 고등학생이 된 아이의 일을, 그것도 이성교제에 관한 일을 부모가 나서서 참견하기도 어색한 일입니다. 그래도 부모로서 힘들어하는 자녀에게 어떤 도움을 주고, 무슨 조언이라도 해줘야 할 것 같습니다. 하지만 그 대처 방법이 얼른 떠오르지 않습니다.

내가 이런 상황을 만났다면 부모로서 자녀에게 어떤 도움을, 어떤 조언을 할 수 있을까요? 잠시 시간을 드릴 테니 그 방법이나 말들을 떠올려 보길 바랍니다.

떠올려 보셨나요? 좋은 생각이 마련되었는지 모르겠습니다. 자녀에게 어떤 말들을 해 주면 좋을까요? 필자가 설명을 위해 예상되는 말들을 적어봤습니다. 독자께서 생각해 둔 말을 포함해서 어떤 말들이 자녀에게 도움이 될 수 있는지 아래에서 골라 보시길 바랍니다.

1. 너도 그 친구의 못된 점을 다른 친구들에게 말하고 다니지 그러니?
2. 그 친구가 지적한 말에 대해 다른 친구들에게 적극 해명하면 어때?
3. 네가 그 친구를 직접 만나 그러지 말라고 강하게 말하면 좋겠구나.
4. 엄마가 나영을 만나서 그러지 말아 달라고 말해 볼까?
5. 우선 둘이 만나 그렇게 말한 사실과 이유를 물으면 좋겠구나. 그 다음에 그로 인해 네가 느낀 불편한 감정을 말하면 좋겠구나.

아무리 머릿속을 뒤지고 생각을 가다듬어 봐도 이런 유의 말 외에 딱히 도움이 될 만한 좋은 방안이 떠오르지 않을 것입니다. 아이가 겪은 불편한 일이라서 어떤 말을 선택하더라도 크게 도움이 될 것 같지도 않게 느껴지기 때문입니다.

가장 좋은 방법은 아이가 아이들의 수준에 맞게 좋은 방법을 찾아서, 혼자 힘으로 해결하는 것이 최상입니다. 하지만 자녀가 스스로 해결하지 못하고 고민하면서 부모에게 도움을 구하고 나서면 난감할 일입니다. 이런 경우, 부모가 어떻게 도움을 줘야 하는지 생각해 보겠습니다. 그러기 위해서는 우선 제시된 조언들의 장단점들을 살펴보면 좋겠습니다.

먼저 첫 번째, "너도 그 친구의 못된 점을 다른 친구들에게 말하고 다니지 그러니?"입니다. 이런 일을 만나면 고민 없이 그냥 얼른 떠올릴 수 있는 말입니다. 매우 단순하고 간단한 방법입니다. 친구 비난으로 자녀가 불편하게 되었으니, 똑같은 방법으로 되갚는 방법이라 할 수 있습니다. 얼른 보기에는 이 방법이 불편한 마음을 있는 그대로 표현하는 일이라 쉬운 방법처럼 보입니다. 하지만 여기에는 몇 가지 문제점이 있습니다.

이 불편이 해소되려면 나영이가 그런 행동을 하지 않아야 합니다. 그런데 나영을 비난하고 다니면, 나영은 또 다른 일을 들어 자녀를 비난하고 다닐 가능성이 있습니다. 이런 일은 무엇보다 친구 관계를 악화되게 만듭니다. 그러므로 좋은 방법이라고 할 수 없습니다.

두 번째, "그 친구가 지적한 말에 대해 다른 친구들에게 적극 해명하면 어때?"입니다. 이 방법은 얼른 보면 1번보다 더 좋은 대처 방법처럼 보입니다. 하지만 여기에도 문제가 있습니다.

자녀의 이야기를 해명하기 위해서는 내 이야기를 알고 있는 학급 친구 한 사람 한 사람에게 다가가 설명을 해야 합니다. 아니면 모든 친구들이 있는 데서 공개적으로 자기 일을 설명해야 합니다. 그러면 이 일을 알고 있는 친구들에게는 좋은 방법이 될 수 있지만 모르는 친구들에게는 도리어 불편한 관심을 유발하게 됩니다. 그러면 처음보다 일이 더 커질 수도 있습니다.

그래서 만일 이를 설명하려면 이 내용을 알고 있는 친구들을 알아내서 선택적으로 해야 합니다. 그러기 위해서는 이 내용을 알고 있는 친구들을 가려내야 합니다. 그런데 이 일 자체가 쉽지 않습니다. 뿐만 아니라 설명하는 일도 쉽지 않습니다. 따라서 이런 방법은 거의 불가능한 해결법이라 할 수 있습니다.

세 번째, "네가 그 친구를 직접 만나서 그러지 말라고 강하게 말하면 좋겠구나."입니다. 이 방법은 앞에서 든 예보다 좋은 방법이라 할 수 있습니다. 하지만 여기에는 선행조건이 있어야 합니다. 딸에게 그렇게 말할 자신과 용기가 있어야 합니다. 말을 하더라도 강한 어조로 밀어붙일 수 있어야 합니다. 만일 딸의 힘이 친구와 동등하거나 더 약할 경우, 오히려 딸만 더 초라해질 가능성이 있습니다. 따라서 이 방법도 안전한 방법이라고 볼 수 없겠지요.

네 번째, "엄마가 나영을 만나 그러지 말라고 부탁해 볼까?"입니다. 이 방법은 말 그대로 어른이 아이들 일에 개입하는 방식입니다. 요즘 아이들은 어른이나 부모가 말한다고 해서 고분고분 따르지만은 않습니다. 부모가 나서서 말하다가 자칫 잘못하면 나영이가 엄마에게 대드는 불편한 상황이 벌어질 수 있습니다. 요즘 아이들은 예전과 같지 않습니다. 어른들이 나서서 부탁한다고 해서 수용하거나 인정하지 않습니다. 나영으로부터 "딸 교육이나 잘 시키세요."라는 말을 듣기 십상입니다. 설령 부모가 나서서 화해할 수 있도록 도와준다고 해도 본인들이 느끼는 감정이나 언어에는 미묘한 차이가 있어서, 여전히 불편한 씨앗을 안고 있습니다. 그래서 권장하고 싶지 않은 방법입니다.

다섯 번째, "우선 둘이 만나 그렇게 말한 사실과 이유를 물으면 좋겠구나. 그 다음, 이로 인해 네가 갖게 된 불편한 감정을 말하면 좋겠구나. 친구와 둘 사이의 문제이니 문제의 당사자를 직접 만나는 것이 좋겠다고 생각되는구나."입니다. 이 방법이 문제 해결의 가장 좋은 방법이라고 할 수 있습니다.

우선 이 문제는 딸아이와 친구 사이의 일입니다. 문제의 당사자는 딸이니 딸이 직접 나서서 해결하는 것이 좋습니다. 딸이 나영이를 직접 만나 그렇게 된 사정을 들어볼 필요가 있습니다. 그런 다음 친구가 말한 사정을 어느 정도 이해하는 것이 좋습니다. 딸이 겪은 불편한 감정을 '나-전달법'으로 말하도록 하는 것입니다.

딸의 불편한 감정을 나영이 알게 되면, 둘이 있는 상태에서 나영역시 딸의 불편한 마음을 헤아릴 수 있는 시간이 될 것입니다. 이런방법을 실천하기 위해서는 나름대로 요령이 필요합니다. 나영을 만나 무턱대고 따지듯이 말하면 오히려 반대 효과가 날 수 있습니다. 다음 안내 방법을 따라 시도해 보면 많은 도움이 될 것입니다.

① 시간과 공간 정하기

나영과 대화를 시도하기 위해서는 이야기를 할 만한 시간과 공간을 미리 생각해 두는 것이 좋습니다. 먼저 그 친구와 대화를 잘할 수 있는 날과 시간을 정하는 것입니다. 언제, 몇 시에 만나는 것이 좋을지, 시간으로 하면 하루 중 아침, 아니면 점심시간, 혹은 저녁시간, 아니면 야간자율학습을 마친 시간 중 언제가 좋은지를 생각해 두는 것입니다.

그다음 만날 장소를 생각하면 좋습니다. 학교 나무 밑, 혹은 매점, 휴게실, 학교벤치 등을 생각하는 것입니다. 친구의 시간을 고려해서 날과 시간, 장소를 복수로 생각해 두면 좋습니다. 이런 준비 작업이 완료되면 친구에게 대화를 나누고 싶다는 의사를 전달합니다. 정해진 시간과 장소에서 대화가 가능하겠느냐고 묻고, 가능하다면 서로 만날 수 있는 약속을 합니다.

② 마음을 가라앉히고 침착하기

만날 장소와 시간이 정해졌으면 대화를 위한 마음의 준비를 합니다. 지금 딸은 친구의 뒷담화로 감정이 불편해졌습니다. 때문에 주의가 필요합니다. 감정이 불편한 상태에서 친구와 대화를 나누다 보면 자칫 언쟁으로 변질될 가능성이 있습니다. 따라서 될 수 있는 대로 마음을 진정시키고 침착함이 유지되도록 마음먹는 것이 좋습니다. 만일 마음 상태가 진정되지 않으면, 자신이 더 차분해지도록 노력하든지, 아니면 더 많은 시간을 갖고 안정되도록 노력해야 합니다.

그런 다음 중요한 것은 용기를 가지는 것입니다. 나약한 마음으로 사정하듯이 말하려고 하면 해야 할 말을 자신 있게 할 수 없습니다. 그러지 않으면 내가 하려는 의도와 다른 말을 할 수 있습니다. 따라서 반드시 용기를 가지고 내가 하고 싶은 말을 당당하게 하도록 해야 합니다.

③ 상대의 행동이나 말을 비난하거나 꾸중하지 않기

딸은 친구의 언짢은 행동으로 인해 감정이 상한 상태입니다. 따라서 친구를 만나면 당장 친구의 부당한 행동을 따지고 싶거나 아니면 비난하기 쉽습니다. 혹은 꾸중하거나 다그칠 수도 있습니다. 하지만 그래서는 안 됩니다. 친구와 싸우거나 혹은 원수 사이로 지내고 싶지 않으면, 그런 일은 삼가야 합니다. 더욱이 이런 일로 관계를 훼손하면 이런 시도를 하지 않는 것만 못할 수도 있습니다. 때문에 이것을 지키도록 노력해야 합니다.

사람들은 누구든지 남에게 비난받는 일을 싫어합니다. 마찬가지로 친구 또한 그 행위의 옳고 그름을 떠나 비난받는 것을 원치 않습니다. 따라서 문제의 건전한 해결을 위해서는 친구의 감정을 불편하게 만들어서는 곤란합니다. 그래서 친구의 행동이나 태도에 대해 비난하거나, 꾸중하지 않아야 한다는 마음을 가지는 것이 매우 중요합니다.

④ 상황 파악을 위한 물음

다음으로 그 일에 대한 정확한 정보를 얻는 것이 필요합니다. 나영이 이렇게 말하고 다닌 전후 사정을 물어보는 것입니다. 이때 중요한 것은 "너 왜 그런 일을 했니?"처럼 추궁하는 말이어서는 안 됩니다. 단순히 '나-전달법'으로 내 감정 상태를 말하는 것입니다.

그 다음으로 주의해야 할 점은 나영이 말하는 가운데 부당한 내용이 나오더라도, 그것을 지적하거나 설명하려고 해서는 안 됩니다. 할 수만 있다면 나영의 말을 가급적 끝까지 잘 들어주는 것입니다.

이 과정에서 사람들이 실수하기 쉬운 것은 상대의 말을 듣다가 자기 생각과 다르거나 부당한 내용이 나오면 금방 반박하거나 설명하려 든다는 점입니다. 그러면 이야기의 방향이 자칫 내 의도와 다른 곳으로 가버릴 수 있습니다. 대화가 다른 곳으로 흐르게 되면 궁극적으로 그 일에 대한 본질적인 정보를 얻는 데 실패하게 됩니다.

이런 마음 자세를 유지했다면 이제 '나-전달법'으로 "나는 네가 내 이야기를 친구들에게 말하게 된 이유를 알고 싶어.", "그 일을 네가 왜 그렇게 이해하게 되었는지 알고 싶어.", "그것을 누구누구에게 말했는지 알고 싶어."처럼 말하면 됩니다. 그러면 그렇게 된 사정을 어느 정도 파악할 수 있게 됩니다.

⑤ 친구 이야기 들어주기

만일 대화하는 가운데 친구가 이렇게 대답할 수도 있습니다. "나도 그렇게 말할 수밖에 없었어." 혹은 "나는 그렇게 이해해서 그랬어." 이런 말을 하면 듣는 사람 입장에선 이렇게 반응해 주는 것이 좋습니다. "네가 그렇게 이해해서 그랬구나." 앞에서 다루었던 '공감하기'를 실천하는 것입니다. 하고 싶은 말이 있으면 '공감하기'를 한 다음에 "네가 그렇게 이해해서 그랬겠지만, 나는 그런 말을 듣고 너무 속상했어."와 같이 딸(내가)이 하고 싶은 말을 하는 것이 좋습니다. 친구의 입장을 어느 정도 이해하면서 내 생각을 말해야 대화를 충분히 할 수 있기 때문입니다. 이렇게 하면 내 생각을 잘 전달할 수 있을 뿐만 아니라, 좋은 해결점을 찾을 수 있습니다.

⑥ 내 감정 말하기

위의 과정을 통해 일이 벌어진 내막을 파악했다면 이제는 그것으로 가지게 되었던 내 불편한 감정을 말하는 것입니다. 그러니까 친구의 그런 행동으로 인해 얻게 된 내 불편한 감정을 말하는 것입니다. "네가 ~한(사실을 구체적으로 표현한 말) 말을 듣고, 매우 속상했다.", "내 비밀을 ~하게 말해서 기분이 나빴어.", "그런 말을 다른 친구에게서 들으니까 기분이 더 상했다." 등과 같이 구체적으로 말하는 것입니다.

여기에서도 주의할 점은 역시, 상대방에게 따지거나 책임을 전가하는 말을 해서는 안 된다는 것입니다. "네가 이렇게 할 수 있어?" 혹은 "네가 어떻게 그런 부당한 말을 할 수 있니?" 등의 말을 해서는 곤란합니다. 그런 말은 상대의 마음을 불편하거나 상하게 만들어 대화를 할 수 없게 만들기 때문입니다. 아니면 또 다른 다툼을 유발할 수 있는 단서가 되기도 해서 좋은 방법이라 할 수 없습니다. 따라서 내가 느낀 감정을 충분히 말한 다음에 친구의 생각을 듣는 것이 좋습니다.

자녀를 양육하다 보면 자녀가 만난 어려움으로 인해 부모가 종종 곤란해지기도 합니다. 그러면 부모들은 대개 어떤 도움을 주어야 할지, 아니면 모른 체해야 할지 고민하게 됩니다. 이럴 때에 여기에서 안내한 방법으로 해결점을 찾을 수 있도록 도와주면 많은 도움이 됩니다. 부모가 이런 방법을 숙지하고 안내하면 자녀는 자신이 맞닥뜨리는 어려움을 보다 현명한 방법으로 해결할 수 있으리라고 생각합니다. 이를 위한 훈련을 아래 내용을 통해 다시 한번 숙지해 보겠습니다.

1) 상비약 조제 실습

※ 다음의 상황을 보고 평상시 내가 할 수 있는 말을 써 보기 바랍니다.

상황 ① 남자 친구와 헤어졌어요.
반응하는 말: _____

상황 ② 남자 친구와 여행을 가기로 했어요.
반응하는 말: _____

상황 ③ 그 친구를 때려 죽이고 싶어요
반응하는 말: _____

2) 상비약 사용 설명서

약 명	부작용
행동 수용	· 수용하지 않으면 자녀는 대화를 하지 않습니다. · 수용하지 않으면 부모와 자녀 간 신뢰가 무너집니다.
'너 - 전달법'	· 상대의 기분을 상하게 합니다. · 대화를 할 수 없게 만듭니다. · 핑계거리를 만들어 냅니다.
부모의 간섭	· 자녀의 자립심을 훼손하게 됩니다. · 자녀의 문제 해결 능력을 떨어뜨립니다.

3) 주의사항

· 평상시 '나 - 전달법'을 상용화하십시오.
· 자녀의 행동을 가급적 전적으로 수용하십시오.
· 자녀의 불편한 행동을 비난하거나 판단, 평가하지 마십시오.

4) 상비약 복용법

① 부모가 나서서 대화의 모범을 보이십시오.

② 갈등 해결법을 숙지하여 즐겨 사용하십시오.

③ 자녀의 어려움을 이해하고 인정해 주십시오.

④ 문제 해결에 좋은 방법이 있다는 것을 실천하고 보여주십시오.

부모의 태도가 아이의 인생을 결정합니다
건강한 소통과 실천으로
여러분의 가정에도 회복이 깃들기를 기원합니다

권선복
(도서출판 행복에너지 대표이사)

학교 폭력, 학업스트레스, 왕따, 자살… 연일 신문과 뉴스를 오르내리며 보도되는 청소년 문제는 어제오늘의 일이 아닙니다. 부풀 대로 부푼 청소년들의 문제는 심각합니다. 이 책은 저자가 청소년과의 상담현장에서 보고 느낀 생생한 경험을 바탕으로 청소년 문제를 진단하고 그에 따른 처방을 이야기하는 자녀교육지침서입니다.

저자 마종필 선생님은 교단에서 32년 교직생활을 했습니다. 학생들의 건강한 학교생활을 위해 누구보다 앞장서서 활발히 활동하고 계신 선생님이 상담현장에서 아이들을 만나면서 느낀 바 청소년문제의 주된 핵심은 바로 소통법에 있다고 보았습니다. 학부모와 자녀, 교사와 학생. 관계의 소통법만 달라져도 청소년 문제를 얼마든지 예방할 수 있다고 본 것이지요.

그렇다면 어떤 방식으로 어떻게 대화하면 될까요? 마종필 선생님은 상담현장에서 만난 사례를 예시로 들면서 우리의 평소 대화가 얼마나 폭력적인지를 얘기하고 그에 따른 처방법을 제시합니다. 올바른 소통과 대화, 그것이야말로 관계의 회복과 청소년 문제를 막는 지름길이지요. 이 책『자녀양육의 실제』는 십대 자녀를 둔 학부모들에게 권하는 가정상비약이라고 할 수 있습니다. 여러분들의 가정에도 회복의 길로 향하는 훈풍이 불어오기를 소망합니다.

나는 매일 새 차를 탄다

김세진 지음 | 값 16000원

이 책 『나는 매일 새 차를 탄다』는 현대자동차의 카마스터(자동차 판매 영업 사원)에서 시작하여 지점장에 이르기까지 36여 년간을 한 직장에서 근무하며 첫 직장에서 정년을 맞은 김세진 저자의 에세이임과 동시에 '고객의 마음을 사로잡는 방법'이라는 쉽지 않은 주제에 대해 던지는 하나의 답이다. 36여 년간 다양한 카마스터와 고객을 보아 온 저자의 경험에서 우러나온 통찰은 사회생활을 준비하는 이들에게 큰 귀감이 되어 줄 수 있을 것이다.

곡예사의 첫사랑

유차영 지음 | 값 25,000원

이 책 『곡예사의 첫사랑 - 미스 · 미스터트롯 팬덤히트 100곡』은 유차영 작가의 전작 『트로트 열풍 - 남인수에서 임영웅까지』의 후속작 성격을 가진 책이다. 남성 가객들을 다뤘던 전작에 이어 여성 가객들의 유행가를 모았다. 100여 년간 대한민국을 뒤흔든 100곡에 얽힌 흥미진진한 에피소드와 함께 작곡자, 작사가, 가수의 삶을 담은 이야기들은 책장을 넘기는 동안 추억과 공감을 불러일으키고 눈을 떼지 못하게 만들어 줄 것이다.

책『하루 5분, 나를 바꾸는 긍정훈련 - 행복에너지』는 '긍정훈련' 과정을 통해 삶을
업그레이드하고 행복을 찾아 나설 것을 독자에게 독려한다.
긍정훈련 과정은 [예행연습] [워밍업] [실전] [강화] [숨고르기] [마무리] 등 총
6단계로 나뉘어 각 단계별 사례를 바탕으로 독자 스스로가 느끼고 배운 것을 직접
실천할 수 있게 하는 데 그 목적을 두고 있다.
그동안 우리가 숱하게 '긍정하는 방법'에 대해 배워왔으면서도 정작 삶에 적용시키
지 못했던 것은, 머리로만 이해하고 실천으로는 옮기지 않았기 때문이다. 이제
삶을 행복하고 아름답게 가꿀 긍정과의 여정, 그 시작을 책과 함께해 보자.

『하루 5분, 나를 바꾸는 긍정훈련 - 행복에너지』